当代电视节目的特色与革新

陈世华◎著

中国社会科学出版社

图书在版编目(CIP)数据

当代电视节目的特色与革新/陈世华著. —北京：中国社会科学出版社，2022.6

ISBN 978-7-5203-9886-2

Ⅰ.①当… Ⅱ.①陈… Ⅲ.①电视节目—研究—中国
Ⅳ.①G222.3

中国版本图书馆 CIP 数据核字(2022)第 040913 号

出 版 人 赵剑英
责任编辑 郭晓鸿
特约编辑 杜若佳
责任校对 师敏革
责任印制 戴 宽

出　　版 中国社会科学出版社
社　　址 北京鼓楼西大街甲 158 号
邮　　编 100720
网　　址 http://www.csspw.cn
发 行 部 010-84083685
门 市 部 010-84029450
经　　销 新华书店及其他书店

印　　刷 北京君升印刷有限公司
装　　订 廊坊市广阳区广增装订厂
版　　次 2022 年 6 月第 1 版
印　　次 2022 年 6 月第 1 次印刷

开　　本 710×1000 1/16
印　　张 18
插　　页 2
字　　数 263 千字
定　　价 99.00 元

目　录

序 ………………………………………………………………………（1）

绪论　电视节目批判的逻辑与进路 ……………………………………（1）

第一章　纪录片的特色与借鉴 …………………………………………（7）

第一节　纪录片的“中国叙事”研究 …………………………………（9）

第二节　《大国崛起》的传播学阐释 ………………………………（23）

第三节　美国大学形象宣传片的特色和启示 ………………………（34）

第四节　美国自然纪录片的特色与启示 ……………………………（46）

第二章　电视剧的动向与提升 …………………………………………（64）

第一节　医护类电视剧节目的特色和提升 …………………………（66）

第二节　我国偶像剧中的职业女性形象 ……………………………（100）

第三节　穿越剧的成功之道与影响 …………………………………（109）

第四节　“大女主”IP 剧的成功之道和发展路径 ……………………（116）

第五节　从《芈月传》看古装剧的“互联网＋”营销 ………………（126）

第三章　专题片的境况与革新 …………………………… (138)
第一节　旅游风光类专题片《北纬30°·中国行》的特色与改进 …………………………………… (140)
第二节　文博类节目《国家宝藏》的创新与启示 ……… (149)
第三节　养生类节目的特色与问题 ……………………… (186)
第四节　情感类节目主持人的情感把握 ……………… (195)

第四章　真人秀节目的创新与发展 ………………………… (204)
第一节　文字竞赛类节目的特色与完善 ……………… (206)
第二节　文化类综艺节目解析——以央视《朗读者》为例 ……………………… (222)
第三节　职场招聘类节目解析——以《非你莫属》为例 ……………………… (234)
第四节　互换真人秀节目探析——以《变形计》为例 ……………………… (241)
第五节　道德测试真人秀节目解析——以《你会怎么做》为例 ……………………… (254)

结论　当代电视节目的成功密码与创新之路 ………… (271)

后记 ……………………………………………………… (279)

序

新旧技术的交替更多地表现为一种润物无声式的进化，而非疾风突进式的革命。电视的出现标志着人们的认知模式逐渐从注重逻辑、理性、序列、历史客观性的印刷文字模式转化为倚重图像、感性、直观、历历在目的现实性、同步性、贴近性的视觉感官模式，产生了广阔而深远的影响。相对于印刷文字，电视媒体的表意空间更为宽广，所承载的社会功能更为多样。在话语功能上，社会多个阶层、多种力量在电视叙事空间进行磨合，精英话语与民间话语的合力型塑了主流意识形态，并借助声像并茂的电视媒介而广泛传播；在社会功能上，电视媒体契合多种传播场景，兼具教育、娱乐、休闲等功效，满足观众多种需求，社会影响力无远弗届；在经济领域，电视媒体、电视节目、电视广告等形成完整的文化产业链，商业价值蔚为可观，电视媒体的生存与发展仍然是值得关注和思考的重要议题。

技术的革新不是数量的增减损益，而是整体的生态变革。时代在进步，科技在发展，新的媒介形态不断涌现，微信、微博、短视频、直播、视频网站等成为大众生活中不可缺少的获取信息的源泉，传媒生态日新月异、动态演进，电视媒介的生存环境备受新媒体的挤压而面临巨大挑战。每一种媒介都有一种传播偏向，新旧技术为了争夺时间、注意力、金钱和威望而竞争，不受场景与时空的客观制约，不受身体在场牵制的主观意愿，短、平、快的传受习惯，业已成为占据主导地位的传播理念与需求，在此情境下，电视曾经拥有的优势地位被动摇。同时，电视系统内部的惯性面临不同程度的危机，电视节目同质化、泛娱乐化、价值观偏差、伦理道德滑坡等问题频发，受众流失严重，批评的声音此起彼伏。电视媒介面临内忧外患，作出了哪些努力，有何成功的转型经验，又存在哪些问题，如何进行合理调适，日后发展出路在何方，这是剧变的电视媒介生态留给当下新闻传播学人思索的重要问题。

“文章合为时而著，歌诗合为事而作”，陈世华这本专著正是作者试图回答电视如何在新媒体时代行稳致远的应时之做。本书是作者十年来对电视节目的长期追踪和系统思考，涵盖了中外纪录片、电视剧、专题片、真人秀等电视节目类型，既有短小精干的纪录片，也有绵长动人的电视剧，还有连续宏大的系列专题片；既有客观冷静的真实记录，也有鞭辟入里的评论，还有虚构精彩的文艺作品；既有及时新鲜的内容主题，也有构思精巧的节目策划，还有严谨理性的节目评论。从多个层面来说，对当代新闻宣传、舆论引导、文化传承、娱乐消遣、教育普及、行业发展都有举足轻重的借鉴意义。作者选择当下颇具代表性与典型性的电视节目形态作为分析对象，详细界定其概念内涵，追溯其发展历程和流变，提纲挈领地总结其成功经验，一针见血地指出其中存在的问题，并提出具有针对性和可操作性的对策建议，为互联网时代电视媒体转型发展的进路和规范提供了颇具洞见的理论思考。

“穷则变，变则通”。在媒介融合深度推进的语境下，电视节目的创新发展，不仅要善于利用新媒体工具和手段，更要有迎接挑战、超越自我、继往开来的勇气和智慧；作为新闻舆论宣传的主阵地之一，电视媒体要致力于提高电视节目的审美品格与文化价值，弘扬社会主义核心价值观；放眼全球，当代电视媒介应着力锻造自身的传播力和影响力，提升中国文化软实力，回应习近平总书记“讲好中国故事，传播好中国声音”的时代要求。

“博学而笃志，切问而近思”。期待更多和《当代电视节目的特色与革新》一样的对当代电视节目的深入思考和潜心探索；希望中国电视媒体能顺应时势变革而与时俱进，推陈出新而又初心不改，贡献更多优质节目作品，增强意识形态引导力，丰富人们精神生活，繁荣文化产品市场，凝聚电视力量，彰显传媒担当，谱写新篇章，献礼新时代。

陈信凌　教授

南昌大学新闻与传播学院　院长

2022 年 3 月

绪论　电视节目批判的逻辑与进路

在当代社会中，作为视觉对象的图像和影像的重要性得到前所未有的凸显，图像和影像的流行是当代文化视觉转向的重要动因，也是视觉转型的结果和产物。在漫长的历史长河中，图像曾经被视为非理性的激情的产物，备受代表理性的文字所贬抑。现代社会经历了主体的视觉转向和对象的图像转向，图像被视为话语的基础隐喻或类比，① 现代性被认为是以视觉为中心，马丁·杰伊（Martin Jay）用术语“视觉中心主义”（ocularcentrism）来形容视觉在当代西方社会生活的核心地位。② 图像转向是我们时代的独特风景，是罗蒂（Richard Rorty）所说的“语言转向”的接续。我们生活在图像的世界里，海德格尔（Martin Heidegger）声称，从本质上看来，世界被把握为图像了。③ 法国社会学家德波（Guy Debord）断言：“无疑，我们的时代……偏爱图像而不信实物，偏爱复制而忽视原稿，偏爱表现而不顾现实，喜欢表象甚于存在。”④ 后现代社会的预言家丹尼尔·贝尔（Daniel Bell）也说，目前居“统治”

---

① ［美］W. J. T. 米歇尔（W. J. T. Mitchell）：《图像何求：形象的生命与爱》，陈永国、高焓译，北京大学出版社2018年版，第xv页。

② Jay Martin, *Downcast Eyes*: *The Denigration of Vision in Twentieth-century French Though*, Berkeley: California University, 1993, p. 493.

③ Martin Heidegger, *The Age of the World Picture*, *in The Question Concerning Technology and Other Essays*, New York: Harper & Row, 1977, p. 116.

④ ［法］居伊·德波：《景观社会》，张新木译，南京大学出版社2017年版，第1页。

地位的是视觉观念，图像组织了美学，统率了观众。[①] 米尔佐夫（Nicholas Mirzoeff）认为当代社会的“视觉化”是显而易见的，甚至是强迫性的。[②] 这种难以抗拒的视觉化趋势，证明了“文化逻辑”的深刻转变。

视觉与人类经验具有高度相似性，亚里士多德在诸种感官中尤重视觉，认为我们都特别爱观看。约翰·伯格（John Berger）在《观看之道》里指出，图像先于意念，观看先于言语。[③] 视觉在所有感官中最为基本。儿童先观看，后辨认，再说话，图像曾是我们最初的传递手段。随着媒介形态从报纸、电视到移动互联网，视觉图像和影像更加符合空间的、多维的、动态的人类经验，走向日常生活的中心。巴特（Roland Barthes）自白道：“我阅读文本、图像、城市、面容、姿态、场景等等。”[④] 透露了“语言学转向”朝“图像转向”的过渡。米尔佐夫认为“作为文本的世界已经被作为图像的世界所取代”。利奥塔（Jean-Francois Lyotard）赞成图像、形式和意象对理论的优先性；苏珊·桑塔格（SuSan Sontag）也赞成“感受美学”优于“解释美学。”[⑤] 随着麦克卢汉（Marshall Mcluhan）所说的“重返部落”的移动互联网时代的到来，人类以更符合经验的“视觉化”形式进行所有信息的生产与传播，视觉性成为文化主因。“一个幽灵，一个视觉图像的幽灵，在当代社会中徘徊。”[⑥] 我们被各种不同的视觉技术，如摄影、电影、电视、互联网，以及它们展示的影像——影视节目、广告、快照、社交页面、公共雕塑、报纸照片和图画、短视频——所围绕，[⑦] 处于图像生产、流通和消

---

① ［美］丹尼尔·贝尔：《资本主义文化矛盾》，赵一凡、蒲隆、任晓晋译，生活·读书·新知三联书店1989年版，第156页。

② Nicholas Mirzoeff, *The Visual Culture Reader*, London: Routledge, 1983, p. 6.

③ ［英］约翰·伯格：《观看之道》，戴行钺译，广西师范大学出版社2015年版，第4页。

④ 转引自曹意强《艺术史的视野》，中国美术学院出版社2017年版，第3页。

⑤ 转引自［美］道格拉斯·凯尔纳（Douglas Kellner）、斯蒂文·贝斯特（Steven Best）《后现代理论：批判性的质疑》，张志斌译，中央编译出版社2004年版，第197页。

⑥ 周宪：《视觉文化的转向》，北京大学出版社2008年版，第5页。

⑦ ［英］吉莉恩·罗斯（Gillian Rose）：《观看的方法：如何解读视觉材料》，肖伟胜译，重庆大学出版社2017年版，第3页。

费急剧膨胀的图像资源富裕乃至过剩的时代，图像显示出共通的象征意义，凭依数字处理和传输技术支撑，视觉图像和影像日渐成为当下社会生活的信息生产和接收形式，重塑着独特的文化范式与生活样态。

纪录片、电视剧、专题片、真人秀综艺等电视节目的视觉表达形式是当代视觉文化的重要表征形式。电视节目是社会意识的重要组成部分，反映了社会存在的演进状况。随着时代的变革和影像技术的革新，电视节目的主题、选材、内容、表现形式都在不断创新，以应对新媒体时代激烈的媒介市场竞争和受众不断变化的收看需求与习惯，涌现出大量创新性的电视节目形态，对政治意识形态传播、社会文化传承创新、公众娱乐休闲、社会和谐稳定等方面都产生了积极影响，解读这些文本可以洞察诸多的时代意涵、生产者的政治经济动机、受众的传受习惯和社会文化品味。创新性的电视节目形态既有诸多成功之处可资借鉴，也存在一些缺憾和不足，需要加以提升和完善。

本书的研究对象围绕电视领域创新性电视节目形态展开，对当前流行的典型纪录片、电视剧、专题片、真人秀等节目类型进行深入剖析和透视。本书的写作逻辑遵循：界定概念、追溯历程、阐明特色、发现问题、提出对策的基本思路和逻辑框架，对代表性电视节目形态进行全方位的解析，深刻剖析电视节目创新发展的动因、特色、问题和路径，以期促进电视节目的创新转型和可持续发展。

一是界定创新性的电视节目类型的概念和特征。简要说明研究的背景和语境，明确提出研究的问题，做简要的文献回顾，阐明研究的意义和价值。对所研究的电视节目的关键概念进行准确界定，如“中国叙事”“自然纪录片”“语言文字类节目”“职场招聘类节目”“道德测试真人秀节目”“互换真人秀”“文博类节目”“医护类节目”“养生类节目”等，框定其基本内涵和外延，阐述其主要特征和构成要素，说明其重要的价值。

二是追溯电视节目形态的发展历程和现状。从历史视野出发，结合时代变革、媒介演进和技术革新，追溯所研究的特定电视节目形态的起源及其动因，描绘其流变历程和当下状况，对该电视节目类型进行大致的概览和把握。

三是重点阐明创新性电视节目的特色及其成功之道。结合具体文本，从传播契机、选题选材、内容结构、叙事模式、受众定位、拍摄方式、表现形式、营销方案等方面提炼特定电视节目类型的成功之道和独特之处。

四是发现电视节目中存在的问题和缺憾。创新性的电视节目并非完美无缺的，固然有其成功和独到之处，但不可避免地存在一些缺憾和问题，如法律和伦理问题、价值观偏差、过度商业化、过度娱乐化、信息虚假、性别依附、同质化和模式化、发展不均衡、专业性匮乏、审美疲劳等，将其明确提出，为应对和提升奠定基础。

五是提出完善和提升策略。在提出特定电视节目形态存在的问题和缺憾的基础上，从法律规制、政策引导、内容定位、题材选择、故事讲述、技术运用、影音文字表达、品牌塑造、主持人情感把握等角度有针对性地提出改进、提升和完善的策略，为电视节目的创新发展提供有益的借鉴和参考。

在基本的研究逻辑基础上，本书根据电视艺术体裁分为四个部分。

第一章以电视节目的最早类型纪录片为分析对象，在习近平总书记讲好中国故事、传播好中国声音的感召下，本章以纪录片的中国叙事为开篇，以国内外代表性的纪录片《大国崛起》、美国典型大学宣传片《我为什么选择耶鲁》、美国自然纪录片为例，探索其在传播时机、传播内容、传播方式、传播技巧、叙事题材、叙事模式、叙事视角、叙事元素、技术运用、商业运作等方面的特色和成功经验，并从人才培养、受众定位、运营模式、选材范围、画面解说等方面探索用纪录片讲好中国故事的逻辑与进路。

第二章以近年来流行的电视剧为研究对象，从主题选择、叙事模式、人物塑造、内容设计、细节展现、平台搭建、营销策略等角度分析医护类电视剧、偶像剧、穿越剧、“大女主”IP剧、历史剧盛行背后的动因，发现其特色内核，指出其存在的模式化、商业捆绑、崇高主题消解、刻板印象固化、扭曲史实、前后矛盾、人设不稳定、性别依附、资本色彩浓厚等现实困境，并从贴近大众生活、塑造人物形象、提高叙事水平、契合时代语境、保存艺术真诚、传达文化价值、激活创造活力、弘扬正能量、组合营销等方面探索准确认知和科学引导的路径，为电视剧的创新发展提供理论参考。

第三章关注当下成功的电视专题片，以中国中央电视台（以下简称央视）制作播出的成功专题片《北纬30°·中国行》、文博探索类节目《国家宝藏》、健康养生类节目《养生堂》为范例，解析其在选题选材、采访方式、创作形式、传播渠道、营销模式、受众定位、画面拍摄、解说词设计、主持人情感把握等方面的成功之道，发现其中存在的模式化、娱乐化、商业化、煽情化等问题和缺憾，并思考应对和提升的策略，推动专题片的可持续健康发展。

第四章围绕近年来成功的电视真人秀节目展开，以近年来受到热捧的语言文字竞赛类节目、文化情感类节目《朗读者》、职场招聘类节目《非你莫属》、互换类真人秀节目《变形计》、道德测试真人秀节目《你会怎么做》为范例，从参与者选择、内容设计、形式表达、传播路径、传受互动等方面总结其成功之处，指明其存在的同质化、受众面小、仪式感重、内容失真、审美疲劳、品牌效应不足、过度娱乐化、制作不够精良等方面的缺憾和不足，并从把握价值导向、本土资源利用、受众定位、保障参与公平、创新内容和形式、运用新技术、重视人文关怀、打造节目生态、塑造品牌等角度提出相应的提升和优化的策略，保障真人秀节目的可持续发展。

在视觉文化时代，主题多元、形态各异、表达多样的电视节目形态创造了丰富多彩的视觉文化景观，各种电视节目类型各有特色、各有千秋，在特定的语境下产生，受特定因素驱动，也随着时代的变革潮起潮落，其生命周期也有长有短，有些昙花一现，有些历久弥新，在特定领域、特定时期、对特定人群都显示出了重要的价值和贡献，值得我们去探讨和深思。从中总结成功经验，规避存在的风险和问题，可以为当下的电视节目创新提供诸多启示，其成功的经验可以继续传承弘扬，其前车之鉴可以避免当下重蹈覆辙。本书对每个研究对象的探讨根据其具体的状况而各有侧重，难免挂一漏万，书中的一些论断也是一孔之见、一家之言，如有谬误不当之处，静待方家批评指正。

第一章　纪录片的特色与借鉴

纪录片是电视艺术诞生的最初表现形式，是所有电影和电视节目的滥觞。1895 年，法国人路易·卢米埃尔拍摄的《工厂的大门》《火车进站》等实验性的电影，都具有纪录片的性质。纪录片在政治沟通、社会互动、文化传承、教育教学、审美体验、艺术创新等方面都具有重要的价值。本章主要以国内外代表性的纪录片为例，探索其特色和成功之处，批判性地吸取国外成功纪录片的经验，探索用纪录片讲好中国故事的逻辑与进路。

在习近平总书记讲好中国故事、传播好中国声音的感召下，本章首先以纪录片的中国叙事为开篇，强调纪录片是“讲好中国故事，传播好中国声音”的重要载体，在跨文化合作与交流日趋紧密的时代背景下，中国主题纪录片要有选择地借鉴西方中国主题纪录片的选题、视角、叙事理念和技巧，创新讲述中国故事的方式方法。在叙事题材上，从历史转向当下；在叙事角度上，从宏大叙事转向微言大义；在叙事模式上，从说教转向故事；在叙事线索上，注重碎片化和逻辑性的统一；在叙事视角上，从俯视转向平视；在价值观上，从重美转向重真；在叙事元素上，将中国名片和国际元素相结合；创新“中国叙事”，加快中国纪录片“走出去”，向国际社会展示一个更真实、更立体、更精彩、更生动的中国。

其次，以中央电视台制作播出，并取得良好传播效果的历史题材纪录片《大国崛起》为范例，分析其在传播时机、传播内容、传播方式、传播技巧方面的成功之道。从传播学角度分析，央视从无私的传播动机出发，选择正确的传播时机，开展了一次成功的传播活动；在传播内容上，出色地完成了央视作为主流媒体传播主流文化的责任；在传播方式上，运用了多样的劝服方式，取得了良好的传播效果。但是，该片在传播内容和传播方式上仍有一些遗憾之处需要改进。

再次，我们将眼光转向国外，由于国外纪录片起步相对较早、进步相对较快，创作约束较少，思维扩散，资金雄厚，技术先进，他山之石可以攻玉，借鉴其成功经验可以为我所用。我们选择美国典型的大学形象宣传片《我们为什么选择耶鲁》，从传播者、传播内容、传播方式、受众定位方面总结其成功经验。在传播者方面，学生自编自导自演；传播内容上，展示现状，突出特色；传播方式上，载歌载舞，生动活泼；受众上，以受众为本。其给国内纪录片创作的启示就是：定位准确、以人为本、重视当下、特色鲜明、形式活泼。

最后，自然纪录片以动态影像的视觉形态向公众传递自然生态，对自然生态保护和人类社会的可持续发展具有重要意义。但是，中国自然纪录片却存在着数量较少、声画分离、专业从业人员少等问题。作为自然纪录片生产大国之一，美国拥有一定的人才、资本、技术优势，其自然纪录片选题新颖、内容生动、形式创新、技术先进，辅以商业化的运作模式，取得了较好的社会效益和商业效益，值得中国自然纪录片参考借鉴。美国自然纪录片的选题、拍摄、后期处理等方面形成了较为鲜明的特色和风格，体现真实与虚构并存、娱乐性和幽默性兼具、商业化与艺术性平衡、去政治化的艺术特色。美国自然纪录片在题材选择、拍摄技巧、语言表达方面体现出了较为显著的创作特色，题材选择广泛，海洋文化创造力强；拍摄设备先进，参与人员广泛；低语境文化，语言表达通俗。中国自然纪录片的缺憾与不足体现在内向型文化，地点集中数量少，说教意味较浓，趣味性较低；商业化较低，成本回收困难；高语境文化传统，声画分离；参与人员专业固定，存在领域分割现象。美国自然纪录片的成功经验启发中国自然纪录片应该广纳贤士，培养专业人才；丰富资金来源，完善运营模式；提高商业化，维持艺术性；扩大选材范围，跳出舒适圈；淡化宣教意味，提升趣味性，采用低语境解说，拍摄高质量画面，创作反映时代发展、契合受众需求的精品纪录片。

第一节　纪录片的“中国叙事”研究

绪论　讲好中国故事，传播好中国声音

在全球化和地球村时代，国家之间的交往更加密切和频繁，国家形象作为综合实力和全面影响力的体现，展示着国民的自信心和自豪感，体现了社会发展的活力和动力，可以彰显国家实力、提升国家声望，产生强大的吸引力、号召力，营造良好的国际交往和合作环境。但是中国形象在海外却不容乐观。长期以来，国际社会对中国存在诸多误读或曲解，尤其近年来中国经济的高速增长引起了西方社会的担忧，西方发达国家利用其强大的话语权优势散播“中国威胁论”“中国崩溃论”，直接影响了西方社会公众对中国的认识，迫切需要通过各种途径塑造和传播良好的国家形象，为中国的国际交往和全面发展创造良好的国际环境。2013 年，习近平总书记在全国宣传思想工作会议上指出，要精心做好对外宣传工作，创新对外宣传方式，着力打造融通中外的新概念、新范畴、新表述，讲好中国故事，传播好中国声音。①

近些年来，纪录片在讲述中国故事、树立和传播国家形象方面的重要价值日益体现出来。纪录片是跨文化、跨语言、跨种族、跨国界的优秀文化载体，更容易被海外观众认可和接受，理解和认同，已成为国外

① 习近平：《讲好中国故事　传播好中国声音》，新华网，2013 年 8 月 21 日。

公众认识中国、了解中国的窗口。但是，中国纪录片在塑造国家形象方面的自觉性和责任感还有待提升，在制作理念和技巧等方面与西方纪录片还存在一定差距。在国外，作为历史悠久、文化灿烂的文明古国，当代中国的发展也引起国际社会广泛关注，纪录片领域出现了“中国题材热”，涌现出一批国外制作的优秀的中国主题纪录片，其精彩的选题和巧妙的叙事策略值得我们借鉴。我们应该制定纪录片长期发展战略，增强自觉意识、责任感和使命感，丰富纪录片的题材，创新“中国叙事”，通过讲述中国故事塑造“中国形象”。本节试图对比中外纪录片的叙事特点和模式，并建构中国纪录片的选材范围、叙事方式，以期更好地为传播好中国声音、塑造好中国形象服务。

一　叙事题材：从历史转向当下

题材是决定纪录片能否取得成功的首要因素。党的十八大明确提出“倡导富强、民主、文明、和谐，倡导自由、平等、公正、法治，倡导爱国、敬业、诚信、友善”，这是纪录片“讲好中国故事”的指导思想，纪录片创作应该将这些中国精神、中国价值、中国风范巧妙地融入“中国故事”中。中国有着悠久的历史和灿烂的文化，文化产品总是体现出对过去津津乐道的倾向，希望以史为鉴，古为今用，参照历史观照当代，判断是非对错，导致以历史为题材的纪录片较多，涌现出了大量文献纪录片，其主要形态是资料汇编和人物访谈相结合，加上字正腔圆的画外音旁白，制作成“播音纪录片”。由于历史、文化、语言的差异，历史文化纪录片并不受西方国家年轻观众的欢迎，其中所蕴含的中国传统价值取向也难以被西方所接受。国外社会更关注当下中国的发展状况，关心中国崛起的基本情况，以及对世界的影响。因此，我们的纪录片选题应该从历史遗迹、文化景观等延伸到自然地理、社会民生、科技环保等领域，甚至可以选取一些直面现实的题材，如中国的法治进程、社会保障、人权状况等。

适当减少或改编历史文化类。由于文化的隔阂，对历史的了解因人而异。如秦始皇、书法、道教等太具有中国特色的题材，西方观众不一定能理解，也不一定会喜欢，可以适当减少这类题材，或者对其做通俗化、类比化（如纪录片《楚国八百年》就和欧洲的文艺复兴在文学、艺术和哲学等方面做了类比）和流行化的改编。BBC 部分历史题材纪录片的叙事节奏、解说、思考余地安排就较为妥当，不至于因为过于专业而将普通受众拒之门外。

增加自然地理类。随着社会经济高度发展，现代化程度越来越高，地球生态环境日益恶化，世界公众普遍对自然环保类纪录片越来越感兴趣。中国拍摄的《金丝猴》《黑颈鹤》《西部自然》在海外畅销，获得了海外观众的喜爱。我们应该制作反映中国人与自然的关系为主题的纪录片，讲述中国秀美的自然地理风光，对各种珍稀生物的保护，让海外观众认识、理解、尊重、欣赏、热爱中国的自然，展现中国人爱护自然、保护自然的理念，唤起人类对环境保护的良知、认同、责任和行动。

增加人文社会类。随着中国经济社会的飞速发展，国际影响力日益增强，国际社会越来越关注中国经济社会的发展状况，“中国故事”成为世界媒体和公众关注的焦点。海外媒体和公众迫切想了解中国改革开放的情况，以及普通人和各类群体的生活状况。我们应该重点拍摄以中国人与社会的关系为主题的纪录片，勇于接触社会生活的尖锐问题，反映各个社会阶层的生活状况。

关注科技类。科技进展超越了意识形态，受到西方社会普遍关注，我们应该在纪录片中展现中国在高精尖科技领域的突破和进展，展现中国人的智慧及对世界的贡献。如由央视纪录频道与 BBC 共同投资并联合摄制的纪录片《改变地球的一代人》呈现出我们这代人正以前所未有的速度和方式重塑着地球。

中国主题纪录片创作要反映中国悠久的历史文化和优美的自然地

理，更要蕴含中国价值观和时代主旋律，关注具体可感的中国人、中国事、中国物，深入人类本质，激起中外观众的共鸣，传播国际社会普遍接受和认可的真善美的共通价值观念，传播中国新时代人文精神，塑造全新的现代化国家形象。例如，纪录片《美丽中国》就体现了中国自古以来人和自然“天人合一”和谐共处的观念。而《中国式奋斗》通过面对面访谈、生活纪实、情景再现、故事讲述等方式，真实呈现主人公的家庭背景、成长历程、生活现状、性格特征、婚恋情感、心理世界、价值观等现实和心理状况，展现“中国梦”如何在年轻一代身上发扬光大。

叙事主旨从正面宣传走向全面呈现。受苏联“形象化争论”的影响，中国纪录片长期被当作宣传教育的工具。中国纪录片在发展完善的过程中，虽然题材增多、艺术风格变化，但是作品弘扬主旋律的主旨并没有改变。我国大多数的纪录片都是正面展现国家大好河山、厚重历史、灿烂文化、淳朴民风、繁荣经济、国富民强，而有意回避一些问题和矛盾。纪录片创作应该采用传播学家霍夫兰（Carl Hovland）的“两面说服”技巧，既要讲述中国所取得的成就，也要揭示存在的问题，让观众独立思考和判断。我们应该走出宣传的窠臼，既要正面宣传中国政治、经济、社会、文化、科技等方面的成就和人民生活水平的提升，也要关注弱势群体和社会底层，敢于和善于运用一些批评、设问的手法，呈现和挖掘中国的灰色之处和丑恶现象。如教育不公、贫富差距、医患矛盾、官民冲突、环境污染等。但是春秋笔法要有度，纪录片讲述中国故事，还是应该以传播正能量为主，要避免批判类题材喧宾夺主，应该以正面展示为主，避免产生丑化中国形象的负面效应。

二　叙事角度：从宏大叙事转向微言大义

中国传统文化注重统一性，强调集体观和大局观，“荣辱与共、和谐共处”是人与人、人与社会的理想关系。而西方文化重视个人的自由和权利，在纪录片中倾向于从微观和局部出发，注重细节，强调个体本位和独立意识。在纪录片题材上，中国主题纪录片的选材大多数是宏大叙事，注重从整体和宏观层面入眼，从大局出发，讲述恢宏的历史、悠久的文明、壮美的河山、伟大的人物，展现大国情怀和国家精神，有大题材与专题化倾向。即使是着眼于某一个人、某一文化现象，也是展现这一类人的生存现状或者文化的重要价值。而国外的纪录片取材广泛，更多聚焦于当前中国社会现实，将镜头对准普通的中国人和事，着重选择某一个行业或某一种现象，将个人经历与历史、时代结合起来，探讨教育问题、经济状况、公民权利、司法改革等，力图以小见大，体现出微言大义。如央视和 BBC 合拍的《改变地球的一代人》，通过建筑工程的视角来体现人类对地球的影响力，是小视角切入的典范，片中通过一个普通上海市民每年在浦东东方明珠拍摄的城市全景照片，见证了上海城市的改变。

中国题材需要进行国际化的呈现方式，需要接地气的小微展现。“中国故事”的纪录片主题可以更加细分化，根据第三方调研数据了解国外受众对中国哪方面的题材更有兴趣，如通过海外社交媒体的大数据分析得出功夫主题关注度远超京剧主题。基于此类调研，可针对国际化认同较高的中国元素做一系列专题纪录片，如熊猫、功夫、汉字、阿里巴巴、海尔、姚明等，这些元素的背后其实正是从各个角度透视出我国的各方面情况：自然环境保护、天人合一的中国哲学传统、唯一现存被大量使用的象形文字、走向世界的中国企业背后是怎样的中国经济在做支撑、中国式的奋斗与美国梦有何异曲同工之妙，等等。更加细分主题的专题片，受众也更加广泛：环保哲学方面可能更适合较为年长的国外受众，而中国式奋斗的代表之一姚明的粉丝则更加年轻化。社交媒体时代讲究的不再是一元话语的“大而全”，而是多元语态的“小而美”，这些看似很小的切入点能在较少的篇幅中较为完整深入地展现出中国故事的“冰山一角”。2016 年里约奥运会闭幕式上东京奥运 8 分钟通过展示国际认同度高的日本动漫与高科技（VR 增强现实技术）来表达东京的概念，是以点代面的典范，值得我们借鉴。

三 叙事模式：从说教转向故事

“中国故事”正在成为当今世界关注的热点，纪录片如何运用“世界语言”讲好中国故事极为关键。光有国际化的选题还远远不够，纪录片创作时还要采用国际化的创作理念和叙事策略，重视东西方思维方式和价值观的差异，适当调整我国纪录片的影像风格，以西方人认可和熟悉的方式进行叙事，进行跨文化重新编码，让作品被更多外国观众了解和接受，与西方观众产生共鸣。中外中国主题纪录片体现了主观性和客观性、说教性和故事性的区别。国产纪录片往往主题先行，带有一定的主观意识形态，为了表现纪录片的主旨，会客观全面地呈现记录对象的真实面貌，也会遮掩一些问题，甚至有意拔高，纪录片原则上的记录真实难以保障。纪录片的叙述者在叙述“中国故事”时，始终没能脱开“自家人”的身份，流露出中国人诉说自己民族故事、国家土地、文化风情时的民族自豪感，在解说词中显示出强烈的叙事主体的优势地位。为了达到宣传教育的目的，国产纪录片具有一定的说教味，叙述主观性较强，平铺直叙，故事性和趣味性存在不足。西方的科学主义和实证主义强调对事物客观公正地记录和认识。国外中国题材的纪录片往往以旁观者的立场试图真实客观地记录中国的人和事，推崇故事性的叙述方式，通过事实的再现和悬念的设置展现戏剧性和逻辑性，在起承转合的故事中传达创作者的意图，而不是通过画面加解说词进行直白表达，这种故事性的叙事模式值得我们借鉴。

增强故事性。纪录片中真实又扣人心弦的故事更具吸引力，故事化成为纪录片创作的大势所趋。思想性强、故事性弱、节奏缓慢、观赏性比较差，是当前国产纪录片普遍存在的问题。西方媒体购买中国纪录片往往需要重新剪辑、组接，增强故事性后才播出。国产纪录片要提高故事化叙事能力与水平，充分利用多种叙事方法和多样化剪辑手法，充分挖掘故事，设计故事情节，巧妙设置悬念，把握好叙事节奏，增强纪录片的可视性和趣味性，做到引人入胜。在故事讲述中，把自己的立场、观点隐藏起来，善于用事实和形象说话，善于营造自然真实的效果，少下或者不下结论，给人留下思考和联想的空间，[①] 让人回味无穷。

增强娱乐性。在如今“娱乐至死”的时代，娱乐性往往能吸引眼球。中国纪录片普遍存在说教性强、娱乐性弱的问题。加强纪录片的娱乐性，应该改变传统的宣传思维，将真实记录作为纪录片的指导思想，不一定要提升到道德和政治层面；借鉴娱乐节目和电影的手法，适当加入轻松幽默的娱乐性情节和剧情；在后期制作中，加入搞笑音乐、背景、动态表情、对话框、幽默语提示，增加纪录片的娱乐性。如复兴工作室制作的一系列政治卡通短片以更加诙谐无门槛的视觉语言向世界传达中国政治的新故事。但是，纪录片跟电影、电视节目不同，在增强叙事娱乐性的同时也要避免过度娱乐化，不能刻意猎奇、调侃，不能违背真实原则，在叙事方法上应始终坚守住真实的底线。

情节戏剧化。传统国产纪录片追求叙事的平稳性，缺乏戏剧冲突与矛盾，内容有些枯燥无味，在展现纪录片舒缓唯美的画面时，也容易造成视觉疲劳。近年来，在商业电影美学的影响下，纪录作品逐渐呈现戏剧美学的表现形式。纪录片应该增强戏剧性，通过疑问、未知、真相、矛盾等设置悬念，增强故事性，把握情节的节奏起伏，设置冲突和悬念，激发观众的好奇心，刺激和保持观众的观看欲望，通过人物扮演、对白重现进行“情景再现”，在保证真实的前提下，达到影视剧的效果。

四　叙事线索：碎片化和逻辑性的统一

由于不同的时空观念，中西方纪录片在叙事线索方面体现出整体性

---

① 朱景和：《了解中外纪录片之异同　走自己的创作之路——从纪录片“国际接轨”谈起》，《电视研究》1997 年第 10 期。

和碎片化的差异。国产纪录片注重时间观念，重视故事的完整性和时空的连续性，大多以时间为线索，根据时间先后顺序，将事件发展与时空变化相联系，将过去、现在与未来相联系，力图表现出事件的完整发展过程，呈现出故事与时空合一的趋势，尤其是重点关注纪录片的结局部分，做到有始有终。国外涉中纪录片大多以空间而非时间为线索，具有碎片化色彩，体现叙事文本与叙事方式的时态错位，叙述的时间在现在、过去及未来之间跳跃。在叙事线索上，采取多条线索平行推进，在高度错位的时间叙事中，异叙式、同叙式、自叙式相互穿插，不是由时间变化来推进，而是以相同时间内的空间事件交叉串联，推进纪录片的情节，多层次、多角度展示事物的全貌。近年中国独资的纪录片也在借鉴海外纪录片的叙述方式，呈现出了碎片化的倾向。如《舌尖上的中国》就在不同时间、地点跳跃，但是也带来一些新的问题——因为碎片化而丧失了逻辑性和整体性，加上翻译的不到位，对于不了解中国文化习俗的外国人会因为碎片化的展示而更加难以理解纪录片的内容。有国外网友评论道："这不是一个非常好的故事，跳跃性太强，没有一个非常明确的线索。"我们从国外对我国纪录片的评论中发现，尽管碎片化让纪录片显得更加灵活多变，对于国人来说理解几乎没有问题，但是由于大部分国外受众对中国专题纪录片，特别是专业性很强的主题缺乏相关的知识储备，加之西方人具有很强的逻辑思维习惯，对于这种看似"东拉西扯"的碎片式拍摄感到费解，希望看到更清晰的逻辑线索。因此，中国主题纪录片应该考虑国外受众的具体情况，不能完全一味地为了满足西方的观看习惯而盲目追求碎片化。碎片化的形式需要在逻辑性的前提下更好地整合，这一点我们需要学习好莱坞电影风靡世界的类型化电影制作、观影节奏感的把握及强大的逻辑连贯能力，做好碎片化和逻辑性的统一，无障碍地向全世界讲述中国故事。

在说服的逻辑上，讲好"中国故事"要从诉诸感情转向诉诸理性，从重直觉体悟转向重逻辑推理，注重翔实的数据和理性的分析，避免浓烈的情感表达，客观地陈述事实，逻辑严密，叙事线索清晰，内容通俗易懂，将更多的思考空间及引人深思的余地留给受众，使其更有说服力。在结论的得出上，站在故事参与者的立场上，在拍摄中与观众一起发现问题、分析问题，最终得出结论，也可以没有结论。摒弃大篇幅的解说词，用画面说话，由观众得出自己的结论，重视受众个体对意义的建构。如国家地理拍摄的《圣经之谜》，即使是宗教神话题材，也用大量的历史考证、数据等方式来推断圣经中的奇迹是否在现实中曾经发生过，但没有下定论，而是给出了各种客观线索和持不同意见的专家观点，让受众自己作出判断。

五　叙事视角：从俯视转向平视

中国的儒家文化强调长幼尊卑的等级秩序，中国媒体保持着官方、权威的形象，传统的中国纪录片采用俯视众生的视角，进行高高在上的宣教。纪录片的叙事者以娓娓道来、谆谆教导的态度进行讲述。西方崇尚个人主义和实用主义，具有更多的平等和自由的观念，也具备更强的信息获取和鉴别能力，不喜欢听取单方面的宣传和说教，受众与传播者保持着一定的平等关系。海外中国主题纪录片往往采用拍摄者或者剧中人的视角去呈现在中国遇见的人和事，纪录片中的叙述者更像是朋友，与受众进行平等的交流，没有居高临下的感觉，为受众呈现客观的事实，第三者的解说较少，大量采用同期声，让受众自己去理解和判断，表现出尊重受众及被拍摄者的姿态。如 BBC 拍摄的《中华的故事》纪录片就是从平民视角出发，从普通中国人和中国家庭的角度探索重要历史事件。[①]“拍摄普通中国人是我们拍摄时必须保证的重点。要让中国人讲自己的故事”，作为历史学家的主持人迈克尔·伍德表示，自己与其他电视台纪录片恢宏气势的大历史叙述不同，也避免冷冰冰的学术考

---

①　黄培昭：《对今天的中国，我们求知若渴——系列纪录片〈中华的故事〉火爆英伦的背后》，《人民日报》2016 年 2 月 27 日第 3 版。

究风格，从街头巷尾的民众中找到当下中国活生生的历史缩影，并通过他们和他们的故事探寻其祖辈的生活轨迹和经历的历史事件。

叙述主体上，“中国故事”要从第三人称转向第一人称。国产纪录片大多采用无所不知、无所不晓的全知视角，运用第三人称叙事，跳出纪录片，依赖于旁白和解说词来讲述故事，造成了居高临下的距离感和疏离感。国外涉中纪录片大多采取限知的视角，以局内人和参与者的身份，参与和跟进事件的发展，大多以第一人称进行表述，以我或者我们作为叙事主体。由于第一人称叙事容易带有叙述人的主观色彩，运用失当会在一定程度上消减纪录片的客观性和真实性，很少有纪录片全篇彻底采用第一人称叙事，更多的情况是采取综合性的手段，将全知和限知视角相结合，既从剧情往外看，又置身事外往里看，通过人称和视角的转换，以纯粹的第三者，或是参与者，或者主人公的身份再现故事全貌。如国家地理频道拍摄的《寰行中国》纪录片中，主持人原和玉事事亲为、融入其中，沿着长江和黄河文明的轨迹，带观众去探寻和发现中国的传统文化，用“探险体”的记录方式带来更真实的体验感。

六　价值观：从重美转向重真

中西方文化传统和价值观念的分歧体现出了纪录片重视作品功能性和重视作品真实性的差异。中国文化强调文以载道，文化产品具有较强的政治功利性，希望文艺作品成教化、助人伦，在价值评判标准上，总是将善置于真之上，注重宣传教育的功能性。国产纪录片长期受苏联模式的影响，以传递“美”作为主要任务，为了表现“美”，对纪录片进行艺术加工，甚至虚构，导拍、摆拍、补拍等是中国纪录片常用的拍摄方式，用对于生活的理解及想象代替真实的生活，事实判断让位于价值判断。创作者以拍摄的素材为论据，论证其拍摄之前已有的结论。成功的纪录片往往是反映了令人钦佩的理念或者态度，而非真实反映了现实。国产纪录片向“美”与“善”靠近，有时忽视了“真”的问题，大多赞美亲情、友情、爱情，注重“美”“善”的层面，牺牲了表现对象的人性的真实性，故而做不到生动有趣，可看性被削弱。我国纪录片在“求美”方面日益重视视觉的冲击力以期抓住受众眼球。如在我国纪录片《茶，一片树叶的故事》中，大量碎片式的叙事策略和高速摄影技术得到了广泛应用，以几乎可以和电影镜头媲美的唯美画面和近乎文学化诗意的语言展现了全世界六十余位“茶人”的茶话茶事，叙述了茶地的自然奇观、神秘的制茶工艺、各国的茶道及茶与人的故事，整部纪录片是“求美”的杰作，但是纪录片的“真”的质朴魅力就削弱了，更像是一部视觉大片，就像网友评论的那样：“意境十足；但是思维跳跃性太强了，一切都只是浅尝辄止，文艺腔十足，一些本质的问题没有涉及。”

海外中国主题纪录片在“真”“善”“美”的优先秩序中，将“真”实摆在第一位，“善”与“美”处于从属地位，为了表现真实，往往直接运用长镜头拍摄普通人的真实生活，让人产生较强的代入感，显得较为自然流畅。“中国故事”纪录片要强调文艺作品的真理观，要重视表现事物本来面目。国内很多早期的纪录片对“求真”的理解表现为几十分钟的纪录片出现很多人在讲故事，这也是受到20世纪90年代讲述老百姓的故事这一类纪录片的影响，使很多纪录片的创作进入一种语言泛滥的误区，说教和摆拍的痕迹较重。这种“求真”的做法会将纪录片的节奏变得冗长，情节性降低，受众容易感到枯燥乏味，所以，为了达到最佳的收看效果，“中国故事”纪录片需要在“真”“善”“美”中达成逻辑平衡，避免沦为华丽故事片或冗长无味的流水账这两个极端。“好看”仍然是纪录片的关键，要巧妙设置伏笔和悬念诱导受众层层深入。

七 叙事元素：中国名片和国际元素结合

受众是纪录片的试金石。在当今受众细分的时代，不同国家、地域、文化的受众的兴趣、需求和接受习惯、观影风格、审美情趣等都有一定的区别，因此纪录片要走出国门，占领海外市场，必须树立“受众本位观”，采用亲民的创作理念，贴近观众的需求进行准确的题材选择和内容制作，要因地制宜、因人制宜、有的放矢，提升纪录片的针对性和实效性。目前我国制作的中国题材的纪录片立足于本地视野和拍摄风格，较少有和其他国家同类对象的横向比较，加上英语翻译的缺位，让不同文化背景的国外受众难以全面理解。如热播的《舌尖上的中国》，没有英文菜名，其他翻译也广遭诟病，并且一些国外观众留言说对中国食材不理解，因为一些中国特色的食材（鱼头、猪脚、鸡血等）在国外被认为是不洁的食物，甚至是亵渎神灵的象征。另外，也有一些当地食物的烹饪过程也遭到吐槽。如腌制火腿的过程是制作者用嘴巴含着盐水均匀喷洒被认为非常不卫生，很容易和中餐的食品安全挂钩而引起负面联想。所以，“中国故事”纪录片应该与国外的同类对象做一个横向比较。《茶，一片树叶的故事》讲述了世界各地的茶人茶事，引入了热爱茶文化的外国人士，这些国际化的元素都让原本“很中国”的题材有了国际化的对标物和共通的精神内涵。如“工匠精神”就是将中国哲学放到了与茶有关的人与故事中，更容易被外国公众理解和接受。

讲述中国故事，一方面要反映中国特色文化要素，传达出东方文化的韵味并注入浓厚的古典色彩，加上流行和通俗的音乐元素，使纪录片节奏更加明快，可不拘一格，请流行歌手创作和演唱片头片尾主题曲，体现当代文化气息，注入时代的活力；另一方面，也要加入国际元素，拉近纪录片和观众的距离。要坚持本土化文化内核和国际因素相结合，叙事手段、话语方式和节目样式要努力贴近海外受众。[①] 首先，加入国际人物。由当地人士担任出镜人和体验者，更容易被海外受众接受，可

① 陈晓夏：《提升中国纪录片对外传播能力的思考》，《现代传播（中国传媒大学学报）》2011年第3期。

以邀请国外知名主持人、公众人物串联、解说和评论，现身说法。其次，加入国际画面。运用国外的一些风光美景、人物，减少中国纪录片与国外观众的距离感。再次，加入国际语言。在画面中的一些关键地方，加入相应的英文翻译，或在屏幕下方全程中外文对应，加入原汁原味的外文，在翻译的时候加入西方的谚语、俗语，增加亲切感。最后，加入国际音乐。加入海外观众耳熟能详的世界经典音乐和流行音乐，拉近纪录片和目标受众的距离，借助于声音的力量，带来感官震撼。同时，语态风格国际化，解说词打破以往严肃的说教模式。在《美丽中国》中，解说词更生动、更富有感情，能强烈地感染观众。讲述富有故事色彩，如黑夜、女巫、骗子、囚犯等字眼，妙趣横生，能有效地吸引观众注意力，从而看到更多的细节，让观众了解到在宏伟广阔的中国大形象下的这种柔情和微小的细腻美。

纪录片要重视邀请知名人物加入带来的粉丝效应。具有国际认同度的人物加盟纪录片，可以借助名人的光环效应，增加纪录片在国际上的知名度和吸引力。如由中央电视台纪录频道与新西兰自然历史公司、动物星球频道、美国野生救援协会联合摄制的《野性的终结》一片中，姚明作为中国式奋斗的代表人物在国际上具有较高认同度，即使远在非洲村落的孩子也对姚明充满崇拜之情。国际名人的加盟有助于吸引更多的粉丝收看，让此片向世界传达中国的环保态度。中日合作的系列纪录节目《明星看中国》也是针对日本观众的收视习惯和媒体特性，每一期设定一个中国文化主题，由日本著名演员担任主持，通过他在中国旅行期间的见闻、体验和感受，客观真实地介绍中国。系列片在日本播出后，也受到日本观众的欢迎。

八 前沿的拍摄与制作技术

近年来，纪录片拍摄与剪辑技术都有了极大的进步。新兴技术的发展不仅能记录下更加精美、细腻的画面，还能重现历史、展现未来。融入新兴技术的纪录片可通过生动的技术影像让全世界看到极具实力、充满活力、富有竞争力的“中国故事”。创新的拍摄视角和前沿技术设备让独特的主题和表现形式成为可能，真实的拍摄就足以让司空见惯的对象有迥然不同的视觉感受，将熟悉的东西“陌生化”也是创意的重要法则之一，能达到事半功倍的效果。当前，我们国家在纪录片摄制技术上与西方发达国家还有一定的差异，我们要以更多的资金引进先进的拍摄设备，前往西方发达国家学习更多的拍摄技巧，将超大广角、显微镜头、航拍、水下拍摄和高速摄影等技术有效运用在纪录片拍摄中，让我们的纪录片镜头运用更成熟，画面更精美，画质更清晰，声音处理更到位，画面剪接更自然流畅。我们可以采用先进的技术手段，创造奇观体验的视觉效果，将高清摄像机与各种辅助器材组合起来，运用数字影像特技、电脑三维动画、CG（计算机绘画）技术，以数字化技术还原和重现画面，运用特殊的剪辑技巧营造出新奇的视觉效果和唯美的意境；运用计算机技术全面参与纪录片前期准备、现场拍摄、电影特效和后期剪辑的整个工艺流程，斥巨资建设一流的摄影、美工、电脑特效制作团队，用动画图解表现难以叙述的内容、地理位置及行走线路等。如《茶，一片树叶的故事》使用延时拍摄技术，将茶叶的冲泡过程、舒展的姿态等用大量镜头展示出来，使纪录片具备了电影故事片的视觉效果。

结　语

由于中外的历史文化传统、经济社会发展状况、政治意识形态的差异，中国传统文化重集体、轻个人，重正面、轻负面，重形象、轻抽象，重感情、轻理性，重灌输、轻启发，体现在纪录片中就是选题重宏观、轻微观，重历史、轻当代，重弘扬、轻批评，叙述线索重时间、轻空间，叙述风格重感情、轻理性；在价值观上，追求善和美，主观色彩浓厚，忽视客观真实性。西方中国主题纪录片题材选择较为多样，正面和负面形象兼有，基于受众角度拍摄，注重当下，关注个体，时空观念中更侧重空间观念，叙事时间错位严重，视角分散，力求真实而非善，体现出不同的叙事特征。纪录片“讲述中国故事”要在总结和继承优良传统的基础上，借鉴西方纪录片的选题、视角、叙事理念和技巧，在选题上要注重突出中国特色，挖掘本土题材，打造本土特色，又要具有国际视野，选择具有一定的国际知名度、有新发现或新视角的选题，借鉴国际社会认可的故事性叙述方式，创新“中国叙事”的理念和技巧，讲好中国故事，结合最新的制作技术，生产出更多优质纪录片，有效地展现出中国的历史传统、时代风貌和价值理念，让纪录片成为世界了解中国的窗口。加快中国纪录片“走出去”，向国际社会展示一个更真实、更立体、更精彩、更生动的中国。

第二节 《大国崛起》的传播学阐释

2006 年年底，中央电视台经济频道隆重推出了 12 集大型电视纪录片《大国崛起》，这是中国中央电视台第一部以世界性大国的强国历史为题材并跨国摄制的大型电视纪录片。该片分别讲述了葡萄牙等几个曾经拥有辉煌经历的世界性大国崛起的历史，探索其背后的深层次原因，思考中国的崛起之路。该片以其平和的叙事风格、深厚的文化气息、精良的电视制作引起各界的广泛关注，在全国上下掀起了一阵收视的狂潮，同时引起了学界的热烈讨论，全国各大媒体对该片的主创人员进行了频繁的采访，还组织了各方学者进行了较大规模的研讨会。各方学者大多从历史学、政治学的角度对该片的意义进行解读，而从新闻传播学的角度进行探讨的却很少。而且各方学者大多是对该片进行了全盘的肯定，很少指出该片内容和形式上的缺憾。本节尝试从传播学的角度对《大国崛起》的传播策略进行分析，吸取成功经验，同时指出该片的缺憾，希望能对主流纪录片的制作和传播提供一些参考。

一　传播时机：科学发展观的提出

传播时机的选择对传播活动的效果有着重大的影响。在不同的历史时期，人们对信息需求是不同的，传播效果也就各有差异。社会局势有相对平稳和比较动荡的时期。在局势动荡时期，各种新情况、新问题不断出现，社会问题错综复杂，发展趋势捉摸不定，人们不能把握自己的命运，人心思变，急于寻求各种解决问题的答案，更倾向于接受变革性的信息；在局势平稳时期，经济繁荣发展，政治透明度高，社会氛围和谐，人们对国家和政府充满期待，对自己的信念充满信心，更加期待建设性的信息。所以信息传播需要针对不同的历史时期，选择最佳的传播时机开展传播活动，才能取得预期效益。《大国崛起》的制作和播映可以说是选择了一个非常好的传播时机。今天的中国，正走在中华民族伟大复兴的道路上，拥有广袤土地、众多人口和悠久历史的中国的现代化建设，正深刻地影响着世界格局。在中国的现代化进程中，应该以什么样的胸怀和态度来看待曾经在近现代历史上引领世界潮流的国家，中国的和平发展可以从中借鉴什么样的经验和教训一直是全国上下关心的主题。中国的几代领导人反复强调，我们的发展，要吸收和借鉴全人类的文明成果。进入 21 世纪以来，全国上下都在探讨转型时期中国的强国之路。2003 年 10 月召开的中共十六届三中全会提出了科学发展观，基本内涵是坚持以人为本，树立全面、协调、可持续的发展观，就是以经济建设为中心，全面推进经济、政治、文化建设，实现社会全面进步。在全球化的历史背景下，我们要坚持科学发展观，全面推进现代化建设，必须学习和借鉴近现代西方大国崛起的历史经验。2003 年 11 月，中共中央政治局进行了第九次集体学习，学习的内容是世界上 9 个重要国家自 15 世纪以来的兴衰史。从此以后全国上下掀起了学习西方大国崛起经验的热潮。传播时机稍纵即逝，于是作为中国的国家级媒体，中央电视台紧紧抓住这个机会，从 2004 年春天开始编写剧本。2005 年 4

月，全部电视脚本通过了审查；2005 年 7 月，第一个摄制组开始出国拍摄；2006 年年底，该片上映。从决策到播映，仅仅花了两年的时间就完成了一部 12 集系列纪录片的制作，可以说中央电视台选择和抓住了一个非常好的传播时机。

二 传播动机：推进现代化建设

传播者的传播动机对传播效果至关重要，传播活动要取得良好的传播效果，动机必须纯正，那就是要为人民利益而传播。正如美国社会学家阿伦森（Elliot Aronson）所说，如果宣传者的态度明显地背离其自身利益，他（或她）的可信度（和宣传效度）就会增加，“传播者的动机如果是为他个人的利益，那么他的劝服功效就将大打折扣”①。当前中国正处于现代化建设时期，社会政治、经济、文化的发展无疑是人们最根本的利益。在现代化建设过程中，传播媒介正是促进社会变迁和发展的工具。在整个 20 世纪特别是“二战”之后，传播与发展成为一个时代的命题。在发展经济学、发展社会学、发展政治学等“发展理论”成为潮流的同时，发展传播学也成为“发展话语”的重要组成部分，其核心话语即是“有效的传播是发展的关键因素”②。这就要求大众传播媒介在国家的发展过程中要发挥重要作用，要为国家发展服务，“要成为社会变革的代言者，帮助推动社会向新的风俗行为、有时是向新的社会关系的过渡”③。我们国家当前正在进行现代化建设，传播媒介要从“传播的角度开掘出新的社会发展资源，作为奔向现代化的动力”④。

《大国崛起》正是希望总结西方大国崛起的宝贵经验，推进中国的

① ［美］埃利奥特·阿伦森：《社会性动物》，郑日昌等译，新华出版社 2001 年版，第 82 页。

② 单波：《现代传媒与社会文化发展》，载戴元光主编《传媒·传播·传播学：新闻传播学的价值重构》，上海交通大学出版社 2005 年版，第 109 页。

③ ［美］韦尔伯·施拉姆（Wilbur Schramm）：《大众传播媒介与社会发展》，金燕宁等译，华夏出版社 1990 年版，第 121 页。

④ 陈卫星：《传播的观念》，人民出版社 2004 年版，第 448 页。

现代化建设。制作者将该片的主题概括为让历史照亮未来的行程，体现了传播者的传播动机就是从国家民族的根本利益出发，探讨中国现代化建设历程。时任中央电视台台长赵化勇认为《大国崛起》蕴含着可以照亮未来行程的智慧之光，总编导任学安直言他们的意图就是通过解读15世纪以来世界性大国崛起的历史，探究其兴盛背后的原因，进而让观众感受中国的和平发展，可以从中借鉴的经验和吸取的教训，以及我们如何从容地立足于世界去探索自己的和平发展之路。可见，中央电视台制作和传播该片的动机就是通过介绍几个曾经拥有辉煌经历的世界性大国崛起的历史，探索其背后的深层次原因，进而探索中国的崛起之路，探索如何实现中国社会、政治、经济、文化的发展，如何提高人民生活水平，这是符合人民根本利益的。正是这个从人民根本利益出发的传播动机，为该片取得良好的传播效果打下了坚实的群众基础。

三　传播媒介：中央电视台

传播媒介的选择对传播致效至关重要。阿伦森说，我们的观点容易受既是专家又可信的人的影响，罗杰斯（Everett M. Rogers）也说“高可信度的信源在传播行为之后会立刻导致较多的态度变化”①。

中央电视台作为国家级媒体，在传播活动中已经占尽先机，在可信度和权威性方面有着其他媒体无法比拟的优势。中国中央电视台是中华人民共和国国家电视台，是我国最早的电视台，是中国重要的新闻舆论机构，是党、政府和人民的重要喉舌，是中国重要的思想文化阵地，是当今中国最具竞争力的主流媒体之一，具有传播新闻、社会教育、文化娱乐、信息服务等多种功能，是全国公众获取信息的主要渠道，也是中国了解世界、世界了解中国的重要窗口，在国际上的影响正日益增强。中央电视台拥有一批高素质的各类电视专业人才。在节目创作方面，中

① ［美］E. M. 罗杰斯：《传播学史：一种传记式的方法》，殷晓蓉译，上海译文出版社2002年版，第335页。

央电视台高度重视节目质量，鼓励多出精品，先后推出了一大批思想性、艺术性强，深受观众喜爱的优秀节目，不仅成为观众收视热点，而且在社会各界产生广泛影响。同时，中国中央电视台拥有具有世界先进水平的技术设备和设施。正是多种软硬件的不断发展，在受众心目中树立起了极大的权威性、可信度和知名度，这就为《大国崛起》取得良好传播效果提供了重要的保障。

四　传播内容：探索强国之路

探讨《大国崛起》传播内容上的得失必须使用到霍夫兰的说服研究，《大国崛起》的传播实际上就是一种说服，正如他们的总编导任学安所说："我们的意图只是通过解读 15 世纪以来世界性大国崛起的历史，探究其兴盛背后的原因，进而让我们思考中国的和平发展。"可见，该片传播者就是想通过该片去劝服中国受众自觉走上强国之路。以霍夫兰为代表的传播学耶鲁学派在长期的调查和传播试验工作中，提出了经典的劝服艺术，从说服研究出发，我们可以从传播来源、传播内容、传播方式上对《大国崛起》的内容进行分析。

（一）传播来源

罗杰斯认为高可信度的信源在传播行为之后会立刻导致较多的态度变化。从传播来源上来说，《大国崛起》的信息来源非常权威和可信，片中的传播者大多具有很高的知名度。《大国崛起》邀请著名学者钱乘旦作为学术指导，还邀请了北京大学历史学系教授们为《大国崛起》摄制组撰写了历史脚本，并请政治学、经济学、社会学、国际政治学等不同研究领域的众多专家多次讨论脚本中的相关阐述。这部大型纪录片拍摄过程中，共有近一百名不同领域的专家参与其中，他们遍布世界众多著名大学和研究机构，在此片中，他们分享了对过去500年历史研究的最新知识与不同见解。多元意见的呈现使该纪录片信息极为丰富，也使该片更趋开放、更具知性力量。正如麦奎尔（Denis McQuail）所说，媒介与消息来源之间是一种共生互文关系，[①] 该片中的传播者都有着较高的权威性和可信度，这也保障了传播内容的权威性和可信度，也就为传播致效奠定了基础。

（二）传播内容

传播内容是传播致效的最重要因素，《大国崛起》之所以能够取得良好的传播效果，独具特色的传播内容功不可没。该片作为历史文化纪录片，很好地体现了贝拉·巴拉兹（Béla Balázs）赋予纪录片“用画面记录人类历史的伟大使命”。《大国崛起》作为历史题材电视纪录片，其任务就正在于帮助当代人深化对历史的这种理解，以史为镜，提高当代人的认识水平，鼓舞人民努力推动社会的发展。正如海登·怀特（Hayden White）所说，影视史学就是以视觉影像和电影话语来表现历史和我们对历史的见解。要加深对历史的理解，必须要先“感觉历史”（房龙），以前感觉历史主要靠的是书籍，有了电视，“感觉历史”的途径就便捷得多。电视为“当今大多数人理解历史、把握历史辟了更加广阔的道路”[②]。《大国崛起》的内容正是通过纪录片的形式向受众介绍大国崛起的历程，履行媒介帮助受众理解历史的使命。

对《大国崛起》在内容上的成功之论述已经连篇累牍，有人认为《大国崛起》之崛起，主要是因为从宏观社会背景而言，《大国崛起》叩击了我国当下一个重大时代命题；从中观的传媒环境而言，《大国崛起》在日趋感性的电视娱乐化浪潮中，以一种理性的姿态呈现有别于传统悲情史观的新史观；从微观的纪录片创作而言，《大国崛起》不落历史题材纪录片探秘、解密的窠臼，将知性诉求与商业诉求较好融合，实现了纪录片社会价值和市场价值的双赢。[③] 这些都是有道理的，但是该片之所以成功，根本原因还在于它承担起了主流纪录片的历史使命。

---

① ［英］丹尼斯·麦奎尔：《麦奎尔大众传播理论》，崔保国、李琨译，清华大学出版社2006年版，第241页。

② 郑征予：《电视文化传播导论》，复旦大学出版社2003年版，第113页。

③ 娄和军：《大国崛起何以崛起》，《声屏世界》2007年第4期。

作为一个社会主义国家，我国的纪录片也一直扮演着传达主流文化的重要角色。中国纪录片的发展从一开始就把列宁“形象化政论”作为我们拍片的理论。纪录片的主题必须在记录现实的基础上达到人的高度，反映某种情境、某种氛围下，人的生活理想、生活追求和生活境界。①该片正是站在时代的高度，以大历史观的视角，传达了21世纪以来中国的主流文化，即探索中国特色的强国之路，契合中国受众新时期的理想和期望，符合受众的需求，最终引起受众的关注和共鸣，取得了良好的传播效果。

《大国崛起》内容上的成功之处不必赘述，但其缺陷不得不提。

首先，标题“大国崛起”就值得商榷，正如中国社会科学院马克思主义研究院院长程恩富所说，该片中提到的9个大国，有些并不是“大国”而是强国，所以准确地说应该是“强国崛起”而不是“大国崛起”。

其次，“如果光谈崛起，还不能给人家一个完整的概念，这里面如何科学地归类以及它们整个崛起的客观历程、动因可能反映得还不够全面，因而理应完整地描述强国兴衰或者国家兴衰，揭示其兴衰的多变原因”②。

再次，该片的价值取向也存在一些值得商榷之处，正如有人指出，《大国崛起》存在着五个方面的价值取向偏差：洋溢着对霸权的欣赏；美化殖民史；推崇资本主义政治制度；迷恋资本主义市场经济；盛赞资产阶级价值观。这些偏差在该片的解说词中时有显现。该片宣传的价值观与我们国家的主流价值观是有一些偏离的，片中共产主义远大理想和社会主义核心价值观被淡化。所以，我们应该总结经验和教训，制作历史文化纪录片时，传播者必须以科学严谨的态度，从客观史实出发，尊重历史全貌，“而不是从历史中任意裁剪出零零碎碎的片断，让它们服从‘创作意图’，拼凑出所谓的‘历史理性’”③。

---

① 姜依文主编：《电视纪录片卷：生存之镜》，北京广播学院出版社2000年版，第104页。

② 程恩富：《由〈大国崛起〉引发的一点思考》，《领导之友》2007年第3期。

③ 张顺洪：《忧从中来不绝如缕——〈大国崛起〉观后》，《马克思主义研究》2007年第1期。

最后，该片部分内容有些显得薄弱，在论述有些大国的崛起之路时，并没有讲出大国崛起的真正原因。如第七集“百年维新”讲到日本崛起时，反复渲染，事无巨细地讲述一个日本人涩泽荣一（渋沢栄一）到外国学习的经历和回国改造社会的经历。固然，日本的崛起与向西方学习有着重要的联系，但更重要的却在于日本民族独特的民族特质，正如本尼迪克特（Ruth Benedict）所总结的，日本人爱美而又黩武，尚礼而又好斗，喜新而又顽固，服从而又不驯，忠贞而易于叛变，勇敢而又懦弱，保守而又求新。[①] 正是这些民族特质促使日本走上了变革自强之路，而该片对这些却着墨甚少。可以说，该片在论述日本崛起时并没有重现日本崛起的真实历史进程，这与纪录片的真实性是相违背的，纪录片的真实性要求“存在的真实性与影像的逼真性和谐统一”[②]。可以说该片的有些剧集没有做到这一点，这无疑是一个遗憾。

当然，《大国崛起》在中央电视台播放，本来就面临很大的挑战，中央电视台作为全国性的媒体，它所面向的是全国的观众，所以它所传播的内容必须符合全国观众的需求，这也决定了传播者在内容把握上的困难，正如该片总编剧所说：“对普通观众来说，有的知识显得深了，对专家学者来说，又显得浅了。”但是，作为在电视上播放的纪录片毕竟还是有真实性的追求，纪录片虽然“通过主体的表现，并对这种表现进行选择和结构，进而表现出主体选择的艺术真实”[③]，但也不能“粉饰生活，制造虚假的太平气象，也不能在‘真实’的旗帜下，放弃它对社会的责任”[④]。

《大国崛起》在内容上虽然大体做到了反映历史的真实情况，但某些细节还是有待商榷，并没有做到“叙事整体情致的始终如一”。这也

---

① ［美］鲁思·本尼迪克特：《菊与刀》，吕万和、熊达云、王智新译，商务印书馆2005年版，第1页。

② 张政：《电视传播多维透视》，北京广播学院出版社2001年版，第112页。

③ 高峰、肖平：《电视纪录片论语》，中国国际广播出版社1999年版，第323页。

④ 胡智锋：《电视纪录美学》，《北京广播学院学报》1993年第2期。

是主流纪录片制作和传播过程中需要注意的问题。

（三）传播方式

传播方式的选择对传播效果有着重要影响，以霍夫兰为代表的传播学耶鲁学派提出了劝服艺术的四个命题：一面提示好，还是两面提示好；先说为好，还是后说好；结论是传播者给出好，还是受众自己得出好；理智型劝服好，还是情感型劝服好。中国香港传播学者李金铨将之归纳为“传播者的可信度；片面之词、正反意见并陈；先入为主，后入为主；明白性，含蓄性；用什么诉求方式；谁顽固谁耳朵软”[①]六方面。在这几个命题中，《大国崛起》有些方面做得好，有些则差强人意。

在提示上，霍夫兰认为，对于教育程度和（或）智商低的受众来说，一面理的信息导致更多的态度变化，而对于教育程度高和（或）智商高的受众来说，两面理的信息会引起更多的态度变化。有人认为该片打破了以前电视劝服上的一面提示，走出历史教材中道德批判式的“一面提示”而进入平衡开放的“两面提示”。实际上，该片在两面提示上做得还不够，在介绍西方大国崛起经验时，大多全面肯定了这些大国的崛起方式，而很少对其中的弊端进行论述，仅仅讲到了日本的军国主义，而对英美等资本主义国家施行自由竞争而导致垄断，最终酿成经济大萧条的历史教训很少谈及。该片的目标受众主要还是教育程度和智商较高的人，所以应该加强两面提示，将大国崛起过程中的教训毫不保留地揭露出来，为我们国家的崛起提供前车之鉴。

在结论的得出上，霍夫兰认为在一个信息中陈述一个结论，比让结论含而不露的做法会导致更多的态度变化。对于一个信息要点的澄清似乎增加了它的说服力。霍夫兰认为，要使受众接受或改变某种态度，传播者应该把自己的结论明明白白地说清楚，痛痛快快地给出来，因为明白优于含蓄，传播者把结论直截了当地告诉受众，要比让他们自己去猜出结论更为有效。当然，他也指出结论由受众自己得出也并不是一无可

---

① 李金铨：《大众传播理论》，三民书局1982年版，第157页。

取。相反，这样做有时效果更佳。因为，自己得出的结论要比传播者给出的结论更容易接受，也记得更牢，同时也就更不容易动摇变更。《大国崛起》的结论都是直接得出的，其中大多是通过采访学者、专家而经由他们之口给出，并且在最后一集“大道行思”中进行了总结。其实，该片的目标受众应该是有一定文化修养的观众，传播者应该对他们有信心，相信他们通过观看能够得出自己的结论。有些经验和教训不能采取说教的形式，而应该设有一定的悬念，给予受众充分的想象空间，让受众有反馈的机会和余地。

在诉求方式上，《大国崛起》采取的是理智型劝服，情感型劝服较少。理智型劝服，是以充分的事实根据、周密的逻辑推理、冷静的分析论述为特点；而情感型劝服，则不大顾及前因后果、来龙去脉，而主要是通过调动人的感情、感动人的内心、煽起人的情绪来达到目的。可以说二者互有利弊。一般来说，情感型劝服比理智型劝服更加奏效。正如施拉姆所言，“大量实验表明，动感情的呼吁较之逻辑的呼吁可能导致态度的改变”。所以，该片也应该进行一部分情感型劝服，中国受众都受过儒家传统教育，重感情、轻法治，讲中庸、鄙冒险，重规矩、轻创新。在传播过程劝服时，应该加大情感性劝服的比重，将大国的崛起之路与中国紧密联系起来，通过生动形象的影像、声音形式进行劝服。

《大国崛起》还从中国受众的特点出发，采取了符合中国观众收视习惯的传播方式进行传播。中国的电视观众有自己独特的电视欣赏习惯，大多注重情节、故事、人物，“对纪录片相对完整的故事情节、丰富的细节描述和人物性格刻画以及整体的引人入胜都有比较高的要求”①。该片对英国革命、法国革命的故事化叙述确实吸引了大批受众，这也是该片在传播方式上的亮点之一。

总之，《大国崛起》在传播方式上确有独到之处，它淡化了传统历

① 张军锋：《气势恢弘，入理入微——〈大国崛起〉热播荧屏的思考》，《当代电视》2007年第2期。

史文化纪录片的说教意味，通过理智的说理直接陈述结论，但也在某种程度上缺乏两面提示和情感型说服。电视传播观念应该“由平面宣传理念趋向立体传播理念传播思维，由趋同思维趋向另类思维，个性思维，创造性思维”[①]。这才是电视传播应走之路。

结　语

《大国崛起》的传播取得了巨大的成功，固然与其传播时机的把握及传播内容、传播方式的别具一格有关，实际上，该片是在构建一个巴特和列维－斯特劳斯（Claude Levi-Strauss）所说的神话。巴特认为大众文化的传播实际上是在创造一个又一个“流行神话”，在流行神话中，每一个动作都被赋予清晰明确的特质。只要对手进场，观众立即就明了他的角色意义。[②] 列维－斯特劳斯通过对神话的分析认为在神话的复杂表现中总能寻找出某种基本模式。礼仪人类学也认为神话是一种匿名创作的叙事，它提供了世界为何如此这般与人们为何如此行事的解释。[③]《大国崛起》实际上就是创造一个个大国崛起的神话，在这些神话中，传播者希望通过解释西方大国崛起的原因，总结大国崛起的宝贵经验，劝服中华民族走上强国之路，体现出了中国人民自强崛起的强烈愿望。

虽然《大国崛起》的制作和传播存在一些遗憾，仍然不可否认其重要的时代意义，中国电视对“提高全民族的思想政治觉悟和科学文化素质负有不可推卸的责任”[④]，当前中国正处在崛起之路上，大国崛起解释和介绍西方大国崛起历程是非常及时和必要的。中央电视台制作和传播《大国崛起》，实际上是在履行教育国民的使命，正如传播学的

① 贾秀清、高鑫：《21世纪电视文化生存》，中国国际广播出版社2006年版，第97页。

② ［法］罗兰·巴特：《神话：大众文化诠释》，许蔷蔷、许绮玲译，上海人民出版社1999年版，第5页。

③ ［美］约翰·费斯克（John Fiske）等编撰：《关键概念：传播与文化研究辞典》，李彬译注，新华出版社2004年版，第176页。

④ 杨伟光：《中国电视论纲》，中国广播出版社1998年版，第97页。

集大成者施拉姆的一句话："所有的电视都是教育的电视，惟一的差别是它在教什么。"① 可以说该片出色地完成了这一使命。

总之，从传播学角度进行分析，中央电视台制作和传播纪录片《大国崛起》是一次成功的传播活动，取得了良好的传播效果，同时也为中央电视台赢得了荣誉。正如麦克奎恩（David McQueen）所说："纪录片仍然是电视广播中一个有威望的领域，吸引着报刊杂志评论所注意，并为制片人和电视机构赢得荣誉。"② 所以，《大国崛起》大获成功的经验值得其他主流纪录片制作和传播时参考和借鉴。同时，制作、传播过程中的遗憾和缺陷也值得警醒。

第三节 美国大学形象宣传片的特色和启示

除了久负盛名的教授、历经百年的建筑及光芒闪耀的校友，大学宣传片还能否有其他的元素？除了回顾历史，宣传宏大规划，大学宣传片还能否有其他的内容？除了用华丽的男中音娓娓道来大学的风云变幻，大学宣传片还能否有其他的形式？2012 年，一部《我为什么选择耶鲁》（*Why I Chose Yale*）让上述问题都有了全新的答案，对其进行深入的文本解读和框架分析可以从中发现其特色，并收获一些启示。

一 《我为什么选择耶鲁》的简介

2011 年，耶鲁大学官方网站挂出了一个全新的招生视频"*Why I Chose Yale*"（《我为什么选择耶鲁》），该片在 YouTube（美国的一家视频网站）上一经上传，就收到了百万点击量。2012 年，该片在中国也火了起来，成了国内一些知名媒体的讨论对象，21 世纪教育研究院的

① ［美］威尔伯·施拉姆、威廉·波特（William E. Porter）：《传播学概论》，陈亮、周立方、李启译，新华出版社 1984 年版，第 261 页。

② ［英］大卫·麦克奎恩：《理解电视》，苗棣、赵长军、李黎丹译，华夏出版社 2003 年版，第 116 页。

熊丙奇、凤凰卫视知名记者闾丘露薇都曾亲自撰文讨论该短片。

该片的目的其实非常明确：为了耶鲁大学新一学年的招生。不同于国内通过高考进入大学的招生方式，美国的大学在招生上并非具有绝对的选择权，而是学生和学校之间的一次双向选择，潜在学生（Potential Student）很可能会因为学校的一些细节来择校。所以每个学校特别是精英学校在招生上都会下一番功夫，这才有可能招收到一些精英学生。耶鲁大学作为一所世界知名的一流大学，当然不会放过任何一次招收优秀学生的机会，而且这个视频完全有利于耶鲁大学在信息化时代的形象宣传，从它在国内走红便可见一斑。

影片一开场，一名长得像美国总统奥巴马的黑人招生官面对一众学生及家长做了一番招生简介；在提问阶段，一名亚裔面孔的男生先问了耶鲁大学的建校时间，接着是一名亚裔女生问招生官是否所有的耶鲁大学教授都会亲自授课，招生官对上述两个问题都做出了言简意赅的回答；最后，一名白人女生问了该招生官一个问题：你当初为什么选择耶鲁？这个问题在前两个问题的铺垫后，层层递进，直击该片的核心问题。随即，原本严肃的招生官化身成了美国歌舞青春片的男主角，在载歌载舞之间，校园文化、学术氛围、师生关系在受众面前徐徐展开。全片紧紧围绕"That's why I chose Yale"（这就是我为什么选择耶鲁的原因）展开，各个角色均由普通学生出演，从学生视角进行阐述，从三大方面（住宿制度、社团文化和教育资源）有所侧重地提炼出了耶鲁大学最吸引人的地方。在结尾处，所有参与影片的学生在草地上一起唱起了歌，跳起了舞，将快乐积极的气氛传递给了每一个观众。最后，当音乐声渐弱，招生官又一次回到了招生介绍会的现场，得到了在座家长和学生的掌声。

在观看过程中，受众会自然而然地被影片中的情绪所感染，仿佛是自己去了一趟耶鲁大学，跟着影片中的招生官、普通学生去经历了一遭耶鲁大学生活。这便是影片的特色所在：真实、亲切、可感。

该片之所以会有如上三个特点，主要归功于以下几方面：创作上，主创人员均为各届各专业的耶鲁大学学生，可谓是一次将心比心的创作；形式上，采用美国典型的青春歌舞片的形式，拉近了与年轻学子的距离；主体上，以人为本，不管是通过学生叙事，还是由学生活动串起全片主线，“学生”是该片的关键词，并且不同种族及不同文化都在影片中有所展现；视角上，重视当下，不谈辉煌的成就和宏大的目标，只关注耶鲁大学当下的普通学生和他们的学习生活；细节上，美国式的幽默常常闪烁其间，让原本严肃的招生过程变得轻松可爱。

二 《我为什么选择耶鲁》的特色

上文已经简单提及了该片的特色，接下来将通过分析该片的文本内容、镜头语言及演员表现等，从传播者、传播内容、传播方式、受众四个方面进行更为详细的特色分析。

（一）传播者：学生自编自导自演

在16分钟的全片结尾时，出现了一段字幕：这部影片是由耶鲁大学本科毕业生和正在招生办工作的校友合作完成的。所有的拍摄、编辑和录音均由耶鲁学生在耶鲁校园内完成。（The video was an independent collaboration between in Admissions Office. All filming, editing, and vocal recording was done on Yale's campus exclusively by Yale students.）

随后出现的一百多人的演职人员名单中，每一位学生的后面都注明了毕业时间。如两位导演，安德鲁·约翰逊（Andrew Johnson）是耶鲁大学2006届的毕业生，伊桑·库珀佰格（Ethan Kuperberg）是耶鲁2011届的毕业生，其中出镜的为数不多的几位老师也都是耶鲁校友。

从拉斯韦尔（Harold Lasswell）的5W模式来看，这些耶鲁大学的学生担负起了传播者（Who）的任务：信息的收集、加工和传递。全片剪辑流畅、叙事富有逻辑，可以说是一部不亚于专业视频机构的短片，这也体现出耶鲁大学学生的综合素质，也从侧面证明了耶鲁大学在教育上不仅仅只是知识的传授，也有综合技能的提升。同时，因为该片由学生一手主导，团队人数高达百余人，可以看出导演具有较强的领导能力，也能够从侧面证明耶鲁大学培养的是领导型人才。

更重要的是这些传播者其实都是从潜在学生的阶段走过来的，就像招生官在回答“Why did you choose Yale”（你为什么选择耶鲁）这个问题时，一开始就说了：“我在高中最后一年的时候，非常向往大学生活，当时觉得每个大学都很吸引我，但最后我从众多选择中留下了一个选择，那就是耶鲁。”这种心态其实在大多数美国高中生中普遍存在，而这样的回答无疑拉近了招生官与在座各位学生和学生家长之间的距离，非常容易引起高中生和他们家庭的共鸣，也给全片定下了一个轻松、亲切的基调。

（二）传播内容：展示现状，突出特色

拉斯韦尔的5W模式有一个重要的环节——传播内容（Says What），即传播的讯息内容，它是由一组有意义的符号组成的信息组合。符号包括语言符号和非语言符号。作为一则招生短片，片中的内容无疑是招生的关键所在，概括起来说，该片内容关注耶鲁大学的现状，并且从三大方面突出展示了耶鲁大学的特色，而非追溯历史、介绍著名校友等常规动作。

在招生官讲述完自己高中最后一年的心路历程后，随着他身后教室布景板的撤离，他来到了一块草坪上，背景中学生们或是在交流，或是在玩游戏，或是在静静看书，而招生官则卖力地又唱又跳，从他的唱词中，我们能够大致了解到耶鲁大学的概况：在耶鲁大学，学生能够了解到知识的精髓，也能住在寄宿学院，还能投身到浩如烟海的艺术世界；不仅能获得一流的教育，也能从和同学的交流中获益。

1. 耶鲁大学第一大特色：寄宿制度

在对耶鲁大学进行概括介绍后，随着镜头从招生官身上转移，另一处古典建筑出现在视野里。招生官用较为正式的口吻介绍起自己选择耶鲁的第一大理由，也是耶鲁大学的第一大特色：Residential College（寄宿学院）。他在介绍中这样说，我选择耶鲁的一大原因是为了它的寄宿制度。在新生到来之前，他们会被随机分配到 12 个被称为 Residential College 的小型社区中，这些学院与专业或者课外活动无关，但可以确定的是它们并非仅仅是生活区。在接下来关于 Residential College 的详细介绍中，普通学生成为叙述主体，他们从不同层面、不同角度有所侧重地介绍了 Residential College。随着一名亚裔男生的跑动，镜头来到了 12 个小型社区里，这名亚裔男生也同样用唱歌的方式大体介绍了 Residential College。他将之比喻为一个家，学生们在四年中团结在一起，提升了学生的技能。同时，镜头从社区的外部环境转入内部。因为 Residential College 的基本功能之一是作为学生的生活区，所以，学生们的介绍也围绕着吃、住、娱乐等基本需求展开。各族裔、各性别的学生纷纷登场，介绍了生活区中的食堂、小卖部、公共客厅、游戏室、洗衣房、电影院、健身房、舞蹈室、琴房等。这种和生活密切相关的设施设备，可以说非常“接地气”，能够拉近潜在学生对耶鲁大学的好感，同时，也能让学生家长放心学生的寄宿生活。

但更重要的是，正如招生官所说，Residential College 不仅仅只是个生活区。所以，Residential College 所承担的教育功能也在后面的介绍中做了重点呈现。一位 Master（导师）和一位 Dean（院长）跟学生们同吃同住。Dean 主要负责管理学生的日常琐事，如学分选修、批准病假等，而 Master 主要担当资深教授的工作。在影片中，一位头发花白的老先生会给想要去百老汇看演出的学生提供资助，会组织一次演奏会，其中最重要的一项工作是组织 Master’s Tea’s（教授茶话会）。教授茶话会为学生提供了接触社会名流的机会，能听到他们的故事并获得他们的建议等。就像是这一段关于 Residential College 介绍的结尾中说的那样，Residential College 是一个可以被称为家的地方，让人感到温暖，让友谊长青。

2. 耶鲁大学第二大特色：社团文化

社团文化可以说是大学文化的重要组成部分，在耶鲁大学也不例外。但在传播这部分内容时，影片一改之前歌舞青春式的表演，而是通过大量非语言符号进行了内容传递。

这种非语言符号的传递主要从以下几方面表现出来。

首先，关于社团文化介绍的这一部分影片中，肢体语言成为展示的一个重要载体。从一开始舞蹈社的跳舞，到田径队的长跑，再到篮球场上的矫健身影，又或者是中国特色的武术、民族舞、舞狮，还有喜剧、话剧表演及交响乐演奏、辩论，甚至连学生自主经营的出版社都被繁忙的电脑排版工作所呈现了出来。这些肢体语言在跨文化传播中有着极其重要的作用，不管是世界上哪个地方的人，都能够不通过旁人出声的介绍而从视频画面中获取有效讯息。

其次，丰富的有层次的背景音乐也成了传递讯息的重要手段。在这一部分影片一开场，背景音乐从有节奏的鼓点开始，搭配着舞蹈社激情的街舞，随着长跑队进入画面，他们的喘气声都成了背景音乐的一部分，慢慢地每一个不同的社团出现，就会在原有的背景音乐的基础上添加上有该社团特色的音乐，甚至连耶鲁政治社团的辩论声都被加入其中。虽然音乐到最后融为一体，但在这个反复叠加的过程中，信息也通过这些不同的音乐进行了传递，表现出了耶鲁大学社团文化的丰富多彩。

最后，简洁明了的字幕成了讯息传递的重要组成部分。虽然字幕也属于语言符号的一部分，但在这一部分不出现人声介绍的影片段落中，它也起到了“此时无声胜有声”的效果。在每一个具有代表性的社团出现之后，一行银色的字就会出现在屏幕上：17 个舞蹈社团、35 个各类体育队、45 个运动俱乐部、21 个歌唱社团、4 个文化俱乐部、8 个喜剧表演社、1 个下属的农场、9 个戏剧组织、22 个乐团、19 个政治组织、36 个学生出版社等。这些直观的数字传达给受众一个讯息：在耶鲁大学，你能够拥有丰富的课余生活，也能为自己的爱好找到归属。

随着最后一行字幕“还有许多社团没能一一列举”的出现，在草坪上玩杂要的一个学生将沙锤抛向空中，干净利落的镜头语言再一次表现出了极强的感染力，下一个镜头又回到了舞蹈社热力十足的舞蹈表演现场，而熟悉的招生官正加入他们的队伍中，随着一个鼓点的结束，他接下从空中飞来的沙锤，又一次用非常严肃的口吻说道：“我选择耶鲁最重要的一个原因是杰出的学术条件。”

3. 耶鲁大学第三大特色：学术条件

众所周知，耶鲁大学之所以能够驰名世界，自然是由于它几百年来优异的学术表现。但也正因为它在学术上为人所知的优秀，所以在表现这一部分时也格外具有难度。可是，该片却一再打破我们对于这类主题的刻板印象。在影片中，我们并未看到耶鲁大学出了多少诺贝尔奖得主，也没有看到出了多少届总统，而是再一次从学生视角出发，阐述了他们眼中的耶鲁学术氛围，而这种阐述又是从多层面展开的。

第一层面是能够让学生的梦想得以实现。不管是亚裔女生渴望脱离死记硬背的教育模式，从最优秀的人那里获取知识，还是为致力于人权保护的白人女生提供海外实习的机会，抑或是为一个立志成为建筑设计师的白人男生提供了实现梦想的可能性。这些人的经历其实代表的正是潜在学生中的一部分群体。

第二层面的阐述着重表现了教育的包容性和开放性。教育的包容性一方面体现在学生的国际化程度高，世界各地的学生都能够在耶鲁大学求学；另一方面，体现在支持学生将所学知识运用到各个领域、各个地区。譬如，鼓励一位跨过半个地球的白人学生将洁净水项目在非洲推广，而另一位非洲裔的女生则在实验室里研究关于气候变化的科研项目。教育的开放性表现在课程设置上具有独特性，许多交叉学科在耶鲁大学存在。譬如，一位学生所介绍的 Philosophy of Art（艺术哲学），就将艺术和哲学进行有机结合，去探索真理和美之间的关联。

第三层面则是展示了雄厚的硬件实力。超过 2000 门课程、50 多门外语课在大一新生的选修课表中出现。面对这个棘手的问题，12 个小型社区会配备新生顾问，专门为学生解答在选课上的问题。而大学的精神地标——图书馆，也在招生官的载歌载舞中被呈现出来：在浩如烟海的书籍中，还能找到音乐碟、影碟和古代地图等各类资料。

（三）传播方式：载歌载舞，生动活泼

在拉斯韦尔的 5W 模式中，传播方式实则就是通过什么渠道进行传播（in which channel），即信息的物质载体是传递信息必需的介质。在该片中，这种传播方式就是采用了美国典型的青春歌舞片的形式。

该片之所以选择青春歌舞片的形式进行，主要出于两个方面的考虑。第一，青春歌舞片是美国青春期少年中较为受欢迎的一种影片模式，而耶鲁大学的潜在学生恰好和这种影片的受众高度重合；第二，从 2008 年开始，一部名为《歌舞青春》的美国迪士尼原创电影席卷了全球，在全球范围内获得了大量的观众，并收获了艾美奖等大奖，而该片沿袭《歌舞青春》的模式，借助《歌舞青春》的余热，以吸引更多的年轻人。这种载歌载舞的表现形式，也体现了耶鲁大学学生的充沛精力与活力，他们运用不同的歌唱方式、肢体语言、表演方式，通过自己的唱词和舞蹈动作，阐释了自己眼中的耶鲁。

同时，该片投放在了 Youtube 上，利用了网络传播速度快、辐射面大的特点。这种传播模式相较于传统的招生宣讲会、面谈会等更有效，也更有针对性。因为 Youtube 的受众群体大部分也是 18—24 岁的年轻人，正好和耶鲁大学的招生对象有着契合度，而且在 Youtube 上，用户通过共同的群组（Group）进行链接，而同一群组的成员往往有着类似的内容偏好，通过群组成员的分享或者点赞，能够让该视频在类似的用户中进行大范围的流传，可以说是将潜在受众一网打尽。

而且，利用视频而非纯文本的方式进行传播也符合当下节奏较快、阅读深度不足的时代背景。如果要用一本 16 页厚的册子介绍耶鲁大学，估计会让编写的人煞费苦心，因为 16 页的内容可能连耶鲁大学的校史都装不下，但这则16分钟长的视频却将耶鲁大学的特色一一呈现，并且逐级递进。

镜头语言的纯熟运用，也让该片在叙事上更有节奏感，整体给人以明快向上的感受。特别是在介绍三大特色时，每处的镜头衔接都颇具特点。招生官是该片的主要串场人物，他的每次出场都起着承上启下的作用，在介绍Residential College时，镜头随着他的跑动就到了一对年轻学生的身边，而他通过向他们提问关于Residential College而引出了第一个特色；在介绍完Residential College时，招生官又一次从生活区跑出来，伴随着他离开Residential College的脚步，镜头慢慢切换到了舞蹈社成员的脚步上；而在介绍完社团文化后，招生官的出场更是匠心独具，镜头先是展示了杂技社团抛往空中的沙锤，而下一个镜头时，招生官接到了沙锤，这道弧线让镜头之间的衔接分外流畅；而在介绍图书馆的时候，他就像是有轻功一样，从屋顶上跳到了图书馆的桌子上，随着他舞动的身姿，图书馆如山的书柜在他身后慢慢展现。

这些流畅简洁的镜头语言，使该片在演员的说和唱之外，让观众多了一层对耶鲁大学的认知，那就是，耶鲁大学虽然是百年名校，但并不意味着它墨守成规，它也是充满着活力的。

除去这些镜头语言，还有一个亮点在视频中得到了呈现：美式幽默。轻松诙谐的玩笑话在不经意间散落。譬如，在影片结束时，当招生官气喘吁吁地接受在座学生和家长的掌声时，一位学生悄悄对身边的人说，这比《猫》（音乐剧）差多了；当招生官在图书馆忘情歌唱和跳舞时，在座的一位学生忍不住发出了警告；还有在生活区的影院中，一名学生在介绍的时候，另外一个同学被电影情节吓了一跳，撒了一地的爆米花……这些让人忍俊不禁的细节中，展现了耶鲁学生幽默的一面。

（四）受众：以受众为本

该片一直以受众为本，因为它的本质是一个招生宣传片，所以受众一定是它首先需要服务的对象。

不管是从传播的内容来看，还是从传播的方式来看，该片都从受众角度出发进行了思考。

首先，它在片头就通过招生面谈会的现场听众暗示了该片目标受众是学生和学生家长，因为在片头中不仅有年轻的学生，也有白发苍苍的老人。

其次，它也通过片中所出现的不同族裔、不同性别的演员表现了耶鲁大学富有包容性，世界各地的学生只要有意向进入耶鲁，都是该片的目标受众。在片中，亚裔、非洲裔、拉丁美洲裔等学生都有不同人次的出现，白人学生出现较多，但并不代表都是美国本土的学生，有不少也是跨越了半个地球前来就读的。

最后，全片一直思索的就是学生能够在耶鲁获得什么，而非从耶鲁的视角出发来考虑能够给学生提供什么。所有的叙事角度都是以学生为主的，就连招生官也是校友，所以这种和潜在学生平等的视角能够无形中拉近与受众的距离，体现出该片一切从受众出发、为受众考虑的特点，其实体现的更是耶鲁大学从学生出发、以学生为本的办学特色。

透过耶鲁在读学生或者校友的视角来看耶鲁，就仿佛是为潜在学生铺就了一条通往耶鲁的路。但如果是耶鲁一直站在自己的立场来阐述自己能够为学生所提供的教学资源、生活设施等，则只是为学生打开了一扇门，但通往这扇门的路依然要靠潜在学生自己去发掘。如还需要学生通过更多的网络搜索、参加各种面谈会才能够了解到更多有效信息。

三　《我为什么选择耶鲁》的启示

《我为什么选择耶鲁》的启示主要有以下几方面。

（一）定位准确

该片的制作方一直非常明确自己最主要的任务：招生。所以，在整个片子中一直把吸引学生和学生家长作为自己的创作核心，因此，他们的受众定位也就非常明确——学生和学生家长。

在明确了自己的受众之后，下一步便是了解受众所需。对于学生来说，大学将是今后四年生活、学习的地方，所以耶鲁大学从学生的立场出发，并没有连篇累牍地提及耶鲁大学的光辉成就，而是将生活中琐碎的场面展现在学生面前，通过在读学生的叙述，让耶鲁生活徐徐展开在潜在学生的面前。虽然素材众多，但能够把这些零碎的素材有机地整合在一起，并形成流畅的视频，制作方做到了有的放矢，将服务于主题的素材进行了重新筛选和编排，有所侧重地介绍了耶鲁大学。

（二）以人为本

大学的主角应该是学生，“人”在这部片子中居于核心地位，相较于某些高校让学生作为背景人物出现的手法，这部片子让学生完完全全做了主角，大有“我的地盘我做主”的气势。

不仅学生成了短片的主创团队，更重要的是在短片中，通过学生的叙述能够感受到耶鲁大学对学生的关怀。由于美国高校独特的录取制度，所以耶鲁大学要“讨好”学生，才能够招收到未来的社会精英。耶鲁大学对学生的关怀，不仅体现在生活上的无微不至，更多的是对学生梦想的关怀，并尽力为他们提供实现梦想的条件。而它所培养出来的学生又将这种关怀运用到实际生活中，他们通过自己的努力和行动去关怀人类社会和自然界。

（三）重视当下

耶鲁大学在16分钟的短片里，没有叙述自己创校的历史，也没有赘述名师硕彦，更没有把自己获得的赞誉一一列举。抛弃历史的光环是需要勇气的，耶鲁大学没有选择躺在历史的功劳簿里，而是着眼于当下，无疑从另一层面反映出它的自信，也反映出它不断进步的一面。

这部宣传片展示的是耶鲁大学当下的特色，不管是住宿制度，还是社会文化，抑或是学术资源，都是此时此刻的耶鲁。但再往深处思索时，观众们就能够从那浩如烟海的图书馆馆藏、那些历史悠久的哥特式住宿楼、那些熟悉的社团名称（如耶鲁辩论社）里明白，此时此刻的耶鲁是靠着三个多世纪的积淀走过来的。而这种积淀，恰好成为耶鲁的影响力。这种影响力是不需要靠大声宣传自己培养出几任总统、产过多少诺贝尔奖得主、在世界大学中排名多少位来扩大的。

（四）特色鲜明

整部短片非常紧凑，但不会让人产生走马观花的感受，就是因为在整体安排上采用了“总—分—总”的叙事结构。在总体介绍耶鲁大学的情况后，又分成住宿制度、社团文化和学术资源三大块分别论述，最后集体大合唱又是对之前所说到的内容进行了整体概括。

这种结构安排让人对耶鲁大学的特色也是一目了然，受众在接收信息时，基本不需要再进行信息筛选和整理，就能非常清楚耶鲁大学想要表达的内容。同时，这些鲜明的特色也表现了耶鲁的各个方面，体现的是耶鲁的气质，更能吸引人。

（五）形式活泼

这部片子一开始走红，就是因为它的形式非常讨巧。这类活泼生动的歌舞片非常具有煽动力和感染力，具有趣味性，与宏大的史诗式影片相比，它更能引起受众的共鸣，拉近与受众的距离。而且，它采用故事化的叙事，也让整个片子有情节上的起伏跌宕，并非平铺直叙。

整部片子采用的元素都较为国际化，即便是不同文化背景的受众也能从画面、语言，甚至是音乐中获取到信息。与此同时，它还将美国式幽默穿插其中，体现了自身特色。

结　语

耶鲁大学早已名声在外，若是介绍校史、师资或是校友，抑或是一流的硬件设备，并没有多大的意义，然而有些东西是无法通过媒体报道、官网介绍等直观并且全面地反映出来的，这就是学生的心声，这应该是一所大学的最细微也最深入的精神。

从《我为什么选择耶鲁》中，我们能够看到的不仅是耶鲁大学的学生面貌、生活状态和学术资源，更多的是在这些表面内容之后的耶鲁精神。大学，“大”应该是指有容乃大，这种容是包容国际化的学生，包容各种观点，是学识博大；“学”应该是以学生为本，以学习为本。从影片中，我们能够发现，每个生活区都有图书馆，都有供学生讨论的客厅，都配备了一名院长和教务长管理学生的学习生活，满足学生的精神需求。这种让学生能够自由生长，能够让各种观点自由发表，能够让各种想法得以实现的大学也许才对得起“大学”这一个称呼。在看到《我为什么选择耶鲁》成功的时候，我们可以问一问，为什么耶鲁大学的这些学生能够拍出这样有创意的短片？不管是导演、编剧、编曲还是表演都可以媲美专业人员，他们是如何做到的？耶鲁大学是靠什么把这些学生招入麾下的？耶鲁大学为什么会允许学生去自主做这些我们认为应该是学校官方做的事情呢？当我们去试图解答这些问题的时候，我们可能更加理解耶鲁大学选择学生的标准，以及学生选择耶鲁大学的原因，这也正是这个宣传片的价值和成功之处。

第四节　美国自然纪录片的特色与启示

马克思说：“人靠自然界来生活，自然界是人为了不致死亡而必须与之形影不离的身体。”① 生态思想家唐纳德·沃斯特（Donald Worster）说：“今天，我们所面临的全球性生态危机，度过这场危机需要尽可能准确地理解我们对自然的影响，在理解的基础上利用这种理解进行改革。”② 习近平总书记提出关于生态文明的重要思想，包括“生态兴则文明兴”的深邃历史观、“人与自然和谐共生”的科学自然观、“绿水青山就是金山银山”的绿色发展观、“良好生态环境是普惠的民生福

① 马克思：《1844年经济学—哲学手稿》，刘丕坤译，人民出版社1979年版，第49页。

② Donald Worster, *The Wealth of Nature: Environmental History and the Ecological Imagination*, New York: Oxford University Press, 1993, p. 27.

祉”的基本民生观，体现出高超的政治智慧和富有远见的文化视野。从古至今，生态文明观一直伴随着人类的演进，现如今生态文明成为一个国家发展的重中之重，而关于生态文明的自然纪录片随之受到广泛关注。

纪录片作为一种既广受欢迎又不可抗拒的电影形式，[①] 拥有多种形式、多种题材，而自然纪录片是其中的重要组成部分。提及自然纪录片，首先映入脑海的可能是 BBC 大制作和震撼的场景，而美国虽然同属自然纪录片的输出强国，但在中国业界却显得默默无闻，学界鲜有文献对其进行深入研究。自然纪录片以动态影像的视觉形态向公众展示自然生态，对自然生态保护和人类社会的可持续发展具有重要意义。但是中国自然纪录片却存在着数量少、声画可分离、专业从业人员少等问题。作为自然纪录片生产大国之一，美国拥有人才、资本、技术优势，其自然纪录片选题新颖、内容生动、形式创新、技术先进，辅以商业化的运作模式，取得了良好社会效益和商业效益，值得中国自然纪录片从业者参考借鉴。本节旨在挖掘美国自然纪录片的特色，结合中国自然纪录片的现状和问题，探究美国自然纪录片对中国自然纪录片的启示，以期助推中国自然纪录片的重塑和可持续发展。

一　美国自然纪录片的艺术特色

作为高质量作品的生产和输出国家，美国自然纪录片在探索创新的过程中塑造了国家地理频道和 Discovery Channel（探索频道）两个闻名世界的纪录片频道，在自然纪录片的选题、拍摄、后期处理等方面形成了鲜明的特色和风格。

（一）真实与虚构并存

纪录片指具有内容真实性和呈现真实性的电影，主要用于非剧场

---

① ［美］比尔·尼科尔斯（Bill Nichols）：《纪录片导论》，陈犀禾、刘宇清译，中国电影出版社 2016 年版，第 2 页。

放映。[①] 真实性是自然类纪录片的本质属性，是一种艺术的表达形式，也是吸引受众的基本特征，主要通过再现生活中各类动植物来实现。美国自然纪录片选择采用手持摄影方式拍摄特殊的画面，为了保持画面的真实性，在后期剪辑时，视频中工作人员的微妙表情或因负重产生的粗气等都会直接被剪辑到成片中，以音视频结合的表达方式呈现给受众，在增加纪录片真实性的同时，形成人与自然和谐共生、融洽相处的场面。在《海豚湾》中，工作人员身影及其行走踪迹等镜头都会直接放置在剪辑好的视频中，以此凸显纪录片的真实及制作拍摄背后的艰辛。

和剧情片一样，纪录片的表达也离不开虚构的表意形式。[②] 好的虚构可以通过影像将事实、事实本质栩栩如生地呈现出来，让观者在情境中感受到一种“同时性”，继而重新解读历史、认知现实。美国自然纪录片不乏虚构作品的呈现，《侏罗纪格斗》采用了建模的技术来制作恐龙，视频里每个类型的恐龙都栩栩如生，仿佛真实拍摄所得。真实与虚构并存的制作方式增强了自然纪录片的可观看性和相关专业知识的科普价值。

（二）娱乐性和幽默性兼具

探索频道强调其自然纪录片“不是纪录片，而是纪实娱乐节目”，“完全避免无味的说教，追求教育与娱乐并重”，“完美的故事讲述方式，另外精美的画面和流畅的剪辑，让受众不自觉融入我们的片子”。[③] 由于美国无声喜剧的娱乐性传统，美国自然纪录片总体偏向娱乐化，解说语言轻松幽默，画面剪辑生动活泼，有效避免了纪录片说教现象，让观众在轻松愉悦的氛围下接受影片所传递的真实内涵。

---

① William Sloan, “The Documentary Film and the Negro: The Evolution of the Integration Film”, *Journal of the Society of Cinematologists*, No. 5, 1964, pp. 66 – 69.

② 王迟：《纪录片究竟是什么？——后直接电影时期纪录片理论发展述评》，《当代电影》2013 年第 7 期。

③ 叶玉跃：《实现科学传播与公众热情的对接》，《新闻战线》2013 年第 6 期。

自然纪录片蹲守拍摄和制作周期较长，可以捕捉到动物之间有趣的互动画面，然后利用后期将其制作成幽默的成片吸引观众眼球，在剪辑时会利用轻松配乐渲染画面的趣味性。就像《南极洲：不一样的大自然探险之旅》中企鹅排队在冰上行走的画面，这一段的配乐自然地融合在画面中，当一只企鹅跳下时就会有像敲锣一样定点的声音配合画面，而最后一只企鹅犹豫不知道从哪里跳入时，配乐也选择了符合其心情的一种旋律——无定点声音，在它最后不小心踩空落入海中时，配乐又恢复定点声音节奏，整个画面看起来和谐又不失艺术感。在剪辑的过程中对于快慢镜头的使用更加注重节奏，融入了幽默感，突出动物的趣味活动。《狮群的日与夜》中，狮子捕捉猎物时跳跃的动作和小心翼翼行走的步伐被调整为慢镜头，而小狮子围绕母亲想要吃奶的过程设置为快镜头，这样不会让观众错过小狮子围绕母亲转圈的萌态，还可以避免蒙太奇手法下长镜头使观众产生不满情绪，由于长镜头会影响观众的观影感受，因此调整速度是最好的表现手法，既有效地保存了视频的完整性，又不会让视频有拖沓之感，让观众观影体验更佳。

（三）商业化与艺术性平衡

美国的影视作品在工业革命后朝着精密的体系化方向发展，自然类纪录片的商业气息较为浓厚。塑造品牌是纪录片产业运营的重点，美国已经缔造了国家地理、探索频道等闻名于世界的纪录片频道，其播放的纪录片一部分是自主制作完成，另一部分是收购版权所得，同时也与其他视频公司合作。在美国有数十家专业或者主要投资纪录片的基金会，有些隶属于大型的财团，有些是纯粹私人捐助的基金，有些则是从属于电影节、电视台或专业研究机构。① 基金会的投资可以提高拍摄设备的等级，提升拍摄的质量，保障摄制组有大量的时间和精力去拍摄和制作自然纪录片精品。

商业性是纪录片的重要特征，但是美国并没有因为追求商业性而忽

① 刘谦：《纪录片的文化传播策略研究》，中国书籍出版社 2017 年版，第 86 页。

略纪录片本身的艺术性，而是利用其商业价值更好地谋求艺术性的发展，两者之间形成相伴相生的关系。正是因为美国对自然纪录片艺术性和真实性的不断追求，才拥有如今庞大的受众群体，再通过受众的反馈不断提高自然纪录片的质量，让其扎根于世界纪录片市场之中，获取更多收入，从而再投资到拍摄中，制作高质量的自然纪录片。在满足受众精神文化需求的同时，还能够创造巨大的经济收益，商业性的本质从某种程度上推动了纪录片艺术性的发展。

（四）去政治化

卡尔·波兰尼（Karl Polany）在《大转型：我们时代的政治与经济起源》中指出，19 世纪以后特别是自 20 世纪以来，社会关系被一步步嵌入市场体系，“它意味着要让社会的运转从属于市场”。这是一种社会的根本性转型：“以往市场机制嵌入整个社会体系，而现在则颠倒过来，整个社会体系嵌入市场机制。”① 随着经济与文化的不断发展，作为一种文化产品的纪录片，要想进入全球化的市场中，就需要进行去政治化的处理，在传播的过程中运用全球视野，以市场化运作方式，生产具有较高艺术性和商业性的纪录片，以去政治化的特征体现出价值中立的立场。

艺术的意识形态属性决定了文学艺术总是直接或者间接地表现着或折射着复杂而微妙的种种社会关系和社会现实。② 在影视艺术中总是或多或少地存在一些政治意味，而自然纪录片会将具有政治宣传味道的内容进行改造，保证其原有的艺术特色。美国自然纪录片以第一人称或者第三人称的手法叙述，不会在其中添加政治意味的话题，这类纪录片不像人文和历史类的纪录片，不存在大量的时代背景、生态政策等宣传和教育，因此迎合了受众的口味，提高了整个节目内容的趣味性，消除了

① 李彬、黄卫星：《从去政治化到再政治化——读赵月枝〈传播与社会：政治经济与文化分析〉》，《新闻大学》2012 年第 1 期。

② 陈旭光：《当代中国影视文化研究》，北京大学出版社 2004 年版，第 23 页。

政治因素可能带来的说教味。

二　美国自然纪录片的创作特色

与其鲜明的艺术特色相匹配，美国自然纪录片在题材选择、拍摄技巧、语言表达方面体现出了显著的创作特色。

（一）题材选择广泛，海洋文化创造力强

美国三面环海的地理位置，在社会发展过程中形成了一种外向型的海洋文化，造就了美国人民追求新鲜事物的心态，冒险精神被推崇为民族文化精神，民众拥有较强的想象力和创新力。海洋文明下的美国人有着经商头脑，重商主义的传统驱动美国发展成为发达资本主义国家。雄厚的商业资本为自然纪录片的发展奠定了坚实的经济基础。美国拥有世界上最大的自然保护区（阿拉斯加的伊莱亚斯国家公园）和最早成立的自然保护区（黄石公园），大型自然保护区为自然纪录片拍摄提供了天然的素材，拥有大规模的物种聚集，能够拍摄到震撼的画面。

美国的自然纪录片选题广泛，在地域上并不局限于美国本土，制作团队也会深入世界各地寻找有价值的素材进行拍摄制作；拍摄对象不仅选择大自然的各种野生生物，还会选择我们日常生活中的宠物来进行跟踪和拍摄，与人类比较亲近的猫、狗宠物类纪录片受到了很多人群的关注。在美国的纪录片中，不仅有让我们看了会变成爱猫人士的《为猫痴狂》（*Must love cats*），还有帮助我们了解自家猫咪反常原因的《管教恶猫》。虽然英国拍摄的有关宠物猫和宠物狗的纪录片较多，但是美国拍摄的内容与英国不同，差异性内容的创新吸引了国内外观众。

（二）拍摄设备先进，参与人员广泛

随着社会的不断发展，人们对于高分辨率的视频需求更大，低画质画面逐渐淡出观众的视野，提高摄影设备的专业性，有助于提升作品的专业度和可观赏性。美国纪录片《狮群的日与夜》中采用了热成像摄影机，即使是在极端恶劣的环境下，任何有温度的物体都可以显示其轮

廓。该片利用尖端设备拍摄到了逐渐变冷的树叶的暗轮廓和血液温热的水牛的明亮轮廓等内容。《海豚湾》采用远程遥控直升机和水下隐蔽摄像头，拍摄大型的残忍捕杀海豚的场面。摄制组在水下安装了摄像机和听音器，有效拍摄和监听到水下的动静，拍摄中使用的摄像机都是只有在军事领域才用的无热源高清摄像机，即使是黑暗中也能够清晰地捕捉所需画面。国家地理频道注册了一个名为“动物摄像机”的商标，工程师将八毫米的摄像机用防水材料包裹起来，将其附着在海龟等动物身上进行拍摄，正是因为这些先进的设备，美国才能拍摄出优秀的纪录片。

一部优秀的自然类纪录片，本身需要强大的科学团队支持。美国吸引了世界各地大量的高端科学人才，很多一线的科学家自愿参与到自然纪录片的拍摄之中，给予自然纪录片更大的技术支持。《海豚湾》的创制中就有大量的专业人员，包括世界顶尖的海豚驯养专家和海豚音学学家，导演本人就是一名潜水员，热衷于水下拍摄，是《国家地理》杂志的摄影师；加拿大自由潜水女子冠军和其担任自由潜水教练的丈夫也参与了拍摄，拍摄团队中还有很多自由潜泳者参与。曾经斩获第79届奥斯卡金像奖最佳纪录长片的《难以忽视的真相》中有美国前副总统阿尔·戈尔（Albert Arnold Gore Jr.），以及美国的演员和原创音乐家比利·维斯特（Billy West）的参与，阵容豪华。《老虎私生活》和《非洲虎啸》中有世界闻名的自然学家约翰·瓦蒂（John Varty）和戴夫·萨尔莫尼（Dave Samoni）。《南极洲：不一样的大自然探险之旅》有苏联南极研究组织、美国南极计划组织、澳大利亚南极分部、意大利南极分部及中国南极研究组织的技术支持和信息提供。著名演员艾利克斯·斯科特（Alex Scott）为这部纪录片配音，科学顾问兼潜水员的麦斯托（Jim Maestro）成为该片的杂项船员和潜水员，拍摄海底的画面。美国的国家地理频道拍摄的《水深火热的星球》邀请了英国著名的电视节目主持人、探险专家贝尔·格里尔斯（Bear Grylls），即中国观众熟知的

“贝爷”，频道和主持人都拥有较高的知名度，奥斯卡奖获得者吉勒莫·纳瓦罗（Guillermo Navarro）和艾美奖得主霍尔莫斯（Martha Holmes）是这部影片的制片人，整个制作团队阵容豪华，在拍摄期间他们总共动用了二百七十多名工作人员，保障了纪录片的质量。

（三）低语境文化，语言表达通俗

爱德华·霍尔（Edward T. Hall）在《超越文化》一书中提出了高语境文化和低语境文化的概念。高语境文化中所有的信息都贮存在接收者的身上或者背景之中，传达的讯息中只包含极少的信息，但是在程序的编制上花费时间多，一旦没有编程，交流就是不完全的；低语境文化则相反，它大多数的信息必须包含在传达的讯息中，以弥补语境中缺失的信息，可以迅速地改变。[①] 美国是一个移民国家，相比于拥有千年文明的古国，本身就是一个“孩子”，是一个由来自多个国家移民人群共同组成的年轻国家。这使得美国的纪录片在传播过程中不会使用那些难以理解的词汇或语句，只能选择让所有人可以同时理解的简单解说。美国在自然类纪录片上就是爱德华·霍尔所提出的低语境文化国家，然而也正是因为它没有厚重的历史，所以解说和配乐都偏向于现代风格，不会出现像中国宫廷风范的厚重解说和配乐，日常化的解说词使得观众不需要花费太多时间解码。

马克思曾经在《路易·波拿巴的雾月十八日》中说：“他们无法表述自己，他们必须被别人表述。”[②] 自然纪录片中被拍摄的动植物都是没有语言表达能力的生物，必须借助人类的纪录片语言进行叙事。在解说词方面，美国更偏向于如实叙事，不会过多添加主观解释，相当于看图说话，追求的是写形，而不是写意。对于画面的解说属于英国哲学家吉尔伯特·赖尔（Gilbert Ryle）所说的浅描，大多数的解说都只停留在

① ［美］爱德华·霍尔：《超越文化》，何道宽译，北京大学出版社 2010 年版，第 90 页。

② 转引自［美］爱德华·W. 萨义德（Edward W. Said）《东方学》，王宇根译，生活·读书·新知三联书店 1999 年版，第 28 页。

画面表面，不做深层解读。口语化的语言表达，搭配上谈话式的自然语速，不会给人一种刻意放慢语速的感觉，而是拉近与观众之间的距离，沟通更加顺畅。

四 中国自然纪录片的缺憾与不足

相比中国人文历史类纪录片的繁荣，中国自然类纪录片显得相对沉寂，这受制于独特的地理环境和文化传统。中国自然纪录片存在地点集中、宣传味浓、营利性差、声画分离等问题。

（一）内向型文化，地点集中数量少

中国是一个拥有悠久历史文化的国度，是人文历史类纪录片的沃土。在国家层面的鼓励和扶持下，人文历史类的纪录片在世界范围内遥遥领先，但是自然类题材的纪录片却相对较少。在地理环境上，中国三面与陆地接壤，一面环海，曾经长期处于封闭的农耕经济状态，重农耕仕进，不常跟海洋打交道，连中国古籍中的“东海”也多被视为遥不可及的概念。在文化传统上，中国长期以儒学为指导思想，强调以“仁”为核心的“三纲五常”，故中国文化是在农耕基础上产生出来的以儒学为基点的内陆型文化。① 相对来说缺乏冒险的精神，思维局限在本土范围之内，于是自然类纪录片的题材几乎都在国内拍摄制作，很难跳出本国界线进入国际自然领域。虽然中国的自然保护区数量较多，但分布较分散，无法形成较大自然保护区，因此难以形成大规模的生物聚集，再加上拍摄者均为摄影相关专业人员，一般较为缺乏科学家所储备的专业知识，不太了解动植物的生活习性，在拍摄时会很难准确地掌握其规律，一定程度上限制了自然类纪录片的拍摄质量，导致市场上作品较少，影响力较弱。

（二）宣传意味浓郁，趣味性较低

中国有一种独特的纪录片形态被称为宣传性纪录片，它包括两种类

① 杜宗义：《略谈中西文化的差异和交流》，《北京社会科学》2013 年第 2 期。

型，一种是纯粹的宣传纪录片，一种是用于宣传的同时也兼顾教育的纪录片。[①] 中国自然纪录片大多数属于第二种宣传性纪录片范畴，其内容总是或多或少地带有宣传意味，从整体上会给观众带来一种严肃的观感体验。如中国在2018年4月播出的《家园生态多样性的中国》，虽然属于自然纪录片，但更多的则是为了宣传中国在党的十八大以来的发展理念，传递美丽中国的形象。这种试图以潜移默化的方式传播主流意识形态的纪录片会影响少部分观众的观影体验。

（三）商业化较低，成本回收困难

由于地理环境上形成的内陆型文化，导致中国人重义轻利，也使得早期纪录片作品不属于完全的商业化作品。马克思指出："真正的财富在于用尽量少的价值创造出尽量多的使用价值，换句话说，就是在尽量少的劳动时间里创造出尽量丰富的物质财富。"[②] 但是自然纪录片是个例外，它的投资要远远大于其他题材的纪录片，不可能实现低成本高回报，导致很多盈利主体对自然纪录片投资不足。

马克思在《〈政治经济学批判〉序言》中说："物质生活的生产方式制约着整个社会生活、政治生活和精神生活的过程。"[③] 中国自然纪录片在发展过程中受到物质生产方面的制约，尤其是资金和技术设备上的制约。中国各大地方电视台都要考虑收益问题，而自然类纪录片投资成本大，回笼资金周期长，拍摄所需的设备要求很高，这些因素都与资金相关联，因此地方电视台不愿意去拍摄自然纪录片。而社会上的个人则没有太多的资金和高端设备去拍摄制作，因此只能望而却步。这严重制约了中国自然类纪录片的数量和质量水平。

（四）高语境文化宣传，声画分离

比尔·尼克尔斯提出纪录片电影主题的六种模式：说明模式、诗意

---

① 聂欣如：《纪录片研究》，复旦大学出版社2010年版，第132页。
② 转引自朱解放《马克思经济效益与经济发展理论探析》，《湖南社会科学》2018年第4期。
③ 《马克思恩格斯选集》第2卷，人民出版社1995年版，第32页。

模式、参与模式、观察模式、反身模式和述行模式。他将说明模式形容成“上帝之声”，指的是通过字幕或者旁白提出观点、展开论述或叙述历史，直接向观众进行表述。越来越多的影片使用那些经过专业训练、声音洪亮清晰的男性进行解说，这也是说明模式的一个显著特点。中国说明模式类型的纪录片产量多，自然纪录片几乎都属于这种类型。解说语言书面化，带有大量修饰词，内容较为华丽，经常采用隐喻的方式宣传中国文化观念，尤其是在关于山水的解说中，运用大量文学语言，各种拟人手法常常应用于解说文字之中，体现了典型的爱德华·霍尔所说的高语境文化。

中国自然类纪录片中大多数配乐会传递一种磅礴大气之感，旁白解说词会含有大量文化信息，文字选择较为凝练精辟，许多时候蕴含着大量深层含义，观众在欣赏的同时需要运用自身储备信息去解码。而文化水平较低和知识储备量较少的人群则需要更多时间去了解，甚至需要查阅大量的资料，因此中国纪录片受众多数是文化层次较高的人群。

中国从古到今都格外追求画面中的意境美及深层含义，因此纪录片中总会呈现大量唯美镜头，而且画外解说颇多，有时还会增加历史性的背景解说，解说篇幅总体偏大，目的是给观众传达中国历史文化及价值观念。中国自然纪录片总是用解说代替画面内容，整部纪录片的解说词就能构成一个完整故事，观众完全可以抛开画面只听解说，一般不会出现遗漏，这样使得画面成为解说词的附加物，减少了画面对观众的冲击力和吸引力，从而弱化了纪录片的画面效果。有些纪录片的解说语速相对于正常的谈话语速比较慢，这在一定程度上会引起受众反感，从而放弃观看。

（五）参与人员专业固定，领域分割严重

中国专业人才流失情况比较严重，科研界又没有太多的科学人才资源可以分流给纪录片进行合作拍摄，多数作品的拍摄人员都是专业的拍摄者而非科学家，导致中国自然纪录片制作缺乏科学知识储备。

埃弗里特·休斯（Everett Hughes）曾说：“当一组人形成了一点共同的生活从而与其他人有一定的距离，当他们占据社会一个共同的角落，有了共同的问题，或许有几个共同的敌人的时候，文化便产生了。”[①] 目前中国科研机制和教育机制存在一定的分歧，学科与学科之间缺乏紧密的联系。斯诺（C. P. Snow）提出“两种文化与科学革命”的观念，认为这两种文化指的是文学知识分子的文化和自然科学家的文化，两者之间存在深刻的相互怀疑和相互不理解，并导致运用技术以缓解世上问题的前景产生破坏性后果。[②] 在中国一些理工科研究人员往往缺少传播科学知识的能力，而专业从事传播和宣传的专家又不精通其他学科的科学知识，国内纪录片导演及拍摄者很少有机会去真正学习相关的自然生态等专业知识，难以独立完成自然纪录片拍摄制作。在中国独特的管理体制下，学者大多专职从事科学研究，即便被动介入自然类纪录片的拍摄，也会被视为不务正业，近些年来的跨界让此类现象得以缓解，但是科学家参与自然纪录片拍摄的热情仍然不高。

四　中国自然纪录片的重塑

自然类纪录片起源于西方国家，带有更多的科学知识和理性色彩，在拥有数千年中华文化的中国土壤上，需要缓慢培养，让其适应。在与西方自然纪录片的竞争中，中国自然类纪录片存在诸多不足，美国自然类纪录片上取得的成功经验，对于中国自然纪录片创作具有一定借鉴意义。

（一）广纳贤士，培养专业人才

人才是文化产品生产的关键。中国自然纪录片制作团队要广纳各个领域的专业技术人才，邀请更多科学家一同参与拍摄，科学家团队应该

---

① 转引自［美］伯顿·R. 克拉克（Burton R. Clark）《高等教育系统——学术组织的跨国研究》，王承绪等译，杭州大学出版社1994年版，第83页。

② ［英］C. P. 斯诺：《两种文化》，陈克艰、秦小虎译，上海科学技术出版社2003年版，第2页。

包括动物学、植物学、生态学等专业的学科背景，避免因缺乏相关专业知识而导致拍摄迟滞。大量科学家的加入会提高自然纪录片的影响力和公信力，并能准确传播科学知识，提升自然纪录片的科普价值。

自然纪录片行业要培养高质量的专业人才，吸收更多年轻从业者。制作团队在自身经济条件支持的情况下，可以组织团队成员集中培训，培训内容不仅包括本专业的拍摄制作技能，还要学习大量自然科学知识。被誉为中国电影纪录片第一人的甘露曾经说，如果要做一个纪录片导演，就需要你的功力，你的敏感度，你的感受力或者是你的一种修为。[①] 团队中的导演和制片人也是相当重要的角色，应该加强对于他们的训练，提高导演对拍摄对象的敏感度，拍摄更多高质量的画面和细节；提高抗压能力，进行长期的野外拍摄指导；加强谈判的能力，为团队争取更多的资金以补充设备和吸纳新成员。

对于科学专业人才的培养，国家可以出面与国外专业人才进行联络，邀请他们前往中国或在本国协助制作团队进行科学知识上的传递；加强与国际之间的科学合作，解决国内科研人才数量少、人才流失严重等问题。国家或者单位不应该限制科学技术人才进入纪录片的拍摄团队，放宽对科研人才的管理，让他们深入自然类纪录片的拍摄过程中，这样既能够让自然纪录片产生质的飞跃，也可以让科研人员走出实验室，深入实践，将理论与实际结合，在科研方面更上一层楼。

（二）丰富资金来源，完善运营模式

《生命的故事》（*Life Story*）系列纪录片的制片人鲁珀特·巴林顿（Rupert Barrington）认为：“拥有较高的分辨率有利于自然历史类纪录片的发展，这是图像质量的进一步发展，许多引人注目的自然历史类纪录片都是因为其分辨率和图片的质量。”[②] 一直以来，中国自然类纪录

---

① 《她为电影拍电影，中国电影纪录片第一人——甘露》，https：//www. sohu. com/a/193200698_99988073，2017 年 9 月 20 日。

② David Fox，“4K is a matter of natural Survival”，*TVB Europe*，No. 4，2013.

片深受资金和技术瓶颈的制约，因此可以吸收借鉴美国经验，从社会中吸纳一些资金来支持团队拍摄，如采用当下较为流行的众筹模式。自然纪录片的制作生产不能仅仅依靠政府或者相关单位的资金划拨，要鼓励引导社会资本进入自然纪录片行业。自然纪录片的创作周期长、成本高，对拍摄设备要求高，为了保证拍摄团队专注于拍摄，可以成立专门基金会，为纪录片提供专项资金，保障纪录片拍摄团队资金充足，避免出现因资金链断裂而停止拍摄的情况。

自然类纪录片的发展不再只是依赖于电视台或者爱好者拍摄制作，社会中的拍摄团队和制作公司也可以参与其中，国家应该给予一些政策上的扶持和资金上的协助。可以建立一套完善的商业制作机制和流程，保障纪录片发展资金的科学管理。从国家层面提高自然纪录片从业者地位，让更多感兴趣或有经验人员主动参与到自然纪录片的拍摄中，壮大拍摄制作团队。在引导社会资本进入纪录片领域的同时，国家可以进行相关政策的扶植，同时加大投资力度，主动与自然纪录片产出大国进行双边合作拍摄，带来双方的资金注入，同时拥有国外较多先进拍摄设备的加盟，以及较高科研水平科学家的参与，将有助于提高纪录片制作的水平。

（三）提高商业化，保障艺术性

美国电视网实行制播分离的制度，中国纪录片尤其是自然类纪录片行业亦可效仿和学习，由一些影视公司等专业机构进行拍摄制作，而不是局限于国家或地方电视台制作，纪录片产品可以通过开放竞价将版权出售给相应平台，从而实现资金回笼。继中国 IP 剧迎来较高热潮后，视频网站开始进军纪录片行业，但多是人文、地理、历史类小型纪录片。视频网站本身属于商业性质的企业，商业化的发展模式会让其制作出观众喜闻乐见的内容。我国纪录片的商业化程度较低，小项目和常规的电视栏目仍然维持着作坊式的生产方式。中国国际电视总公司 2017 年单集纪录片节目最高售价仅为 5 万元，免费赠送甚至是行业内普遍现象，而电视剧的单集售价已经达到数百万元。① 为了提高自然纪录片的商业化水平，可以邀请影视明星或社会公众人物进行配音，增加纪录片观看人数，从而加快资金回笼。自然纪录片不能仅在电视或者视频软件上播放，还可以制作成院线电影一样的时长，在电影院进行播放，以增加资金回笼渠道。同时所拍摄高分辨率素材留存档案，形成数据库，供未来研究和交易。

如果一部纪录片缺乏艺术性，就如同人缺少了灵魂，给人造成一种拖沓和累赘感，直接影响收视率。法兰克福学派曾经对大众文化提出了批判，认为文化产品在经过商品化后会失去艺术性。霍克海默（Max Horkheimer）认为："投资每部电影的资金数目可观，因而要求迅速回收资金，这种经济要求阻止了对每件艺术品的内在逻辑的追求——即对艺术品本身的自律要求的追求。"② 文化产品致力于追求艺术性，即便是好莱坞商品电影也仍然拥有较强的艺术性。因此，自然纪录片在追求商品化带来的利润之时，也应保持对艺术的忠诚，实现艺术性与商业化的平衡，从而取得物质与精神的双重丰收。

（四）扩大选材范围，跳出舒适圈

有人说人生是找到自己的舒适圈，也有人说人的成长就是不断突破自己的舒适圈。对于自然纪录片的创作者来说，拍摄对象是首要考虑因素，而如果一味将拍摄对象定在国内，从反面看就是一个创作的舒适圈。虽然逃避令我们害怕的场合和任务是世上最自然不过的事，因为当我们逃避的时候，可能会暂时缓解焦虑和恐惧，但同时我们也拒绝了真正的机遇。③ 尽管中国国土面积广阔，生物多样性丰富，但并不是涵盖全球所有动植物种类，如果创作者一味地逃避拍摄自身舒适圈以外的生物，则会限制其发展，而跳出内陆型文化束缚，走出中国走向世界，拍摄更

① 刘阳：《互联网助力纪录片行业发展》，《人民日报》2018 年 5 月 3 日第 17 版。

② ［德］霍克海默著，曹卫东编选：《霍克海默集》，上海远东出版社 1997 年版，第 226 页。

③ ［美］安迪·莫林斯基（Andy Molinsky）：《进化：如何成功突破舒适区?》，王鹏程、王开琴、严霞译，民主与建设出版社 2018 年版，第 25 页。

多种类及多区域同物种对比的自然纪录片可以为未来中国自然纪录片的发展带来更大的机遇。从另一方面考虑，选材范围的扩大在一定程度上能够增强纪录片的新鲜感，甚至独具慧眼地发现有价值的动植物，拍摄到稀有的趣味性画面，可以开拓更大的观众市场，赢得国外观众的认可。

（五）摆脱宣教意味，提升趣味性

自然纪录片在提升商业化、回笼资金的同时也要提升自身的趣味性，从根源上摆脱宣教意味。作为一种视觉艺术作品，故事叙述和画面呈现极其重要，能够构建一个吸引大众的完整故事。趣味性是纪录片吸引观众的重要特质，犹如人体四肢一样重要，让自然纪录片不再呆板，变得更丰富，更吸引人。纪录片本身就以记录为主，不像电视剧的虚构叙事，没有太多所谓的戏剧性冲突，叙事方式比较平淡。许多创作者认为，现在拍到的东西，就是现在进行时，其实不然，它可以永远作为象征性的抽象化了的材料而存在。[①] 因此自然纪录片并不是所谓的现在进行时，它能够成为未来文化中的“最美风景”，在代代相传中生生不息，保持长久的生命力。

在自然纪录片中，动植物是主人公，是整个影片的核心要素，所有内容都要围绕其展开，因此生物种类选择不同就会呈现出千差万别的趣味性叙事。在拍摄时可以从专业知识角度出发培养故事性思维，从趣味性故事出发去拍摄所需视频素材，拍摄前期利用专业知识确定多种拍摄主题，提前做好重点预估，剪辑的过程中可以依据拍摄所得素材构建生动情节，尽量做到不添加主观叙事，保证其客观性。

镜头剪辑作为作者表达思想的手段有两个层次的意义：其一是形式构成层次，通过一定的物理介质作用于人的视觉感官；其二是意义构成层次，通过一定的形式将一些基本的表意单元以特定的方式组合起来，用以表达复杂的观念。[②] 纪录片创作者总是会用各种镜头交替来表达想

① 钟大年：《纪录片创作论纲》，北京广播学院出版社 1997 年版，第 135 136 页。

② 钟大年：《纪录片创作论纲》，北京广播学院出版社 1997 年版，第 206 页。

要展现的内容，如快慢镜头的结合、远近镜头的切换、虚实镜头的突出重点等。自然纪录片要更好地呈现细节之处，使用大自然最原始的声音，带给观众一种亲近大自然的感觉。可以使用空间叙事方式来衬托主体，对不同时间和不同区域的同类主体进行对比，在增加趣味性的同时，带给观众更直观、更全面的知识。

（六）采用低语境解说，拍摄高质量画面

声音是纪录片的重要组成部分，匈牙利电影理论家贝拉·巴拉兹十分重视声音的作用，他认为“声音将不仅仅是画面的产物，它将成为主题，成为动作的源泉和成因，声音激发动作的作用丝毫不逊于画面”[①]。叙事理论家热拉尔·热奈特（Gérard Genette）曾经说：“叙述者可以在某种元语言的话语中起作用，以标志出话语的衔接、关连、内在联系，总之，即内在组织。”[②] 自然纪录片应该重视利用低语境的解说词，使用能够让受众轻松理解的解说语。自然纪录片解说词要符合逻辑，环环相扣，尽量减少带有宣教意味的解说，不能总是以强调自身文化厚度为传播目的，否则会在国际传播中产生反作用，造成理解阻碍，陷入国外观众看不懂、听不懂的尴尬窘境。同时，要注意影片本身生动形象的传达方式，使得整体内容更易于理解。很多时候直白语言的传播效果要比文雅厚重的内容更有穿透力，更能够引起人们的关注，直击观众内心。

真正深入人心的自然纪录片需要是用画面说话，高质量画面所拥有的超强震撼力离不开先进技术设备的支持。如今技术设备快速更新迭代，创作者应该及时购买采用高科技、高分辨率设备，更为精准地捕捉动植物细节，出色完成拍摄任务，将细微之处真实直观地呈现给观众。如此，没有煽动人心的语言刺激，只有质朴的画面，真正体现了此时无声胜有声的意境，给观众留下丰富的想象空间。

---

① ［匈牙利］贝拉·巴拉兹：《电影美学》，何力译，中国电影出版社 1982 年版，第 183 页。

② 转引自张寅德编选《叙述学研究》，中国社会科学出版社 1989 年版，第 274 页。

结　语

美不但是不以我们的意志为转移的客观存在，反过来，它影响着我们，教育着我们，提高生活的境界和意趣。[①] 大自然赋予我们美的事物，自然纪录片用记录的形式再现自然的魅力，一方面娱乐观众的身心，解压消遣；另一方面，提高了观众的科学认知和审美水平。观众在解压或者消遣中，适应了现代快节奏生活方式，获知了科学知识，提升了综合素养。文化研究学者斯图加特·霍尔（Stuart Hall）认为，文化存在三种可能的解码：偏好的解读、商榷的解读、对立的解读。[②] 在自然纪录片的传播过程中，观众会根据偏好选择纪录片进行观看，在观看的同时会产生多种意见，甚至是完全与影片对立的意见，自然类纪录片创作要开展全面的市场调研，深入了解多种意见，依据受众喜好选择相关主题，及时调整创作思路和技巧，创新题材和表达方式，创造更多的自然纪录片精品。

① 宗白华：《美学散步》，上海人民出版社 1981 年版，第 18 页。

② 参见罗钢、刘象愚主编《文化研究读本》，中国社会科学出版社 2000 年版，第 356 页。

第二章 电视剧的动向与提升

电视剧是备受观众喜爱的一种电视节目形式，随着时代的变革，电视剧的题材、情节、叙事和拍摄技巧都在不断推陈出新，以迎合不断变化的时代要求和观众需求。移动互联网给电视剧带来了强烈的挑战，电视剧不断面向年轻化、网络化的观众群体创新表达方式和制作技巧，医护类电视剧、偶像剧、穿越剧、“大女主”IP剧、历史剧都是电视剧的创新尝试，取得了良好的社会反响。

医护作为一个古老行业在人类的存续和演进中至关重要，医护群体在哲学思想著作、文学艺术作品中以各种形象呈现。步入媒介化社会，医护行业的新闻在媒体中得到广泛报道，影视作品中也积极塑造着正面的医护群体形象，尤其是2020年新冠肺炎疫情的肆虐，让广大观众更加意识到医护群体的伟大，他们值得更多的尊重和认可。近年来涌现的一批医护类电视剧，其对客观现实的写实性和对人文精神的反思性更引起了人们对现实社会的深入思考。在中国传统文化语境和社会转型现实语境的双重作用下，医护类电视剧的精神内核远远高于其他类型的电视剧，对于认清社会现实、规范社会行为、重塑社会价值具有高度的现实意义。医护类电视剧的现实叙事和审美情趣引发了受众独特的情感体验。通过分析我国医护类电视剧节目，可以看出医护类电视剧行业的勃兴，其特色内核是主题、叙事、人物、内容多方面所共同激发的成果。

医护类电视剧节目的特色如下：主题之“真”，即宏观写实与微言大义相结合；叙事之“趣”，即医院场景与双重叙事相叠加；人物之“圆”，即日常人物与英雄人物相对抗；内容之“丰”，即现实语言与艺术语言相杂糅。但医护类电视剧节目盲目实践所导致的问题也需要进行反思——创作模式固化造成的题材形象单调、误读医疗行业激化了医患关系、商业捆绑加重等，诸多问题消解了崇高主题，遏制了医护类电视剧节目的长效发展。未来医护类电视剧节目需要加强本土化创作张力、加大健康传播的力度、提高节目的制作水平、寻觅艺术真实和真诚，以唤醒医护类电视剧节目的创作活力，呈现出贴近社会大众，契合时代语境，蕴藏艺术真实，保持艺术真诚，传达文化价值的有深度、有思想、雅俗共赏，集写实与批判于一体的视听文本。

偶像剧和穿越剧是电视剧市场上盛行的电视剧题材，探究偶像剧中女性形象可以瞥见当代女性的自立自强和现实困境。我国偶像剧涌现出了奉献型、自我型、事业型、励志型、腹黑型女性形象，体现了职业角色与爱情角色、家庭角色的冲突，反映了当代女性意识的觉醒，再次印证了传播学中的拟态环境理论、刻板印象效应和镜像理论。偶像剧职业女性形象建构展现了女性积极向上的新风貌，并传播了正能量，但也形成和固化了社会对女性根深蒂固的刻板印象，需要对偶像剧中女性形象进行准确的认知和科学引导。

“大女主”IP剧是近年来流行的偶像电视剧类型，分析“大女主”IP剧的成功之道及存在的问题，并思考应对策略，能够为开发优质影视剧、促进影视剧市场健康发展提供思路。“大女主”IP剧的优势来源于“内容+形式+平台+人员”四要素的协同推动。在内容上，突出女性角色，面向女性市场；在形式上，注重美学元素，打造专属风格；在平台上，台网联合推动，多管同步推进；在人员上，知名演员的助力，粉丝经济推动。“大女主”IP剧也存在如下问题：依附男性，“大女主”形象构建失败；人设不稳定，前后矛盾；制作不够精良，资本色彩浓厚；节目同质化，结构模式化；受众使用与满足的冲突；等等。“大女主”IP剧未来发展应该立足大众生活，塑造多元立体的女性形象；提高叙事水平，实现从文学到影视的转变；提高制作水平，打造精品节目；完善政府监管，为讲好中国故事、繁荣中国文化做出贡献。

穿越剧的盛行是诸多因素相互作用的产物。穿越剧的成功在于：应运而生、应需而生；定位明确；内容创新和形式创新；细节极具喜剧色彩；营销策略成功。在积极方面，穿越剧能够提供消遣娱乐，激发观众对真、善、美的渴望与向往，弘扬中国古典文化与艺术，带动文化和旅游产业的发展。但也具有一定的负面效应，剧情扭曲史实，无视科学，缺乏创新意识，产业模式缺乏新意。穿越剧应该突出差异化特色，在内容和形式上不断创新，才能保持长久的生命力。

灵活多样的营销方案是古装电视剧成功的重要因素，研究古装电视剧的营销方案可以为电视营销提供新的思路，古装剧《芈月传》就是一个典型的互联网＋营销的成功案例。乐视公司采用多阶段组合式营销，线下活动与线上活动相结合，多平台同步播放相关内容，充分利用IP运营，联合众多广告赞助，取得了良好的营销效果。在前期，利用“《甄嬛传》原班人马出品”对比宣传；连续抛出话题，催热前期推广；多次召开新闻发布会，吸引媒体报道；利用主创人员明星效应，深度参与推广；借力微博大V宣传，提升关注度；发布超长片花，吸引观众眼球。在后期，主演广泛参加节目，提升关注度，占领媒体热点、头条，采用“刷屏”式宣传和双面传播方式宣传，取得良好社会效果和市场效益，乐视也因此成为互联网电视销售界一时的领军者。

第一节　医护类电视剧节目的特色和提升

在视觉转向时代，网络电视和移动终端的普及为电视剧的内容创作注入了活力。尹鸿曾说中国是世界第一电视剧大国——既是第一生产大国，也是第一播出大国，还是第一观众大国。[①] 回顾中国电视剧事业的起源和演变，我们会发现中国的电视剧事业与电视的发展几乎是同步进行的。1958 年 5 月 1 日，中华人民共和国第一座电视台——北京电视台（中央电视台的前身）开始首播，一个月后第一部电视剧《一口菜饼子》播出。[②] 20 世纪 90 年代以后，电视剧行业体制结构的转型促使中国的电视剧事业发生了深刻的变化。社会转型带来的冲突与矛盾一方面为电视剧市场提供了一种动态的、高度复杂的内容素材；另一方面，又造成了电视剧事业无序、混乱的局面。信息素材的丰富及活跃的电视剧观众为电视剧事业的繁荣创造了条件，不论是剧种的类型还是剧目的数量都开始爆发式地增长，而无序、混乱的局面则需要有深度、有价值的电视剧加以引导。在分化、冲突的社会环境下，需要具有深度内涵的电视剧来引领人们的生活。随着社会劳动分工的进一步深入，观众进一步细分，电视剧行业逐渐往多元化方向发展。医护类电视剧便是电视剧多元化方向的一种重要实践。医护类电视剧对客观现实的写实性和对人文精神的反思性引起人们对现实社会的深入思考。在中国传统文化语境和社会转型现实语境的双重作用下，医护类电视剧的精神内核远远高于其他类型的电视剧，对于认清社会现实、规范社会行为、重塑社会价值具有高度的现实意义。

一　研究医护类电视剧的特殊价值

我国医护类电视剧的起源可以追溯到 1986 年，当年，第一部医护类电视剧节目《希波克拉底誓言》荣获第七届“飞天奖”单本剧一等奖。[③] 随着经济的发展和社会的进步，电视剧在中国的蓬勃发展促进了观众对电视剧节目的多样化需求。在浮躁和喧嚣的社会环境下，娱乐倾

① 尹鸿：《剧领中国：当前电视剧的创作与生产》，《今传媒》2011 年第 3 期。
② 尹鸿：《冲突与共谋——论中国电视剧的文化策略》，《文艺研究》2001 年第 6 期。
③ 姚远铭：《关于医疗题材电视剧精神内核的思考》，《中国电视》2015 年第 11 期。

向的电视剧充斥在人们的视野中。随着受众素养的提高和审美的疲软，人们对电视剧提出了越来越高的要求，电视剧的精神高度和内容水平都需要提高层次。20 世纪 90 年代以后，医护类电视剧便广泛出现在观众的视野中，并逐渐占据越来越重要的市场地位。尤其在 2010 年以后，医护类电视剧出现爆发式增长，几乎每年电视剧市场中都有医护类电视剧的身影。尤其由海清、吴秀波、张嘉译主演的医护类电视剧《心术》获得了大众的一致好评，并被誉为医疗剧的经典之作，至今仍是被大众所公认的“良心剧”“好剧”。《外科风云》《永不放弃》《医者仁心》等医护类电视剧也获得了多个奖项。2020 年，新冠肺炎疫情暴发，医护人员形象在大众心中更具生命美感。医护类电视剧自身蕴含的人文价值和对生命意义的探索，成为承载中国电视剧行业甚至社会现实崇高意义的最佳载体。医护类电视剧具有天然的现实性、深度性和反思性元素，迎合了人们的审美情趣，为受众带来独特的审美体验，在我国电视剧市场中具有举足轻重的地位，对中国电视剧的创新实践具有重要意义。

但在这股“白色”（医护群体服饰颜色）风潮席卷电视剧行业的同时，有必要思考医护类电视剧节目发展的长久之道在哪里。现实语境和市场逻辑的需求就能保证医护类电视剧有价值、有意义地延续吗？在医护类电视剧勃兴之时，批评的声音也随之而来，当下的医护类电视剧是否在逐渐走偏？“医护的外壳包裹着情感剧的内核”等批判声音愈演愈烈，一定程度上损害了医护类电视剧在观众心中的好感度。从辩证唯物主义的视角来看，认识是为了促进实践的发展，所以，从特殊性到普遍性，归纳医护类电视剧的特色，充分发扬其核心竞争力，认识存在的问题，并加以改进完善，才能促进医护类电视剧可持续健康发展。医护类电视剧是人们认识现实、了解现实的重要途径，医护类电视剧的良性发展有利于调解医生与患者、患者与患者之间不理解、不认同的社会现实，是社会转型的背景下维护社会稳定、有序的有力之举。

医护类电视剧在大众视野中曝光的频率越来越高，其主题的崇高性、叙事的趣味性、人物的饱满性等都得到了观众的广泛认可。但其创作模式、内容设计、制作技巧等方面仍然存在一定的问题。研究医护类电视剧的特色，不断探索医护类电视剧的长久发展之道，对于促进中国电视理论革新和中国电视剧事业的繁荣具有重要意义。在理论层面，探索医护类电视剧节目的特色并构建发展策略，既能正确认识医护类电视剧的角色，促进医护类电视剧节目的长久发展，又能为其他类型的电视剧节目创作提供理论参考。如今，电视剧的播放平台囊括了电视、电脑、手机、智能终端等一系列可视化媒介，医护类电视剧可以为媒介内容创作的完善提供理论源泉，激发本土化内容创作张力，为促进我国媒介内容革新添砖加瓦。在实践层面，医护类电视剧节目为电视剧行业提供了一种具有创新性和可行性的实践范式，激发了我国电视剧事业的创造力和生命力。医护类电视剧所蕴含的社会价值和文化价值是其他类型的电视剧所不可替代的，在缓解社会矛盾、维护社会稳定、培养受众审美情趣等方面发挥着重要作用。

梳理现有的研究成果，国内外关于电视剧的研究大多涉及电视剧艺术特征、商业特征、跨语境传播等问题，主要集中于三个方面：一是关于医护类电视剧的个案研究，二是关于医护类电视剧的对比研究，三是关于医护类电视剧的传播价值研究，大多聚焦于医护类电视剧外延价值、社会功能，希望透过医护类电视剧去认识社会问题、观察社会本质，却忽视了医护类电视剧节目的本体研究，其本身的创作特色、所存在的问题都被忽视。本体研究是基础，只有深入细致地了解医护类电视剧节目的深刻内涵，才能充分挖掘医护类电视剧的外延价值。在发展策略上，现有的研究注重中外对比，从国外引进经验借鉴，却忽视了从本土化发展历程、特色提炼中寻找发展策略。在本土化语境中，我国医护类电视剧节目形成了自身的特色，也存在一些问题。对其特色和问题的分析可以为优化我国医护类电视剧节目发展思路提供新的可行性途径。本节拟在大量阅读文献资料、观察和访谈的基础上，通过分析大量的医护类电视剧节目案例，对医护类电视剧的现状进行全面、科学的认识和分析，并提出医护类电视剧创新发展的策略，以期助推医护类电视剧的可持续健康发展。

二　医护类电视剧概述

医护类电视剧起源于美国，从1994年美国医护类电视剧《急诊室的故事》播出至今，经过近三十年的发展，医护类电视剧写实、深邃、抒情的特性吸引了很多观众，并逐渐发展成内涵丰富的电视剧剧种，《实习医生格蕾》《豪斯医生》便是经典之作。我国医护类电视剧起步较晚，但近些年来发展趋势良好。虽然迄今为止，我国医护类电视剧的数量不多，但只要一经播出便博得观众的关注，这也说明我国医护类电视剧拥有庞大的观众市场，仍有广阔的发展空间。

（一）医护类电视剧的概念界定

医护类电视剧也称“医疗剧”，可以从两个方面对医护类电视剧进行界定。一方面，从内容和形式上来看，医护类电视剧是一种行业剧；另一方面，从文本情节来看，医护类电视剧是以医疗事件作为剧作内容的核心。

随着社会的变迁，电视剧市场不断细化、成熟，以此来满足求新、求美的大众审美需求，以行业为区分的类型剧便应运而生。“所谓行业剧，是指以一个行业的人群为主要表现对象，以这个行业中发生的事件为主要的表现场景，所有的情节都与这个行业的种种细节有着千丝万缕的关系。”[①] 行业剧的出现一方面可以全方位地展示该行业的现状，让观众了解该行业，激发观众的好奇心；另一方面，又可以满足观众对行业精英的想象。医护类电视剧便是以医疗行业作为主要的表现对象，以医院作为主要表现场景的电视剧。美国《急诊室的故事》《豪斯医生》

---

① 费勇、熊宇飞：《都市化生存视域中的“行业剧”——“虚拟模具”与“临时心理感知结构”》，《现代传播（中国传媒大学学报）》2009年第5期。

以快节奏和独特的叙事风格引领了全球行业剧的创作风潮，成为各国纷纷效仿的模式。日本擅长于挖掘行业背后的本质现象，医疗行业剧《白色巨塔》便通过贿赂行为，深入浅出地展示了医疗行业背后的权力关系和人文关怀。医护类电视剧本身具有强烈的视觉冲击、情感冲突和人物矛盾及深刻思想，可以有效地反映该行业的美好、腐朽、衰退等种种现象，彰显批判现实、推进社会进步的崇高主题。

电视剧的文本内容主要有题材、情节、人物等，医护类电视剧节目的情节设计、人物塑造等紧扣医疗事件而展开，通过对医患冲突、医疗细节等具体医疗事件的叙事，来推动电视剧节目的发展。医护类电视剧是“以医院或诊室为背景，以一个或几个医生为主线贯穿全剧的情景系列剧，每一集相对独立，但集与集之间仍具有连续性”①。医护类电视剧不仅是讲述一个医疗故事，也可以讲述多个医疗故事，通过主体人物——医生、护士和患者的多重人物叙事来开展故事演绎，掀起故事的高潮。电视剧《心术》便是围绕一个又一个医疗事件来引领剧情的走向。《外科风云》通过描写多个医疗故事揭示了医疗行业的种种乱象。因此，医护类电视剧可以认为是一种以医护人员为主要人物，以医院为主要故事场景，通过描写一系列的医疗事件，来展现当前医疗行业的工作现状及其医疗困境的一种行业剧。

（二）医护类电视剧的发展概况

受美国医护类电视剧的影响，我国医护类电视剧在本土化创作的过程中，经历了从借鉴到原创、从引用到内化的过程，逐渐走出了一条具有本土特色的道路。自20世纪90年代以后，我国出现了多部医护类电视剧，如《永不放弃》（2001）、《急救生活》（2010）、《感动生命》（2012）、《青年医生》（2014）等。虽然在产量上远不如青春偶像剧等，但在主题选择、人物刻画、叙事风格等方面呈现出新的特点。我国医护类电视剧的发展历程大致可以分为以下几个阶段。

① 吴素玲：《电视剧艺术类型论》，中国传媒大学出版社2008年版，第84页。

（1）初步探索阶段。自1986年我国第一部医护类电视剧《希波克拉底誓言》诞生至2000年，我国的医护类电视剧节目处于初步探索阶段。在这一阶段，《妇产医院》（1995）、《儿科医生》（1999）是两部主要的代表作品。这两部作品虽然具有一定的创新力度，但在内容创作模式上与《希波克拉底誓言》并无本质区别，主要呈现出对人性的思考和医疗行业伦理道德的探讨，尤其是《儿科医生》关注到了中国医疗事业的改革。这些具有现实意义的作品是我国医护类电视剧节目的良好开端，并为后续医护类电视剧的创作积累了宝贵的经验。

（2）初步发展阶段。进入21世纪的前十年是我国医护类电视剧的初步发展阶段。在这一阶段，医护类电视剧开始焕发出活力，对现实的关注力度更高，对时代的叙事更加透彻。这一时期的医护类电视剧作品主要有7部，包括《关怀》（2000）、《永不放弃》（2001）、《最后诊断》（2004）、《无限生机》（2006）、《柳叶刀》（2009）、《急救生活》（2010）、《背后》（2005）。这些作品反映了我国医护类电视剧节目与本土语境越来越贴合，并逐渐创造出属于自己的特色。

（3）快速发展阶段。2010年以后，电视剧市场上出现了两部医护类佳剧，即《医者仁心》（2010）和《心术》（2012）。《医者仁心》获得中国电视剧“飞天奖”，医护类电视剧迅速升温。《心术》一经播出，便成为各大卫视的常播剧，并被称为“国内首部大型医疗剧”。《心术》中对医患关系的刻画、对人性的思考深刻契合了社会转型阶段我国的社会现实。这两部剧的热播为医护类电视剧创造了更广阔的市场空间。医护类电视剧节目在风格展示、人物塑造等方面逐渐呈现出更加鲜明、个性化的特性。但是医护类电视剧在快速发展的同时，也存在一些问题和弊病。近几年来，随着我国电视剧行业对利润的追逐，医护类电视剧为了获得高收益和高收视率，流于浅薄，文化意蕴衰退，长此以往，必将阻碍医护类电视剧的健康发展。医护类电视剧本就是以人文关怀、专业导向、传播主流价值观作为核心特质，如果核心特质丢失，就失去了核心竞争力，与其他娱乐消遣的电视剧就没有区别，生存空间就会被压缩。医护类电视剧迫切需要跳出当前的瓶颈，寻觅更佳的实践范式。

表 2－1 我国医护类电视剧生产情况

时间	电视剧名称	时间	电视剧名称
1986	《希波克拉底誓言》	2012	《心术》
1995	《妇产医院》	2013	《到爱的距离》
1999	《儿科医生》	2013	《产科医生》
2000	《关怀》	2014	《产科男医生》
2001	《永不放弃》	2014	《青年医生》
2005	《背后》	2014	《爱的妇产科》
2006	《无限生机》	2015	《急诊室故事》
2007	《爱在生死边缘》	2015	《长大》
2009	《柳叶刀》	2015	《爱的妇产科第二季》
2010	《急救生活》	2017	《外科风云》
2010	《医者仁心》	2017	《急诊科医生》
2012	《感动生命》	2017	《儿科医生》

三 医护类电视剧节目的特色

我国医护类电视剧节目在创作实践的过程中，特色日益鲜明。主题之“真”、叙事之“趣”、人物之“圆”、语言之“丰”四大因素的协同机制打造了医护类电视剧节目的专属风格。医护类电视剧集观赏性、艺术性、美学性、思想性于一身，既能得到市场的青睐，又能承载恢宏叙事，融合多种特色风格，肩负社会责任，构建了医护类电视剧的独特文化，塑造了医护类电视剧的繁荣景观。

（一）主题之“真”：宏观写实与微言大义相结合

医护类电视剧是一个特殊的文化载体，能放大时代问题，又能从细小入微处洞察人性，是文化生成的表达，又是信息传播的途径。医护类电视剧将厚重的主题与博大的内蕴相结合，凸显了医护类电视剧主题的“真实性”“真诚性”，既是对社会的真实反映又是从细节上对人性情感的真实表达，体现了医护类电视剧对崇高价值的真诚追求，是弘扬社会正能量、传导正确价值观的重要渠道。

1. 人文精神的引航

这是一个浮躁的时代，消费至上、娱乐主义的理念蔓延至社会各个领域。快节奏的生活不允许人们有太多的闲暇来欣赏审美型纯文学。电视剧、网络游戏、互联网短视频等占领了人们工作之余的时间和精力。不可否认，娱乐价值是电视剧存在的基础，若是抛弃了娱乐价值，电视剧终将被遗忘。但是，这并不意味着娱乐价值是电视剧存在的最终目的。电视剧对人文精神的追寻才是电视剧的终极意义。童庆炳曾说，对现实感的消解，对人生意义的消解，就是当代文化产品的重要特征之一。① 医护类电视剧题材的特殊性，造就了其价值的特殊性，《医者仁心》《心术》《青年医生》等多部医护类电视剧对人文精神的引导，蕴含了丰富的人生意义和生命价值。

目前我国医护类电视剧对人文精神的探讨主要关注两个方面：一是关于生与死的抉择；二是关于善与恶的冲突。医护类电视剧游走在生与死之间，在生命的缝隙中镌刻着人性。诗人臧克家曾说："有的人活着，他已经死了；有的人死了，他还活着。"在电视剧《心术》中，医院的医护人员已经为"钢丝男"筹集好了治病的钱，但"钢丝男"深知即使自己将脑中的钢丝拔出，骨癌也会夺走他的生命，为了让自己的妻子和孩子能够顺心地活下去，在生与死的抉择中，他选择自杀，将治病的钱留给他们。虽然"钢丝男"逝去了，但他的一生都是为了自己的妻子和孩子。也许医护类电视剧所展现的生死不如抗日剧、谍战剧那么崇高，但不可否认，医护类电视剧的生死事件不会让观众觉得陌生与遥远，更加贴近了观众的日常生活，展现了当下的人生百态，虽然不够崇高，但却足够真实。在善与恶层面上，医护类电视剧会着力刻画美善

① 童庆炳：《"人文精神与大众文化"笔谈　人文精神：为大众文化引航》，《文艺理论研究》2001 年第 3 期。

合一的医生形象，但是也不乏“恶”医生。电视剧《心术》中谷超华在经历过误解、打击之后，便开始针对美善合一的医生霍思邈。当善与恶胶着的时候，人性的复杂与微妙便毫不避讳地跃然于剧中，剧外的观众也可直观地感受不同人物的不同遭遇，产生共情。医护类电视剧对生与死、善与恶的拷问，是电视剧对人文精神的引航，它能够释放出光彩和能量，提供人生意义的积极引导，捕捉对生命的意义，使人身心得到救赎，让观众建构出自己的人生哲学，回应了观众更深层的价值期盼。

2. 现实社会的映射

马克思曾说，认识是现实的反映。尼采（Friedrich Wilhelm Nietzsche）也说过，“艺术是生命的最高使命和生命本来的形而上的活动。”① 社会现实是电视剧创作的来源，电视剧创作又是对社会生活的整体观照。② 医护类电视剧就是照耀现实社会的一面镜子，是创作者对中国医疗行业认识的思想结晶。医护类电视剧对现实社会的映射，既有宏观的社会写实，又关注医生与患者个体的境遇。近年来，随着经济发展的加速、改革的深化和社会的转型，我国医疗行业经历了前所未有的乱象。医疗资源失衡，病床紧张；医疗保险不足，使得大量的病人在死神面前只得低头；医生与患者关系紧张，二者缺乏沟通、理解和信任，患者在大生大死面前被弃如敝屣；医生高负荷工作，绷紧的神经得不到松弛。这些医疗行业的现实问题一方面为医护类电视剧的创作提供了素材；另一方面，医护类电视剧又深入浅出地传达了对现实的思考。《心术》中通过多个医生与患者的故事来演绎医患关系的现实状况。《外科风云》揭露了医院与医药公司合作的内幕，也是对医院权威的批判和反思。这两部电视剧都带有浓厚的现实主义写实色彩，力图质问医疗行业的种种现实困境。在以往的大众媒介中，往往将着墨的重心放在病人

---

① 转引自［德］尼采《悲剧的诞生：尼采美学文选》，周国平译，上海人民出版社 2009 年版，第 88 页。

② 土振兴：《论医疗题材电视剧对当下社会问题的观照》，《东南传播》2017 年第 3 期。

身上，而忽视了医生。医护类电视剧的出现，为全面映射现实社会提供了路径。在电视剧《外科风云》中，病人家属以为医生陆晨曦只顾趋炎附势，而不用心救治自己的父亲，后来发现陆晨曦只是不擅于与人沟通，实则内心是真心关爱病人的。医护类电视剧力图化解医生和病人之间的积怨，创造沟通和信任的桥梁，营造和谐、稳定的医疗生态环境。医护类电视剧以自身之力将观众带入更加广阔的空间，在社会转型、文化价值生成的变动中缓慢前行，用一己之力的艰辛来呼唤中国医疗事业的进步。医护类电视剧为社会的和谐发展带来了一抹光亮，即使微弱，却致力于穿透现实的桎梏，用信仰唤醒良知，用崇高引领现实。正是由于医护类电视剧对现实社会的高度关注，造就了医护类电视剧在本土化语境下极具社会价值、艺术价值、伦理价值的特色。

3. 市民文化的凸显

在社会日趋多元的时代语境下，电视剧行业为了迎合大众多样化的审美需求，创造出不同类型的电视剧。电视剧是一种具有多样性的文本框架，[①] 本身可以承载多种文化价值。随着市民阶层的壮大，迫切需要一种电视剧类型来凸显市民文化。医护类电视剧的角色较为简单，主要是医生和患者。医生是精英话语的代表，患者是平民话语的代表，融合了精英话语与平民话语的医护类电视剧，消除了两者之间的对抗，是市民文化两大主要形态的融合。随着人们对健康要求的日益提高，医院成为市民生活的重点辐射区，医护类电视剧涵盖了对医院日常的刻画，又包括了人们对生命的珍惜，对未知的急躁、冲动等内容。电视剧《心术》中急救病人失败后，家人们痛哭流涕。这种平民化叙事，将目光聚焦于普通人的日常生活，让一些极少进入历史叙事的普通人故事，可以进入大众的视野中。一方面，让普通人的生活展现在大众面前，市民阶层的辛酸和欣喜让观众感同身受；另一方面，又可以弥补电视剧市场

① Horace Newcomb and Paul Hirsch, "Television as a Cultural Forum", In: W. D. Rowland and B. Watkins Eds., *Interpreting Television: Current Research Perspectives*, London: Sage, 1984.

中宏大主题叙事导致的故事单调性，丰富电视剧的文化内涵。除了普通大众医院生活的刻画，医护类电视剧也着力展现医生的生活。电视剧《青年医生》细致地呈现医生程俊、欧阳、王博之间的日常生活。随着市民文化的凸显，不同的主体都亟须传达出自己的声音。医护类电视剧为塑造医护文化创造了可能，传达了医护人员的价值和信仰，提高了医护人员的自我肯定和自我认同，也促进了社会大众对医护人员的理解和认可，医护人员的身份角色更加清晰，有利于建构医护人员共同体。医护类电视剧叙事跨越了精英和平民两种话语，凸显了一种积极、健康、和谐的社会交往姿态。

4. 健康传播的载体

健康传播作为传播实践是重要领域。近些年来，随着人们生活水平和健康意识的提升，社会各界对健康传播的关注度与日俱增。“知、信、行”模式是健康传播实践的重要运行模式，认为健康传播的实践要经过三个阶段：获取信息、信任信息和行为转变，其中信息获取是基础。根据“涵化理论”，医护类电视剧作为大众传播的主要渠道之一，在潜移默化中传达着大量与健康有关的信息，培养观众对健康的认知。相比电视健康服务节目，电视剧由于自身具有的娱乐休闲性，可以消解健康知识所与生俱来的严谨性和枯燥感，医护类电视剧在展开故事情节的同时，以人物的所思所感让观众感同身受，间接普及医疗知识。在人们对健康需求强盛的背景下，医护类电视剧将健康传播作为主题诉求，不仅不会引起观众的反感，反而可以真切地为大众提供有益的信息，创作者对观众的“真诚感”溢于言表。由于电视的权威性，人们对电视的信任度也会转移到对医护类电视剧中健康知识的信任。在信息获取的基础上，观众对医护类电视剧中健康知识信任感也会增强，促进了信息的有效接收，从而引导自身的健康行为。在电视剧《心术》第八集中，一名患者的妹妹为了祈求哥哥身体平安，将一道庙里求来的符贴在医院的床头。护士张晓蕾说，如果一道符可以救人，为什么不直接去庙里，而送医院。这句话便传播了一种对待生命的健康知识，在生命面前，迷信虽然是一种心理安慰，但稍有不慎就容易错过病人的最佳救治时间。在被娱乐和快感充斥的电视剧市场，医护类电视剧通过传播内容普及医疗知识，改变观众对健康知识的错误认知，实现了健康传播的目的。

（二）叙事之“趣”：医院工作场景与日常生活叙事相叠加

医护类电视剧主题通过叙事艺术得以升华。医院本就是一个展现人生百态的舞台，在章回体叙事与三圈层叙事、双重叙事机制的影响下，强化了故事性和情感性，凸显了医护类电视剧强烈的刺激感和故事性。

1. 叙事场域：医院的日常

如果说，大型政治型电视剧叙事是可歌可泣的、悲壮的，家庭伦理剧的叙事是平凡的、琐碎的，那么医护类电视剧叙事便是集这两者于一身，讲述平凡生活的崇高和平淡。医护类电视剧以医院为核心场景，描写医生、病人及患者家属之间的故事，选取不同人物的一个横截面，即在医院的日常进行细致刻画。医院是展现生命戏剧性的绝佳场景，出生时的欣喜若狂、重症时的伤心欲绝、治愈后的重获新生、逝世后的号啕大哭，编织着人生的起起落落。医院将人一生中最具有情绪性、戏剧性的一面全方位地展示出来，人的七情六欲被急剧放大，将人在社会变迁中的情感迷思细腻而郑重地描摹。电视剧《心术》中有位失去了自己的女儿，但仍然为“楠楠”捐肾的家长。这位家长的做法直击人心，可歌可泣，崇高性的叙事指引了人们的精神方面。与此同时，也有只顾自己享乐，没有钱给手术后父亲买药的儿子。当医生问老人：“如果躺在这里的是你的儿子，你会给他治病吗?”老人坚定地回答：“会。”在病痛面前，充分暴露了本性，道德和伦理的思量、生命意识的寻觅构成了医院日常丰富多彩的内容。这种日常性叙事，极易将观众带入剧中，与剧中人物感同身受，从而构建一种“人生如戏，戏如人生”的共鸣。此外，手术的紧张、急救的快节奏等内容又为医院日常的叙事之网增添了刺激感色彩，促进了叙事风格的多元化。值得注意的是，医护类电视剧在对医院日常的叙事视角中，并不是以一种俯视者的姿态，而是深入剧中人物，观众仿佛以一个旁观者的身份阅尽人生生老病死和病痛折磨。这种另辟蹊径的叙事艺术囊括了美好与丑陋、光明与黑暗的内容，戏剧化的故事、刺激感的节奏、一视同仁的视角，既丰富了观众的精神世界，又给予观众独特的视觉盛宴。

2. 叙事机制：双重叙事机制

一般来说，电视剧在结构上一般简单地按照时间顺序展开线性结构。因此，电视剧叙述就像流水缓缓流动，讲述一个又一个故事。由于线索的众多和人物的繁杂，不可能一次将故事交代清楚，但故事铺垫太长，又容易成为“裹脚布”，让观众产生视觉疲劳。医护类电视剧的叙事机制有其特有的艺术风格，将章回体叙事与三圈层叙事融合为一体，增强了叙事的节奏感和趣味性。电视剧与小说的风格类似，都是严格遵循“开端—发展—高潮—结局”的经典叙事模式。但是医护类电视剧节目将这种章回体叙事发挥得更加极致。医护类电视剧大多遵循美国医护类电视剧《急诊室的故事》的叙事机制，一条线是医生的工作，一条线是医生的个人生活。每一个患者的故事都可以形成一个小高潮，每几集之间都会有一个爆发点，叙事节奏较快，周期较短。因此，在高潮迭起的观看体验下，观众不会感觉无聊，反而会觉得剧情曲折、内容丰富，也契合了观众碎片化的观看习惯，以小故事、小人物、小场景等较为灵活的叙事机制，贴近人们最真切的感受。医护类电视剧中的三圈层叙事主要是指将剧中的叙事结构分为三层：一是核心叙事层，即医疗事件，主要讲述医生在医疗事件中的作为，这一部分是叙事机制的核心结构，推动着整个故事的发展；二是次级叙事层，在医护类电视剧中，次级叙事层将过多的笔墨用来体现医生的感情生活，以此来塑造在核心叙事层中的医生形象；三是辅助叙事层，辅助叙事层主要用来介绍患者的情况，直观来看这一部分是为了塑造患者的形象，实则是为了清晰阐释核心叙事层中的医疗事件。章回体叙事机制和三圈层叙事机制相互成就，相互促进，构筑了医护类电视剧的叙事风格。三圈层叙事厘清了章回体叙事的主次逻辑，彰显了故事张力。而章回体叙事为三圈层叙事营造了故事的戏剧化和冲突化效果，增强了剧情的感染力。双重叙事机制的运用，充分发挥了电视剧的叙事功能，搭建形成了电视剧的完整故事框架。

3. 叙事模式：强化故事性和情感性

电视剧被称为“第一故事载体”,[①] 是讲述故事的最佳途径。因此，电视剧的故事性是电视剧扣人心弦的地方。医护类电视剧充分利用多种叙事手法，挖掘故事内涵，设计故事情节，营造冲突与矛盾，提高故事的张力与活力。通过设问、未知、暗示、冲突等多种手段的运用，设置悬念，把握情节的跌宕起伏，增强故事性，激发观众的观看欲望。在医护类电视剧中，一场车祸、一次急救、一台手术都足以引发一个全新的故事。《外科风云》中医生陆晨曦因为收到车祸报警而外出急救，但在抢救的中途，发现伤者是自己的母亲。这一剧情极具戏剧化冲突，增强了剧情的故事性，产生强烈的戏剧性效果。

医护类电视剧由于其题材的特殊性，在叙事模式上格外强调情感性。一是通过人物的演绎来突出情感性。电视剧《心术》中失去孩子的父母抱头痛哭；《青年医生》中，面对病人的无能为力，程俊痛苦地捶墙。这种真实的情感演绎具有强烈的感染力，将人的大悲大喜表现得恰到好处。二是通过情节的推动来凸显情感性。医生对患者的关爱，患者与家属之间的温暖等细小且真实的情节都足以让人热泪盈眶。《外科风云》中出狱后的丈夫自知有病，但却放弃治疗，只因想把自己的器官捐献给妻子。这种温暖的情节，顿时引发了观众强烈的情绪波动，悲剧虽不同于喜剧的皆大欢喜，但悲剧的美感却更能引发人的情感波动。

---

① 尹鸿、阳代慧：《家庭故事·日常经验·生活戏剧·主流意识——中国电视剧艺术传统》，《现代传播》2004 年第 5 期。

医护类电视剧故事性和情感性双管齐下，弥补了主题写实而引发的可观性不强的弊端，造就了医护类电视剧的特色艺术。

（三）人物之“圆”：日常人物与英雄人物相对抗

英国小说家爱·摩·福斯特（E. M. Forster）在《小说面面观》中，将人物分为圆型人物和扁型人物。圆型人物是性格复杂，具有多面性的立体人物，而扁型人物则是性格单一，拥有一个特性或意念。现如今，在我国电视剧的创作中，发生了扁型人物向圆型人物的流变，简单化、类型化的扁型人物已经逐渐被抛弃。虽然扁型人物容易理解、辨认，但随着人们电视素养的提高，观众日益认识到扁型人物的不真实，容易陷入人物性格设置的极端，希望看到更加真实的圆型人物。医护类电视剧节目的创作逐渐摆脱单一的人物设置，多种类型人物的对抗和较量强化了电视剧的效果。一方面，注重对英雄人物的刻画来凸显宏大主题；另一方面，用日常性的人物来对抗英雄叙事，贴近大众生活，丰富医护类电视剧节目的内容。

1. 日常人物的交叉

人是社会的动物，电视剧是生活的艺术。为了高度还原现实生活，电视剧往往会刻画多个角色。电视剧中人物的塑造，就是各色人物的交叉。这里的“圆型人物”不是指单一人物的立体，而是在一部电视剧中众多典型人物的典型性格。电视剧《青年医生》中，温暖善良的程俊、高冷毒舌的欧阳雨露、“工蜂型”的王博、八卦的赵小天等人物的典型性格，塑造了一系列具备日常人格特征的人设，在电视剧中刻画了一幅社会群像，增强了电视剧的日常性和生活化，同时，观众很容易在剧中找到与自己性格相似的人物，从而拉近与剧中人的距离。不同类型人物性格的对抗和较量，形成多组对抗性矛盾，在推动故事情节发展的同时，也容易烘托出主角人物的高尚。在电视剧《心术》中，保险理赔员怕麻烦，拒绝帮霍思邈进行一次性车险理赔，但保险理赔员带着父亲来医院治病时，霍思邈不计前嫌，很热心地为病人看病。在保险理赔员的市侩与霍思邈的包容与热情的二元对立中，迸发出医生霍思邈的崇高人格魅力。各色人物的交叉，形成了与异质他者的较量，不同人物价值的对抗，不仅能够显现出个体的特殊性和鲜明性，传达出不同人物的价值取向，易于观众辨识、认同，同时能在对抗中超越剧中的故事情节，实现信仰的追求和人格的升华。

2. 立体人物的真实

我国医护类电视剧节目涌现了一批代表性与特色化并存的圆型人物，也称立体人物。立体人物不论是对编剧的创作还是演员的表演都提出了更高的要求，复杂的情感、细腻的内心变化、多样化的人物性格往往很难直观地演绎出来。但立体人物中多种性格的对抗对于推动情节发展、塑造人物价值、产生戏剧效果具有重要意义。一个立体人物会具有多种性格，超越传统好与坏、黑与白的简单二元对立，多样的性格可能是电视剧一开始创作者所赋予的，也可能是随着故事情节的发展，人物发生了性格转变。在电视剧《外科风云》中，一开始展现的是杨帆的精明及其背后的医药黑幕，让观众先入为主地觉得杨帆是一个不折不扣的反面角色，但他在钟主任发生意外时的全力挽救又让人感受到人物的高尚。这种复杂的人物塑造，体现了人物性格内部的冲突，可以让观众更加全面地认清人物的本质，营造了一种性格对抗下形成人物的内在超越范式，增强了电视剧剧情的生动感。从纵向坐标系来看，作为线性叙事的电视剧包含了时间的流逝。随着时间的推移和剧情的发展，人物的性格很容易发生转变。电视剧《青年医生》中的欧阳雨露一开始是一个高冷毒舌的医生，但在故事的结尾，她已经变成了一个知冷知热的温柔医生。这种由时间组成的对抗性人物，既顺应了故事情节的发展，又重构了人格的内涵。人无完人，人是多样且复杂的，立体人物的塑造更加凸显了人物的真实感和生动性，体现了人物塑造的活力。

3. 英雄人物的风范

英雄叙事是电视剧创作中最常见的一种叙事模式。救死扶伤是英雄主题的重要内容，医护类电视剧由于其主题和题材的特殊性，塑造英雄成为一种常见的人物设置模式。医护类电视剧对英雄人物的塑造充分结合了本土化语境，在一定程度上是一种具有突破性的艺术创造。一是，医护类电视剧塑造了浸染侠义之风的英雄形象。“侠义”是在我国儒家文化正义观的影响之下，深入国人骨髓的信仰。医护类电视剧中的侠义英雄脱离了民族国家的宏大语境叙事，将“侠义”观念所秉承的朴素正义观融入医院的日常叙事之中。《心术》中刘晨曦曾说：“作为一个医生，首先你要有仁心，其次才是仁术。”对待病人，他全心全意为病人救治，不让病人多花一分冤枉钱，即使失去救治女儿的肾源，也不愿意开口伤害失去孩子的父母。他以一个医生的身份，不为功利，只为正义，来维护医院的侠者之风。这种融合中国传统文化内涵的人物设置模式，彰显了人物的张力，拓展了电视剧的叙事格局，建构了一种本土化的艺术表现方式。二是，医护类电视剧塑造不够完美的英雄形象。当前观众的电视剧审美已经厌倦了“高、大、全”式的生硬人物，在日常生活视域下，观众的英雄审美已经不再崇拜完美的假象，而更青睐一种包裹着真实而复杂的英雄风范。《外科风云》中陆晨曦是一个医术高超、疾恶如仇，但却不擅于与人沟通且莽撞的人物。不完美的形象反而能够让人感受到英雄人物的可爱之处，使得英雄人物的崇高价值内涵披上了一件合理化的外衣。

（四）语言之“丰”：现实语言与艺术语言相杂糅

医护类电视剧虽然只是以医院为主要的叙事场景，但单一的场景丝毫没有阻碍语言的丰富多彩。市民话语、美学表达、情感语言在医护类电视剧中都得到了淋漓尽致的展现。用现实语言表达医护类电视剧的日常性和写实性，用独特的艺术语言即镜头和音乐凸显医护类电视剧所特有的紧迫感和厚重感，形成了医护类电视剧独特的艺术风格。

1. 现实话语：方言

语言是人们交流的桥梁和纽带。随着文明进程的加快，方言在影视文学作品中的地位逐渐走向边缘。方言作为一种语言的表现形式，却逐渐丧失了在大众传媒和经典文本中的合法席位，在公共领域中这种文化的失语症空前严峻。① 方言失语所引起的文化焦虑迫切寻求一种囊括方言文本生产的大众文化。医护类电视剧呼应了这一文化诉求，将方言融入文本生成之中，将方言展现在大众面前，促进方言的传播。在电视剧《心术》中，有一个特殊的人物“十三姨”，她讲着满口的上海方言，为观众带来了诸多笑料，只要她一出现，观众便会爆笑连连。方言由于接地气、日常性等特性，很容易成为轻松的快感刺激机制和大众狂欢的源泉。在医护类电视剧中糅进充满喜剧意义的方言，悲剧中掺杂喜剧元素，为严肃的医护类电视剧带来轻松娱乐的效果，丰富了医护类电视剧内容的戏剧性和趣味性。此外，剧中也经常会出现讲方言的患者家属。医疗纪录片《人间世》饱受赞誉，原因之一就是方言的大量使用。在《人世间 2》中有一集的配音人员是一个讲着方言的生病小女孩。福柯（Michel Foucault）曾说，话语即权力。方言在医护类电视剧中的频繁出现突出了患者的人物真实感，普通人通过方言获得了话语权，叙述了普通人的生活状态。医护类电视剧利用现实语言将宏大的生命主题转向小人物对命运的抗争，剧中普通大众的悲欢离合和日常生活更加贴近现实，更容易引发观众的情感共鸣。

2. 美学表达：镜头语言

镜头语言是电视剧最基本、最核心的表现形式。美学分为两种，一是装饰、生动、普遍、经验的浅表审美化，二是走向主体和生命形式的深层审美化。② 在医护类电视剧中，由于场景、人物服装、道具等美学框架的稳定性，美学表达有限，传达美感最有效的手段便是镜头语言。医护类电视剧的镜头语言不局限于浅表审美，而是致力于透过镜头去探

① 韩鸿：《方言影视的文化解析》，《新闻与传播研究》2003 年第 1 期。

② ［德］沃尔夫冈·韦尔施（Wolfgang Welsch）：《重构美学》，陆扬、张岩冰译，上海译文出版社 2006 年版，第 11 页。

视和挖掘生命实质，实现主体价值的深层审美化。在电视剧《急诊室的故事》中，导演大多采用实地取景的方式，不论是在病房还是在急救室，都力求以俯拍的视角来客观真实地讲述医生与患者之间的故事。在镜头的移动上，主要采用推、拉、摇、移、跟等方式与近景和中景为主的景别相结合，最大限度地还原了医院人员混杂的真实场景。但在手术台上，又使用了大量的特写镜头，如医生额头上的汗、手术的镊子等特写，但又回避了鲜血淋漓的画面，顾及观众情绪的同时又强化了视觉冲突，增强了现场紧张感，谱写出唯美的生命美学。在急救画面的剪辑上，运用短镜头快速切换手法，将多个不同角度的画面迅速地进行拼接，医护人员的紧张、慌而不乱的脚步、患者家属的悲伤等内容就在几秒内完成。快节奏的镜头剪辑令人胆战心惊，暗示了命悬一线的紧迫感，在生死搏斗之中暗藏对生命的尊重。医护类电视剧的美学价值不仅是一般意义上的色彩、构图的美化，更是一种艺术视觉效果的完美诠释，在纪实性表达中浓缩了对生命美学的思量。

3. 情感语言：音乐

情感是吸引观众的重要力量。音乐是电视作品情感表达的基本表现手段，音乐的特殊魅力能使作品内容更加丰满，是电视剧不可或缺的重要组成部分。[①] 医护类电视剧同样注重对音乐的运用，不论是烘托人物情感还是转承剧情，音乐都在强化电视节目的感染力。电视剧《外科风云》中，救援队回来的途中遭遇山体滑坡，紧张的音乐牵动着观众的心弦，让人可以深刻地体会到人物内心的焦急慌乱之感，令人揪心。画面一黑，悲壮且哀伤的音乐响起，医院内大家围着急救推车，陆晨曦对钟主任进行心肺复苏，大家都焦急地往前跑。没有一句台词，剩下的只是音乐。但此时的音乐却比任何一句台词都要扣人心弦，补充的画面内容，又渲染了一种悲壮的氛围。随着音调的或高或低，仿佛可以让人真切地感受到周围人物内心强烈的哀伤与痛苦，让人瞬间泪目。人物的

① 侯洁：《背景音乐在电视剧中的运用》，《当代电视》2016 年第 11 期。

表演在音乐的强化下，增强了情感表达的力度，便于观众更好地理解人物内在的情感含义，搅动了观众内心早已涌起的复杂情感。在剧情上，不论是紧张的音乐还是哀伤的音乐，音乐元素灵活性的处理方式，便预示着新的剧情即将发生。虽然观众要面对未知的剧情，但音乐响起的那一刹那，未知剧情的情感基调便开始在观众心中萌发，加强了观众对剧情的理解和把握。

四　医护类电视剧的问题和缺憾

经过30年的发展，医护类电视剧在形成自身特色的同时，也隐藏着诸多问题，如创作模式固化，遮蔽和误读了医疗行业，激化了医患关系，商业色彩日益浓厚，导致医护类电视剧所特有的崇高主题被消解，看似蓬勃发展的背后暗藏着后继乏力的颓势。

（一）创作模式固化，题材形象单调

电视剧作为大众传播的主要途径，在文本的生成和传播的模式上必然需要提炼出一定的框架和范式。但是这些框架和范式不能模式化地套用和简单地堆砌。相反，框架和范式既要规范电视剧的创作，又应该促进电视剧突破固有的生产模式。而现如今，众多医护类电视剧陷入固化的创作窠臼，迷失了前进方向，故步自封，创新乏力。

1. 狭窄的题材空间

选择好的题材是一部电视剧成功的关键。医护类电视剧对于医疗行业和整个社会层面都是有着特殊意义的剧种，兼具社会性和商业性。自医护类电视剧诞生以来，便具有浓厚的现实主义基调，现实主义批判传统限定了题材的框架，制约了医护类电视剧的发展空间。近年来，医护类电视剧发展迅速，涌现了大批优秀作品，如《医者仁心》《产科医生》《心术》等，但是仍然存在题材狭窄的问题。在题材选择上，医护类电视剧节目很难逃脱固有模式的限制，文本生产大多无法脱离国内外优秀作品的桎梏。题材跟风现象严重，一部《产科医生》火了，便产

生了几部关于产科的电视剧。缺乏系统的题材规划，造成当前医护类电视剧题材的单调，同质化的内容容易引起观众的审美疲劳，导致观众流失。近些年来，医护类电视剧也意识到了题材创作的瓶颈问题，创作者开始从美国、日本、韩国等地借鉴经验，将青春偶像、家庭伦理与医护类电视剧创作结合在一起。这种结合在一定程度上丰富了题材的内容，但是从本质上来说，医护类电视剧的题材并未改变，只是将一些青春偶像、家庭伦理的片段简单地拼凑在一起，反而遮蔽和忽视了医护类电视剧本身所具有的社会意义、价值内涵和个性特征。医护类电视剧所表达的主要场景在医院，这一定程度上限制了题材的表现空间，但目前来说，医护类电视剧对医院、医生和患者的叙事有些同质化，产科、急诊室成为最常见的叙事空间，创作者将目光局限在已知的空间，忽视了更加广阔的领域，医院的许多领域和未被人知的故事还未登上电视剧的舞台。在题材空间的挖掘上，医护类电视剧仍需要不断地创新和突破。

2. 夸张的情节设置

我国医护类电视剧依然沿用了传统冲突化、夸张化的创作模式，强调情节化。[①] 只要有主角登场，就没有治不好的病；主角总是容易碰到不理解的病人，被人殴打；主角会被上级或是同事排挤；主角总是被人偷听，被人谋害；主角的亲人总是生病，最终在痛苦和煎熬中出色地救活了自己的亲人等，这些叙事策略已经成为医护类电视剧固定的情节设置套路。总体来说，夸张的情节设置由三部分构成，即人物偶像化、故事离谱化和叙事繁杂化。在电视剧《外科风云》中，仁和医院疫情严重，杨子轩和杨羽都被感染，修敏齐也感染疫情去世，众人都很绝望，但男主庄恕的出现就像一道曙光，为仁和医院带来了生的希望，终于在医护人员 28 天的努力下，战胜了疫情。一场大的疫情，夺走了多少人的生命，男主一人的出现就让疫情开始好转了，如此强大的主角光环，

① 欧阳宏生、姜海、姚远铭：《21 世纪以来我国电视剧创作的问题与反思》，《现代传播（中国传媒大学学报）》2013 年第 10 期。

增添了一种男主足以平复世间一切邪恶的传奇色彩，严重脱离了剧情的合理性和真实性，忽视了对人物的深层剖析，难以让观众体会到人物的真实存在。《心术》中“钢丝男”在医院扬言“要是医院放弃治疗，他就出去报复社会”，听到这一消息的医护人员，都立即跑出去寻找“钢丝男”。这种剧情实在离谱，有人要“报复社会”，旁人难道不应该报警，由警察来解决吗？众多医护人员外出寻找“钢丝男”的画面脱离了电视剧本该具有的接地气和可行性，逾越了医护人员的职业界限，片面地将医院人员纳入美德逻辑，从而幻化出医护人员高尚的形象，这种情节设置并未真正理解医护类电视剧的价值内涵，只能沦为毫无意义的片段式的戏剧表演，反而引起受众的排斥和反感。在叙事上，为了产生强烈的戏剧冲突，医护类电视剧创作者热衷于将简单的事情复杂化，复仇、谋杀、子女等过多的元素杂糅在一起，将剧情变得烦琐且复杂，以此设置悬念、探索真相、强调冲突来达到戏剧化的效果，激起观众的观看欲望，但是却偏离了剧情的合理性，尤其在当今碎片化观看时代，观众没有太多的时间来品味一部电视剧的复杂剧情和夸张化的情节表达。因此，当下医护类电视剧失去了剧情本该拥有的张力和活力，无法长期有效地吸引观众的注意力。

3. “神化”的医生形象

在转型时期矛盾凸显的社会环境下，医疗行业的问题日益显现，再加上媒体的放大效应，医疗行业的问题一览无遗地暴露在观众面前。社会上确实存在一些品德低劣、医术不精的医生，一些不够专业的大众媒体以患者方作为表达立场，舆论一边倒，加重了社会大众对医生的误解。医护类电视剧发现了这一价值诉求和市场商机，以一种全新的视角带领观众重新认识医疗行业。但以医生为核心的叙述视角，也具有明显的主观倾向性。《心术》中为了强调医生谷超华的转变是在大众环境的压迫下形成的，在谷超华办公室中将媒体的无礼、粗鲁急剧放大，从而烘托出医生的高大形象。不论是在医护类电视剧《心术》还是《外科风云》中，表达立场上都不遗余力地强调医护人员的弱势地位，稍有不慎就被患者家属殴打。当前医护类电视剧中，在力求全方位地展示医生工作和生活的基础上，为了凸显人物的性格和形象，加以美化夸张的表达，将医生的高尚完美与患者和媒体的污浊丑陋进行鲜明的对比，令观众情不自禁地立足医生的立场，试图以此增强观众对电视剧的接受程度。不可否认，这种做法在一定意义上可以减轻观众对医生的误解，但痕迹清晰地美化、神化医生，反而失去了人物鲜活的血肉，引起观众的抵抗情绪，激化社会矛盾，难以解决实际的医疗问题，偏离医护类电视剧的初衷。纪录片《人世间》以一种平等、温情的方式看待医护人员和患者的关系，医生与患者之间的友爱相处感动了众多观众，值得借鉴。"医护"本就是一个涵盖公平与正义的概念，所有人都需要被平等地关爱。医护类电视剧不应成为医疗行业单一立场的表达，不能片面神化医生形象，厚此薄彼，而应该以一种平等、客观的立场看待医疗行业的一切，生而为人，不论是患者还是医生都需要给予深度的人文关怀。

（二）误读医疗行业，激化医患关系

医生本就是专业性很强的职业。医护类电视剧对创作内容的专业性和严谨性提出了更高的要求。但在实际创作过程中，由于主创人员缺乏对医疗行业全面深入的认识和自身专业知识的贫瘠，使得医护类电视剧坚实的骨骼缺少温热的血肉，创作内容脱离了现实土壤，片面追求戏剧效果，遮蔽和误读医疗行业，造成医患之间的不信任、不理解。

1. 片面化的医疗事实

媒介的首要文化功能是建构"社会知识""社会影像"，透过这些知识和影像，我们才会对"种种人们曾经生活过的实体"产生认知，通过想象建构他们的及我们的生活，使之合并成为可理解的"整体的世界"，[①] 而医护类电视剧的社会建构功能更加明显。即使每个人的一

① ［英］汤林森（John Tomlinson）：《文化帝国主义》，冯建三译，上海人民出版社 1999 年版，第 119 页。

生中都会有出入医院的情况，但是对医疗行业的工作实质却并不完全清楚，对于未知或是不甚熟悉的事物，电视剧塑造的内容很容易让观众完成对医疗行业的全部想象。如果创作者不是医疗行业的资深从业人员，那么创作者就有可能在电视剧中建构出偏离社会事实的“社会影像”，遮蔽部分现实，容易造成观众“以偏概全”的认知，误读社会现实。在医护类电视剧中，医生对心脏骤停的病人经常进行电除颤，但在实际的医疗环境中，电除颤要取决于具体的病情。由于电视剧节目对此未做过多说明，以至于在大众的实际生活中，患者心跳停止家属就要求医生电除颤，往往这时很容易错过最佳的急救时间。此外，容易形成和固化观众的“刻板印象”。医护类电视剧由于题材、时长的限制，为了营造戏剧化冲突，在电视剧内容上，往往未能真实全面地反映客观现实。医生的自私、病人的粗鲁、医疗行业的黑幕等片面化的表达都容易造成观众对医生、医院的“刻板印象”。《外科风云》中医院胸外科主任杨帆与医药代表合作，提高药价，以至于不明医疗操作机制的观众便认为医院提高药价、谋取利益是常态，误以为任何一家医院都可能存在这种行为。不论是“以偏概全”还是“刻板印象”，究其原因，都来源于创作者对医疗行业不熟悉或是一味追求戏剧化效果导致的创作内容失真和扭曲。这既遮蔽了现实中的主要问题，转移了观众对医疗行业深层问题的注意力，又模糊和误导了观众对现实的认知，激化了医患矛盾，影响了观众的正常生活，甚至影响社会的和谐稳定。

2. 非专业性的医疗知识

医护类电视剧中非专业性内容一直以来为观众所诟病。专业性是医护类电视剧节目的特色，决定了医护类电视剧的精神内涵和制作水平，如果出现大篇幅的非专业性内容，剧本漏洞百出则会大大削弱医护类电视剧的艺术感染力。《产科男医生》中白大褂穿出了风衣的味道、白大褂敞着穿、穿白大褂进食堂等行为硬生生地将作防护用的隔离衣变成了医生装酷耍帅的工具。《外科风云》中穿高跟鞋的女主角一直被观众所质疑——医生穿高跟鞋这种现象严重违反了医疗行业的基本要求。对于分秒必争的突发状况，穿高跟鞋不仅使得行动迟缓，而且发出的巨大响声会干扰患者的正常休息。边做手术边说话、边聊天边听诊、看胸片说是腹部有问题、主刀医生开除主任等问题在医护类电视剧中时有出现。除了基本常识上的非专业之外，医护类电视剧甚至出现重大专业问题的错误。一般在急救中，大量失水的病人需要通过注射生理盐水来补充水分，而正常的生理盐水的浓度是0.9%。但在《青年医生》中，居然给病人开浓度9%的生理盐水，这极有可能引发患者电解质紊乱。这些非专业性的内容不但暴露出医护类电视剧创作的水准低下，令观众反感，而且也为其他医护类电视剧的错误内容开了先河。美国医护类电视剧较为注重电视剧的专业性，在拍摄的过程中，聘请大量专业编剧和专家加以指导。当然，国产电视剧亦不乏匠心之作，《医者仁心》为保障内容的专业性，除了主要角色外，其中大量的医生和护士是现实生活中真正的医生和护士，有4位护士长、十余位医学博士和博士生导师现场指导。① 优秀的医护类电视剧创作需要强化专业性的表达，保证逻辑和细节准确无误。

（三）商业捆绑加重，崇高主题消解

在电视行业体制改革的影响下，商业色彩逐渐入侵各种类型的电视剧。即使是主旋律电视剧也被注入商业化色彩，医护类电视剧更是未能幸免。近年来，市场逻辑与医护类电视剧的捆绑愈加严重。商业化所带来的情感元素被放大，电视剧粗制滥造消解了医护类电视剧意义生产的崇高性和写实性，破坏了电视剧对艺术风格的突破和诠释。如何把握商业性与思想性、艺术性的关系已成为当下医护类电视剧创作的一个重要问题。

1. 情感元素被放大

在市场语境下，电视剧的生产是为了迎合受众的喜好，通过叙事形

---

① 张陆园、张国涛：《健康传播的电视剧实践：中国医疗题材电视剧的价值追求与发展路径》，《新闻界》2017年第4期。

式和风格的转变来回应观众的反馈。① 目前，我国的电视剧主要面向女性市场，女性是电视剧的主要受众群。因此，为了迎合目标受众群和挖掘潜在受众群，医护类电视剧放大了情感元素，将大量的篇幅用于叙述情感内容。大部分医护类电视剧都将叙事空间划分为工作空间和情感空间，二者相互协调。《医者仁心》和《心术》这两部电视剧充分权衡了工作空间和情感空间的表达力度，既关注到了现实问题，其中的情感内容又丰富了电视剧的娱乐休闲性。但 2014 年《青年医生》和 2017 年《外科风云》加大了情感空间的比重，医疗空间让步于复仇、婚姻、恋爱等生活情节。情感线越来越浓厚，工作线逐渐褪色，“医护”逐渐沦为情感偶像的外壳。离开了情感线的医护类电视剧是缺乏人情味的，医护类电视剧在引发观众情感方面具有天然的优越性。但是，一部优质的医护类电视剧作品不是一味地渲染情绪、夸大情绪，而是于无声中、温情中激发共情。在市场逻辑的驱使下，情绪化、娱乐化、戏谑化的演绎方式占据了市场的主流。家人去世要在医院撒泼打滚、号啕大哭，不但不能显示故事的真实感，反而使得医护类电视剧流失了严肃、端庄的视听呈现。医护类电视剧一味放大电视剧创作的情感元素，实则是对现实主义创作的背离，过分盲目追求商业价值，忽视对受众真实需求和审美趣味的挖掘，遮蔽、窄化了受众的审美空间，长此以往，庸俗化的内容必将导致受众的流失和背弃。

2. 拍摄制作粗制滥造

在当前电视剧行业，缺乏科学化、专业化的生产机制和评估机制，以致粗制滥造、盲目上马的情况相当严重。② 医护类电视剧也不例外，不论是在场景道具、演员表演还是拍摄剪辑等方面，都存在粗制滥造的现象。在国外，《实习医生格蕾》创作者注重道具的选择，心肝脾肺肾

---

① Jeremy Ridgman, “Duty of Care: Crime Drama And The Medical Encounter”, *Critical Studies in Television*, No. 7, 2012.

② 王钟陵:《20 世纪中国电视剧的发展过程及几个理论问题》,《清华大学学报》(哲学社会科学版) 2004 年第 3 期。

甚至阑尾等器官的影像呈现都力求逼真。反观我国医护类电视剧《青年医生》，连血的颜色都被观众所质疑。在表演上，真正能够打动人心的是富含情感、有血有肉的演绎。而在实际创作中，很多演员的悲伤情绪只能靠化妆、配音、剪辑等后期手段完成，人物自身的表演缺乏个性和张力。电视剧《外科风云》中，钟西北主任因赴灾区救援回来途中遭遇山体滑坡死亡，钟主任去灾区是顶替急诊科医生陈绍聪，陈绍聪因此而精神崩溃。但演员在演绎这种痛苦、愧疚、崩溃的情绪之时，换上萎靡的妆容、配上崩溃的声音，演员本身的眼神却显得空洞无神。在拍摄层面，还偶尔会出现画面模糊和穿帮的镜头。《外科风云》中祁大伟和郑燕华的离婚协议书上注明的民族是“汗族”，这种显而易见的常识性穿帮镜头竟然堂而皇之地出现在电视剧之中。在视频剪辑上，缩减一集电视剧的时长，增加电视剧的集数，已经成为当前电视剧行业增加收视率和点击率、扩大关注度的一种重要手段。医护类电视剧的创作过程中颇具市场意识，将大量的金钱和精力花在明星演员的选择、宏大场面的渲染上，忽视了对品质的要求。这种一目了然的问题放大了医护类电视剧原本存在的缺点，容易引发观众的负面情绪，势必会造成医护类电视剧的衰败格局。

3. 薄弱的文化意蕴

古典精神和文化底蕴的抽空和失落，是中国当代医疗电视剧的一大弊病。曾经，医护类电视剧以其独特的文化意蕴作为标签，电视剧《医者仁心》直击医疗行业，暴露腐朽的肌体，追索病症的来源，展现了医疗剧敢于面对当下的勇气。但近年来，随着资本的入侵，医护类电视剧批评现状的特色在逐渐流失。虽然医护类电视剧打着捕捉生命真谛、直面人性、批判现实的口号，但却只是表面化、理想化的盲目实践，对医疗领域的深层次问题浅尝辄止，热衷于记述、渲染、夸张的表达，忽视对生存观念和精神意义的追问。电视剧《外科风云》中杨帆与医药公司合作，抬高药物价格，谋取利益。但剧中结尾仅仅对杨帆的这一行为象征性地革职惩戒，将重大社会问题的源头草草地终止于一个小人物职业生涯的终结，翻起阵阵涟漪又归于平静，对解决医疗矛盾却束手无策。

本土特色文化的缺失也是我国医护类电视剧节目的一大问题。中国五千年传统文化和当前复杂的社会语境，为医护类电视剧本提供了丰富的创作源泉。综观我国医护类电视剧现有的作品，本土化叙事风格和文化表达却寥寥无几。从美国医护类电视剧《急诊室的故事》《实习医生格蕾》到日本《白色巨塔》及韩国《Doctor 异乡人》的成功，我国的医护类电视剧充分借鉴了国外的先进经验，却忽视了电视剧的本土化创新。仅仅只是套用国外的表层审美，如故事情节、叙事风格、视觉表达等，对最打动人心的文化意蕴却挖掘不够。我国医护类电视剧《青年医生》与美国《实习医生格蕾》虽然都是围绕实习医生展开的故事，但在价值内涵上却相去甚远，《实习医生格蕾》通过"细节的真实"让人真切地感受到人物的丰满和人情的温暖。医护类电视剧是以主题的崇高作为特色，浅薄的文化意蕴终将得不到观众的眷顾。

五　医护类电视剧节目的提升策略

电视剧是对现实生活的一种解释和建构，肩负着重大的社会责任和历史使命。我国电视剧的批判话语经历了从"改革开放"到"反资产阶级自由化"再到"时代精神"最后到"所有积极、健康的内容"的变化。[①] 社会大众一直期盼和渴求优质的电视剧作品。医护类电视剧发挥着批判现实、输出文化、丰富精神生活等多方面的功效。医护类电视剧应该加强本土化创作张力，加大健康传播的力度，提高节目的制作水平，寻觅艺术真实和真诚，创造更多更优质、更具艺术风格的作品，繁荣电视剧市场。

---

① 熊国荣：《电视剧批评话语中主旋律内涵的流变》，《现代传播（中国传媒大学学报）》2012年第1期。

（一）加强本土化创作张力

习近平总书记强调，要深入生活、扎根人民进行无愧于时代的文艺创造。深入生活、扎根人民、立足时代是当前文艺创造的三个核心要素。电视剧作为大众文化的重要表现形式，一直以来，电视剧市场存在模仿国外优秀作品的现象，缺少本土化创作，难以焕发我国电视剧的创作活力，制约了我国文化软实力的呈现。美剧、韩剧的盛行带动了国内市场积极的文化创作和文化输出，增强了国家文化话语权。我国电视剧仍需进一步加强本土化创作，彰显本土特色和风格，生产出贴近大众生活、符合人民审美情趣、蕴含时代叙事的内容。贴近社会大众的生活，就要求电视剧创作者要深入了解医疗行业的现实情况，突出剧情的合理性和真实性，便于观众与人物和剧情产生共情。2020 年，新冠肺炎疫情中医护人员的英勇表现，为我国医护类电视剧的人物创作、情节设置提供了大量的素材。符合人民审美情趣，就需要医护类电视剧了解广大人民群众的审美倾向，不流于表面和俗套，不生产低俗、媚俗的文本内容，不片面化、娱乐化、简单化地生成文本，而要呈现出广大人民群众喜闻乐见的视听内容。强调时代叙事，便是立足于医护类电视剧的现实主义传统，发挥“社会问题剧”的属性，以反思现实、批判腐朽、传达人文精神作为表达的核心，加强电视剧与中国本土文化及社会现实的结合力度。

具体而言，在题材上，医护类电视剧要立足于真实的医疗环境，不局限于急诊室、产科等医疗空间，挖掘更多适合承载宏大而深刻的题材内容，探索更全面、立体地诠释医护人员的叙事模式。在叙事上，医护类电视剧要权衡娱乐性与严肃性的关系，不能让叙事的娱乐性遮盖了故事的内涵，在享受娱乐和审美双重体验的同时，撼动观众内心，契合观众内心的精神世界。一方面，要注重叙事风格的多元化，融合多种叙事风格，多样化地凸显人物性格，更加深入地表达剧情内容，呈现出多变的视听效果；另一方面，要运用多种叙事技巧，充分利用蒙太奇等叙事手法，展现出更加精彩的剧情。在情节设置上，不过分注重“戏剧化”的渲染和“冲突化”的张力，改变以往情节设置乌托邦和未完成的状态，于细节的真实质感和清晰的逻辑结构中彰显情节的合理性，于细小入微处输出情感，抓住观众的眼球，让受众产生情感共鸣。在人物塑造上，要继续发挥人物类型设置的立体感和多元化的特色，对人性进行深入的挖掘和剖析，传达人的价值理念和文化信仰。

简而言之，加强本土化创作张力需要医护类电视剧创作者突破固有的框架和模式，从时代和现实语境中寻找创作的源泉，融入民族价值和文化风格，进一步扩大题材空间，丰富叙事结构，合理设置情节，以全新、多样的方式来解读医疗行业的困境和现实生活的迷思。

（二）加大健康传播力度

“关注健康，维护健康”是当前人类社会的重要议题。作为“健康世纪”的21世纪，随着生活条件的日益提高，人们对健康的期盼和渴望促进了健康传播的发展。根据媒介议程设置理论，大众媒体可以改变人们的认知和行为。那么，利用大众传媒进行健康传播是一种有效的方式。[①] 在当前多样的媒介形态中，视觉媒体依赖直观、清晰、高效的传播特性成为健康传播的重要载体。随着社会生活节奏加快，社会压力加剧，除非是对健康传播的硬性需求，否则人们更愿意把时间花在休闲娱乐上。但医护类电视剧兼顾了健康传播和休闲娱乐两者的特性，越来越多的观众希望从娱乐休闲中获取健康知识，这也是医护类电视剧区别于其他类型视觉文本的一大特色。而在医护类电视剧中加大健康传播的力度也是吸引受众、赢得口碑的有效途径。

但在实际操作过程中，医护类电视剧在健康传播实践中的专业性、有效性还有待提高。一方面，医护类电视剧中健康传播的篇幅被大量的情感元素、戏剧元素所取代，难以深入全面地传播健康知识；另一方面，“伪真实”的健康传播内容，误导了社会公众的认知，制约了医护

① 张自力：《论健康传播兼及对中国健康传播的展望》，《新闻大学》2001年第3期。

类电视剧健康传播的有效性。目前，我国众多医护类电视剧创作者缺乏医学专业素养，只知电视剧创作的基本要求，而不知医护类电视剧创作的规范和边界，注重文本的呈现方式、宣传方式，而不注重文本的专业性和知识性。因此，为了加大健康传播的力度，首先，医护类电视剧创作者应该寻求专业人士帮助，提升医学专业素养，加大与医护人员的合作，不犯医学常识性错误，创作出专业性强、严谨性高的作品。其次，医护类电视剧要把握好情感元素与专业元素之间的关系。医护类电视剧不是都市情感伦理剧，而是具有专业精神和专业要求的剧种。因此，医护类电视剧应该突出健康传播的内容，在剧情中加入一些日常的医学知识，或是在每集剧末划分出一个“医学小贴士”版块，以此深入浅出地科普该剧集中出现的医学知识，从而丰富电视剧内容的现实意义。最后，以健康传播的内容来引导大众的审美。受后现代思潮的影响，越来越多的观众流连于煽情、夸张、娱乐的文本内容，医护类电视剧应该用观众不反感的健康传播内容来引导大众的审美取向，增强观众对有深度、有价值的文本内容的接受度，重塑观众的审美空间。健康传播的普及需要全体创作人员和观众的共同协作，创作更具有创新性、更富有精神内涵和人文价值的医护类电视剧。

（三）提高制作水平

在百花齐放、佳作迭出的电视剧行业，电视剧数量爆发式增长，但电视剧质量却并未显著地提高。在流量时代，电视剧仿佛拼的是营销、是人气，浮躁之风弥散至整个电视剧行业，电视剧内容的粗制滥造成为常态。什么样的作品才能流传？是人气之作吗？当然是艺术精品。作为医护类电视剧的精品，《心术》距首播已经快过去了七年，但是它依然活跃在各大卫视之中。号称精品制作团队“正午阳光”创作的电视剧，从《琅琊榜》《欢乐颂》到《大江大河》《知否知否》，总是能获得观众的好评和超高的人气。随着观众电视素养的提高，观众辨别精品的慧眼已经逐渐养成，粗制滥造的电视剧即使能通过宣传和策划博得一时的话题和热度，但是很容易丧失观众的好感。只有具备艺术品质的佳作才能收获口碑、保持人气。

对于注重专业性和知识性的医护类电视剧而言，提高节目的制作水平并提升节目的艺术品质迫在眉睫。清代诗人李渔云："凡作传世之文者，必先有可传之心。"与文学作品一样，医护类电视剧要想打造出精品，制作者必先拥有一颗安定、平静的心。创作人员夹带的浮躁之心和将就心态是精品电视剧的劲敌。追求一时热度的浮躁之气必然会导致偏离精品制作的轨道，将就的心态会让创作者"宽于待剧"，疏于认真创作，将造成社会资源和文化资源的极大浪费。创作者应该拥有一颗"传世之心"，秉承工匠精神，沉静下来对医护类电视剧进行精雕细琢，用踏实的创作心态、强烈的艺术追求和厚重的文化担当来讲好医护故事，传达社会信仰。剧本、演员、拍摄、剪辑都要静下心、定下心、沉下心，用"工匠精神"一笔一画地镌刻最优质的内容、最完美的表演、最美好的画面。只有用心去做，医护类电视剧才能真正实现从数量到质量的转折。[①] 酒香不怕巷子深，在当前多样化的传播平台的渲染下，"精品之作"收获了大量的口碑。当然，在遵循"传世之心""工匠精神"的基本方向之外，医护类电视剧还应探索更多、更完善的提高内容制作水平的具体创作方案，如增强画面美感、采用多元剪辑手法等等，致力于打造一部又一部医护类精品电视剧。

（四）寻觅艺术真实和真诚

电视剧作为大众艺术形态的重要表现形式，代表着在电视艺术中的美学定位。经过多年的发展，电视剧领域的审美机制、美学表征已经初步形成，不同类型的电视剧在具体的文本呈现、叙事风格、美学表达等方面拥有不同的艺术类型，医护类电视剧便具有独特的审美倾向。只有从共性中认识个性才能促进对事物的全面认识，医护类电视剧也离不开艺术美学中的"真实"和"真诚"两大范畴。

① 俞虹：《中国电视剧"工匠精神"现实主义的再深化》，《现代视听》2016 年第 9 期。

尼采说："艺术是生命的最高使命和生命本来的形而上活动，只有作为一种审美现象，人生和世界才显得是有充足道理的。"[①] 也就是说艺术是超越实在的过程，它所要解决的问题是艺术作用于人类精神活动的复杂审美关系以及这种关系得以表现的具体途径。[②] 艺术"真实"是对于艺术本身而言，在医护类电视剧领域，煽情、戏谑、夸张等艺术现象不断冲击着艺术的真实状态。多元观念、多种矛盾、多样审美不断扩张艺术的概念，使得艺术真实也变得难以分辨。在当今时代，人类精神活动的复杂审美关系不是对娱乐至上、情感至上的推崇。医护类电视剧领域迫切需要寻觅真实的艺术本质，明晰艺术的本质等于把握了创作的根本规律。艺术既是高雅的文化，也是大众的文化。艺术真实表现形态是多样的，宏大的历史叙事、纪实的现实叙事、诗意的主体叙事等都是艺术真实的表征。医护类电视剧作为大众娱乐文本，注重世俗性、大众性的基本内涵，但这并不意味着电视剧可以抛弃高雅的艺术享受。对于医护类电视剧来说，拨开迷雾、认清真实、俗中求雅、关怀现实才是其所应该寻觅的艺术真实。

"真诚"是指对待艺术的真诚。在 20 世纪八九十年代，一批又一批的电视导演用自己的行动来助力民族艺术的复兴。杨洁导演历时 6 年才创作完成《西游记》，她对艺术的真诚令人动容。尼采说："没有纯粹超然的静观，就不能想象哪怕最起码的真正艺术创作。"[③] 这种纯粹超然的观察来自锐意进取、大胆开拓的艺术真诚。失去了艺术真诚，便遗失了对艺术的敬畏。

结语　流动的电视剧创作范式

为什么美剧、韩剧可以在国际市场上获得成功，而我国的电视剧却

① ［德］尼采：《悲剧的诞生：尼采美学文选》，周国平译，上海人民出版社 2009 年版，第 35 页。

② 陈友军：《现实题材电视剧艺术真实形态论》，博士学位论文，中国传媒大学，2007 年。

③ ［德］尼采：《悲剧的诞生：尼采美学文选》，周国平译，上海人民出版社 2009 年版，第 102 页。

相差甚远呢？在医护类电视剧领域，不论是日剧《白色巨塔》、美剧《豪斯医生》都收获了成功。而迄今为止，我国还难以拿出一部可以登上国际舞台的医护类电视剧。在高度流动的现代性社会，电视剧创作范式不是一成不变的，作为“元传播”的电视剧一直在经历流变。从本体论来看，电视剧的内核和外延不断延伸，IP 剧充实了电视剧的市场空间，美学元素的不断更新拓展了电视剧的审美内涵。从实践论来说，电视剧是一种社会象征实践和建构性实践。社会在发展，时代在进步，电视剧的实践内容和实践手段都在变化。从价值论的视角来看，电视剧具有强烈的价值输出意图，是一种价值行动，尤其是医护类电视剧具有强烈的道德、伦理、人性的价值底蕴。在当前流动的电视剧实践环境下，多元化的价值观念、符号元素相互掺杂、相互侵占、相互渗透，电视剧生产框架被突破、更新，不断溢出新的内容和形态。电视剧的题材和内容不断地改变，电视剧创作的范式也是流动的。由于时代语境、价值观念的不同，美国电视剧与中国电视剧具有不同的本质内涵，一味地采取“拿来主义”并不适合当前流动的电视剧创作范式。于国内而言，20 世纪的电视剧作品已经不能满足当代观众的审美需求，曾经风靡的题材不一定适合当下甚至未来的电视剧创作，一味地跟风、追逐市场难以持久，而要用发展和前进的眼光去切近行业发展的趋势和走向。医护类电视剧创作者应该创造出真正贴近社会大众、契合时代语境、蕴藏着艺术真实、保持艺术真诚、传达文化价值的有深度、有思想、平实与高雅并存、集写实与批判于一身的优质视听文本。

第二节　我国偶像剧中的职业女性形象

近年来，中国电视剧行业逐步发展、壮大，走向成熟，电视剧题材不断丰富，偶像剧作为一种新的电视剧题材登上了电视屏幕。偶像剧是一种以简单唯美的故事情节为其主要内容的通俗剧，它通常以面貌俊美的演员、符合社会流行的造型服饰、细腻的爱情故事为主线，并通过唯美的语言、浪漫的情节、时尚的内容、新颖的样式和俊男美女的偶像效应等因素吸引观众。偶像剧最大的特色是大量采用面貌俊美的年轻演员，青春靓丽的女性成为偶像剧中不可或缺的元素。随着社会的发展和日益开放，女性所扮演的角色从传统的依附型贤妻良母角色正逐步向独立的现代职业女性转变。在我国偶像剧市场，伴随着《奋斗》《北京爱情故事》《杜拉拉升职记》等一大批描述现代职场故事的偶像剧的热播，日趋多元化的职业女性形象也渐渐进入大众视野，本节尝试分析偶像剧中的职业女性形象建构类型，探析女性角色心理，评估女性形象产生的影响，以期电视剧能更好地指导人们的职场生活。

一　我国偶像剧中的女性角色形象

随着女性的成长及女性地位的提高，为了迎合女性观众的现实需要和性别意识，偶像剧中的女性形象也越来越多样，越来越丰满，她们或是单纯、善良，或是独立、自主，或是智慧、掌控大局，或是机智、勇敢，或是风情万种，展现出浓郁的时代气息。

（一）“奉献型”女性形象

“奉献型”的女性大多以“为爱牺牲”的形象出现，她们以情为首要考虑的因素，在事业与爱情、亲情、友情面前，宁愿为了感情而放弃自己的事业，甚至是她们一直以来坚守的原则。但是，这种牺牲大多数情况下的结果却不太乐观。如《辣妈正传》中的夏冰，在剧情开始时，她是一个对职业有着无比热忱的普通职业女性，后来受到了老板的赏识，正当事业崛起之际，她怀孕了，为了丈夫和孩子，她只好放弃了工作，辞职回家，做了一个地地道道的家庭主妇，将男人们所赞扬的贤妻良母形象刻画得入木三分。然而，丈夫的一纸离婚协议书却让她陷入了痛苦的深渊。只有家庭没有事业的女人，容易与时代脱轨。甘于为爱奉献一切固然值得赞扬，但是失去了自我，这种类型的女性在赚足观众同情泪水的同时，也令人深思。

（二）“自我型”女性形象

“自我型”的女性形象有着独立的思想和经济，她们不但在物质层面上有所追求，也保持精神的独立性，一旦找到自己的方向与目标，就执着努力去实现自己的理想。她们有着不软弱、不认输的品质，敢爱敢恨，对爱情、生活、工作有自己的坚持和信念。如《奋斗》中的夏琳就是一个有主见、有独立思想的新时代女性，也向往爱情，但始终没有为爱而放弃自己对事业和理想的追求。电视剧越来越重视塑造“自我型”女性形象。随着时代的发展，男女平等思想的不断普及，这种当代新型女性形象也越来越受观众的欢迎，不再局限于传统的以相夫教子为主的贤妻良母，而是有着独立思想和行为的现代职业女性。

（三）“事业型”女性形象

“事业型”的女性形象大多数以“女强人”的形象出现，她们在公司位居要职，但是常常被刻意塑造成只会工作、不会生活的女性，孤独、强势、冷漠。虽然她们有着较高的社会地位和丰厚收入，却并没有得到身边女性的羡慕，因为她们要不就是受到过情伤，不再相信爱情；要不就是“剩女”；要不就是家庭正处于解散的边缘。对于这种事业型女性，总是让周围的人感觉难以接近，“灭绝师太”也成了她们的代名词。如同《我的经济适用男》中的莫柔，在她出现前，她的同事就曾对她有如下的评价：“她这个人特别难相处，工作狂，对自己严格，对下属苛刻，没什么人缘，也没什么朋友，所以被称为是‘灭绝师太’。”随后莫柔以一副墨镜，一身灰色大衣，面无表情地出现在观众的面前，冷漠、拒人于千里之外的“灭绝师太”的形象就更加分明了。

在男权当道的社会，只有事业没有美满家庭的职业女性，被认为是一个不成功的女人，但是有着成功事业的单身职场男性，却被称作“钻石王老五”，世俗的偏见在影视剧中体现得淋漓尽致，甚至有被放大、被热捧的趋势。现代社会提倡男女平等，女性已经和男性一样接受了同等的教育，同样独立生活和工作，但女性依然难以摆脱不公的待遇，剧中“事业型”女性形象体现了性别的刻板印象。

（四）“励志型”女性形象

“励志型”的女性形象在偶像剧中大多以清纯“小绵羊”的姿态出现，她们有着让人无比羡慕的运气，在遇到困难时，总会有一个影响剧情走向的“贵人”出手帮助；同时，她们又有让人惊叹的“打不死的小强”的精神，具有极强的创伤修复能力，在经历了各种背叛、伤害后，逐渐成长为独立、自主、自强的新时代成功女性。这类影视剧中的女性多半的结果是幸福的，不仅成就了事业，也得到了一份甜蜜的爱情，拥有美满幸福的家庭。如《都是天使惹的祸》中的林小如，在护校读书时是一名成绩非常差的学生，毕业后靠关系进入第五医院，刚去医院的时候，天天都惹出大麻烦，遭到同事的嘲笑和捉弄而狼狈不堪，在付出了巨大的努力，以及在刚到医院工作的研究生邵剑波的帮助下，她最终达成心愿，成为一名合格的护士。

在偶像剧中，这类女性虽然不是天才，但是她们身上这种奋发向上、永不言败的精神却是值得当代人学习。这种“励志型”的女性形象在剧中往往担当主角，同时受到观众的赞赏，给观众树立了当代女性自立自强的榜样。

（五）“腹黑型”女性形象

“腹黑型”女性在偶像剧中大多以“美人蝎”的形象出现，看似拥有着让人羡慕的家庭背景和让人惊艳的绝美容貌，但她们为了追求自身的利益和那一份不属于自己的爱情，置亲情友情于不顾，不惜出卖一切，甚至使用陷害、嫁祸等各种为人所不齿的计谋。不过，她们的运气似乎都不太好，不管她们怎么陷害，女主角最后都能够化险为夷，而这种类型的女性，最后都以悲剧收场。如《男才女貌》中的颜如玉，是一名名牌大学的毕业生，有着姣好的面容和不俗的才气；同时，她也有着巨大的野心，想在上海这座城市生活下来，摆脱贫困的生活。所以，在工作上，她用计逼走了自己最好的朋友，也是最大的竞争对手苏拉，成为颜经理，并且使出了浑身解数来吸引自己的老板，成功成为老板娘。这本该是有一个美满的结局，奈何编剧们似乎都不太喜欢这种类型的女性，故事的结局是以悲剧收场的，她的丈夫和她离婚了，而她一直以来追求的事业，最终也是在自己的手上完结了。

这种类型的女性虽然在剧中有勇有谋，出得了厅堂，入得了厨房，上得了商场，为达目的不择手段，但是在男权社会，这种类型的女性注定是不受欢迎的。

二　偶像剧中职业女性的角色冲突

由于时间、身心、精力等方面的不同步、不协调，职业女性扮演的职业角色与爱情角色、家庭角色存在一定程度上的冲突，导致职业女性所扮演的各种角色之间存在着极大的矛盾，而大部分的偶像剧也是以此作为看点，设置跌宕起伏的故事情节，描述职业女性所面对事业与爱情的冲突，以及事业与家庭的冲突。

（一）职业女性在事业与爱情中的角色平衡

中国偶像剧有着自己独特的叙事手法和叙事方式，往往落入一种既定的模式中，即现实生活中残酷的职场竞争被电视剧中所展示的爱情所柔化和粉饰了。如《杜拉拉升职记》中既描写了杜拉拉工作中积极向上的一面，又用了大量的篇幅来描写杜拉拉与王伟简单而单纯浪漫的爱情故事，旨在塑造一种爱情和事业双丰收的平衡结局，即在职场中不仅能够实现自己的人生价值，同时也能够收获一份期待已久的爱情。

然而现实中的职场恋情却普遍不被看好，因为它会使恋爱中的男女，尤其是女性，陷入事业与爱情的两难抉择的境地中，事业与爱情一旦发生冲突，就有可能触犯职场中的各种规则，不但影响双方的感情，事业也会陷入困境。例如，在《杜拉拉升职记》中，由王伟主导策划的咖啡案被泄露，他的第一反应首先想到的是这件事情是杜拉拉所为，进而在日常生活或工作中就会产生不信任感，尽管最后证明咖啡案并非杜拉拉所为，但也因为这件事，导致两人间产生矛盾冲突。职场中的恋情不仅是浪漫爱情，还要求双方必须遵守相关的职业操守和职业道德，职场中的恋情更是需要小心翼翼。如果说电影版《杜拉拉升职记》是主写爱情而淡化职场的浪漫喜剧，电视剧版的《杜拉拉升职记》则更具职场特色，通过描述职场的生存状况，从多角度、多侧面展现了职场女性在面对爱情和事业冲突时的痛苦、艰辛和残酷。

（二）职业女性在事业与家庭中的角色平衡

由于性别差异和社会分工，女性在社会中角色的特殊性决定了女性在工作之外，还要担负起照顾家庭的重要责任，如生育、对子女的培养和教育、对父母的照顾等，所以，女性面临着工作和家庭的双重压力，更具复杂性和矛盾性。工作是一种职业，而母亲的角色更是一种责任与义务，事业与家庭兼顾的职业女性尤被这个问题所困扰。其实，无论是关注事业还是更关注家庭，其现实意义是无法真正划分开的。努力在事业中打拼，除了实现自身的社会价值外，还是为了家庭生活解决生计或者改善生活质量，是为家庭幸福提供物质保证；而多抽点精力给予家庭，是为了增进和融合感情，两者缺一不可。职场女性不得不积极面对，并理性地处理事业和家庭之间的关系。

（三）偶像剧中的当代女性意识

随着社会的发展，男女平等不断深化，女性意识逐渐增强，女性逐渐从依附型的贤妻良母角色向独立的现代社会建设者转变，这种当代女性意识在电视剧中体现得淋漓尽致。剧中的新时代女性逐步挣脱了男性的束缚，不但在经济上实现了独立，在生活理念和价值观上也有新时代的烙印。这些具有时代精神的女性形象的广泛传播，促进了当代女性意识的觉醒。

女性意识主要包含两个方面：一是用女性视角来洞悉自我，寻求自我本质、生命意义及社会地位；二是从女性角度来探寻外部世界，并对其加以富于女性生命特色的理解和把握，其核心是强调女性的自主性存在。我国偶像剧将女性放在一个平等的地位来进行叙述，力求男、女两性之间和谐共处而非对立，不再有意把女性塑造成受害者、受保护者。女性在追求独立、自强、寻求自我满足的同时，不断实现自我价值，体现了女性的自我认同。电视剧《杜拉拉升职记》就很好地体现了这种当代女性意识。这是一部励志型的偶像剧，讲述了职场新人杜拉拉在职场中辛苦打拼并取得成功的故事，彰显了当代女性独立自主、积极向上的女性意识。在面对爱情和友情的态度上，杜拉拉都能够理智地处理，展现出强烈的女性主体意识。

三　女性形象的理论阐释

偶像剧作为当今大传播产业的一个重要组成部分，体现了传播的一些基本规律和特性，可以用传播学经典理论来解读偶像剧中的女性形象，女性形象也再次印证了传播理论超越时空的生命力。

拟态环境理论。都市类题材的电视剧最能反映时代的潮流，也是最接近现实的一种题材，大多数成功的都市类电视剧就是因为贴近现实，引起了广大观众的共鸣而备受瞩目。贴近现实题材的电视剧，往往是以反映现实中人物为蓝本创造的，为受众创造出一种现实感，从而在感知领域，使受众容易产生认同感。编剧六六曾在采访中提到了关于创作《心术》这个电视剧的过程，她曾亲身“潜伏”在医院两年，才把这部电视剧呈现在观众的面前，剧中一些情节都是真实的故事，其中的霍思邈这一角色，是可以在现实中找到原型的，这种以现实为蓝本创作的人物更容易打动和影响受众。

刻板印象效应。大众媒介在呈现女性形象时，经常会无意识地出现根深蒂固的性别刻板印象，女性如果想要在职场中成为同男性一样的佼佼者，甚至是比男性优秀的人，这样的女性在生活中或者婚姻中往往是失败者，甚至这种形象从女性的视角来看也是异类。传统思维中，年龄成了一个职业女性的致命伤，年龄大的女性不管她的事业有多成功，条件有多优秀，她都会被男性看作一棵“烂白菜”，只有等待别人挑选的份了，但是对于事业成功年龄大的男性而言，却会被称为“钻石王老五”。这种对性别的不公正评价，在都市类型的偶像剧中总是被反复呈现，女性形象被公式化、刻板化。

镜像理论。法国心理学家雅克·拉康（Jacques Lacan）从精神分析学的角度，用镜像理论剖析人们认识世界和自我的方式，认为主体在“他者”这面镜子中找到自身，并最终确立了自我身份的认同。电视等大众媒介类似于一面镜子，是对现实世界的一种映射，这些都是虚幻的影像，在观看的过程中，人们投入了自我意识的想象与加工，在其中找到了一个类似自身的角色，再把这种想象带进现实的生活中。人们从媒体镜像中寻找到与自身相似的身份，有意无意地模仿其语言和行为方式，从而达到心理上的认同，将这种镜像当成了真实。大众媒介屏幕中的影像让观众得到了一种欲望的满足，人们开始有意无意地虚构一个自我，并在这个建构的空间中对自我身份进行再次认同和定位，这也成了大众媒体吸引观众的原因之一。

通过这些经典理论，我们可以理解到，大众媒介对受众的影响是巨大的，人们在收看电视的同时也在模仿着剧中角色的行为举止，现实中的受众总是在无意识中受到影响，而受众自身却难以察觉。

四　偶像剧中职业女性形象建构的影响

我国的偶像剧从无到有，从受人诟病到万人追捧，其中职业女性形象的影响不可小视。

（一）职业女性形象的积极影响

据调查发现，女性是电视主要的受众群体，长时间接触电视，女性观众不可避免地会受电视剧中女性形象的特征、生活价值观等影响，在潜移默化中形成价值认同、理念认同和行为认同，进而影响其真实的生活。

在当前都市类题材的偶像剧中塑造的女性形象，大部分是富有时代特征的职业女性形象。如《男才女貌》中的苏拉，虽然孤身一人在离乡万里的上海打拼，即使是被自己最好的朋友伤害了，但她并没有放弃自己的生活、工作、追求，而是不断激励自己，坚定自己的信念，展现出了积极向上的、坚强的、正直的可贵品质。这种主流女性形象的塑造，给现实中的女性提供了一定的积极引导作用。从《奋斗》中的夏琳身上，让我们看到了新时代中的女性执着于追求独立的特征；《北京爱情故事》中，我们找到了对爱情忠贞、敢爱敢言的林夏；《都是天使惹的祸》中的林小如，对爱情的认真、对工作的执着、对弱势群体的关爱，给现实中的女性树立了一个很好的榜样；《裸婚时代》中的童佳倩、《蜗居》中的海萍、《丑女无敌》中的林无敌、《家的N次方》中的薛之荔和齐齐，都是新时代的女性榜样。正是这些积极的正面形象的构建，展现出了女性积极向上的形象，为“80后”“90后”的新时代女性在面对人生道路选择时，提供了正面的引导，起到了传递正能量的作用。

（二）职业女性形象的消极影响

偶像剧中刻板化、单一化、极端化的女性形象的负面影响也不容忽视。伴随着电视剧题材的多元化趋势，剧中人物也呈现多样化形象，然而在塑造女性角色的时候，往往存在被刻板化、符号化、弱化、极端化的现象，女性的形象或是柔弱、易上当，如《都是天使惹的祸》中的林小如，由于护理专业知识的薄弱，在工作和生活中总是会出差错，随时随地都能够惹出一些自己无法解决的麻烦，需要有男主角时时刻刻来帮她解决各种各样的麻烦；或是异常奸险、毒辣，为求成功而无所不用其极，如《男才女貌》中的颜如玉，为了自己在工作上能够得到老板的赏识，便背叛陷害自己最好的朋友，以此来打压她最主要的竞争对手苏拉。在她们身上可以看到，偶像剧中所塑造的大多数女性形象处在物质的包围中，她们大都没有抵挡住物质的诱惑，正如让·鲍德里亚

（Jean Baudrillard）在《消费社会》中所指出的那样：“今天，在我们的周围，存在着一种由不断增长的物、服务和物质财富所构成的惊人的消费和丰盛现象，它构成了人类自然环境中的一种根本变化，恰当地说，富裕的人们不再像过去那样受到人的包围，而是受到物的包围。”① 偶像剧女性在物质欲望的诱惑面前缺乏抵抗力，无形之间贬低了女性。

在偶像剧中，围绕着各种女性之间的斗争而展开的故事，引领着情节和故事的发展，这些消极的女性形象的建构，形成和固化了社会对女性根深蒂固的刻板印象，女人不管在任何时候，为难的总是女人；女人不管在任何困境下，帮助她们的总是男人。这种影视剧中刻板化、符号化、弱化、极端化、物质化的女性形象，对女性无疑是一种极大的伤害，也会给公众对女性的认知造成极大的误导。

结　语

女性角色在影视剧中无可替代，伴随着职场故事的偶像剧的热播，职业女性形象日渐深入人心。虽然，当代的偶像剧中的职业女性形象建构呈现出多样化的趋势，但也明显存在着刻板化、符号化的倾向，偶像剧中的职业女性虽然是以正面形象为主，对于准确认识职业女性有着积极的影响，但是也存在着诸多负面形象，给职业女性带来了困扰，对偶像剧中女性形象的研究显得尤为重要。

第三节　穿越剧的成功之道与影响

近年来，穿越剧作为一种新的电视剧类型，以不可阻挡之势“燎原”影视剧市场，从《寻秦记》到《宫》《步步惊心》及各种续集，不但收视率飙红，在与谍战剧、苦情戏、家庭剧、时装偶像剧的竞争

① ［法］让·鲍德里亚：《消费社会》，刘成富、全志钢译，南京大学出版社2008年版，第1页。

中，切下了市场的一块蛋糕，而且延伸出了各种周边产业，好评与争议共存，鲜花和板砖齐飞。如日中天的穿越类影视剧为什么会如此流行？有什么积极影响和负面效应？又应该怎么改进？本节试图回答这些问题。

一　穿越剧的成功之道

（一）应运而生、应需而生

穿越剧是应运而生，也是应需而生的。随着社会发展，现代人的生活压力日益加大，人们希望通过媒体寻求各种娱乐方式，放松身心。中国经济狂飙突进，但国民幸福指数增长速度却总是难以匹配。[①] 越来越多的现代人对现状或多或少有着不满，而穿越剧为人们提供了想象的空间，成为人们宣泄情绪的载体。人们幻想穿越回到古代，过着自给自足的小农经济生活，从而逃离现代社会的重大压力。穿越剧为当代人的压抑生活提供了一种虚拟补偿，满足了人们“避世入梦”的梦想。

在时间面前人们总是充满着好奇，也从未停止过对时空隧道的探索。人们对历史也总是满怀好奇，心底深处都有着穿越时空隧道的梦想，穿越剧无疑能够满足这种好奇心。在现实生活中，很多人默默无闻平凡无奇，但是内心深处却渴望出人头地，[②] 于是人们会将情感寄托或者转移到穿越剧中。很多人因为犯了错，希望时间能够倒流，去弥补昔日的遗憾，加上中国文化自古有着尊古的传统，穿越剧无疑更受中国观众欢迎。

（二）定位明确，能抓住目标观众群

穿越剧的定位十分明确，直指年轻女性和青少年。穿越剧大多改编自穿越小说，而穿越小说本身已经积累了大量的受众群，穿越剧在巩固原有受众的基础上，紧密围绕核心受众群设计情节和场景，通过口碑传播，努力争取新的受众，占据更大的市场。

---

① 信海光：《人人都爱穿越剧》，《中国经济周刊》2011 年第 18 期。

② 刘子嫣：《对穿越剧的探索性研究》，《今传媒》2011 年第 3 期。

中国儒家文化中，男女不平等较为明显。中国历史的书写大多以男性为中心，女性备受压迫。在男女平等的女性主义思潮影响下，年轻女性对历史充满迷恋和幻想，希望能回到过去，改变历史，体现女性的重要性。穿越剧中，女性被众星捧月，所有的情节都围绕女主角展开，这正好满足了女性的公主心理。女性一直对忠贞的爱情神往不已，穿越剧主角以爱情为主线，讲述爱恨交加的感情纠葛，与女性受众形成共鸣。

青少年也是穿越剧的受众群。穿越剧天马行空的剧情正好能够满足青少年观众情感宣泄的需求。现代社会生活的快节奏、高压力使青少年受众感受到来自学习和工作的巨大压力，当现实远离理想时，大部分人会选择逃避，而穿越成为一种逃避现实的方式，穿越剧为他们提供了一个通过笑声和眼泪来释放感情的机会。[①]

（三）内容创新：现实和历史大杂烩

穿越剧在内容上与其他电视剧类型形成显著区别，不同于敏感的现实主义题材、完全虚构的神话剧和严肃的历史正剧，穿越剧将历史和现实相结合，在多个时空里重构历史想象，利用古代与现代智慧的碰撞和摩擦，制造了更多的戏剧性效果，为创作者提供了广阔的创作空间。创作者可以在不颠覆历史事实的前提下，充分发挥想象力，编写曲折离奇的情节，从而吸引观众的眼球。穿越剧将枯燥的历史加入戏说成分，使历史更具有吸引力。穿越剧努力在正史和野史之间寻找交集，最后结局导入正途，[②] 既离奇又不至于荒诞，大团圆的结局使穿越剧更添喜剧色彩。

穿越剧情节曲折离奇，剧情中玄幻、历史、言情合而为一，对观众具有独特的吸引力，纯洁的爱情给剧情加分。在剧制结构上，穿越剧巧妙设置悬念，紧紧抓住受众群。穿越剧吸纳章回体的特色，每集的结尾都留下悬念。剧情内容上，女主角的情感归属是最大的悬念，到最后才

---

① 王晚霞、刘倩、刘琼：《穿越剧流行的传播学解读》，《东南传播》2012 年第 1 期。

② 许哲敏：《穿越剧流行背后的文化症候探析》，《电视研究》2011 年第 11 期。

揭示结局，甚至拍摄了多个结局，在不同的媒体平台上播出，吊足观众胃口，使观众一直陪伴始终。这些都构成了穿越剧鲜明的特色，使穿越剧在重重限制下成功突围。

（四）形式创新：画面美不胜收

穿越剧在演员妆容、画面、场景上都做得精益求精，视觉上美不胜收。

首先，演员美。穿越剧实际上是将现代青春偶像剧放到历史语境中，男主角年轻帅气，个性十足；女主角青春靓丽，饰演的角色或妖娆妩媚，或清纯诱人，大多惊艳万分，对年轻受众群体有强大吸引力。

其次，服装、妆容美。穿越剧的演员服装、演员妆容是其一大卖点。穿越剧妆容精致，清新靓丽，简洁整齐，干净素雅而合乎时宜。从现代穿越至古代的过渡也是自然顺畅，加上灯光和音响配合，给予观众极大的美感享受。

最后，拍摄场景美。穿越剧大多拍摄于横店影视城，横店宏大的基地规模、丰富的拍摄场景为穿越剧拍摄提供了保障，模仿古代皇城的建筑美轮美奂，细节处精细别致，宫廷中的花园小径、亭台楼榭都十分精致，将古代皇城的奢华与精细均表现得淋漓尽致。

（五）细节极具喜剧色彩

穿越剧穿插元素众多，运用了大量古代文化元素，还兼杂诸多现代元素，充满各种搞笑桥段，让对古装剧已经产生视觉疲劳的观众耳目一新。

穿越的方法离奇神秘。穿越剧的穿越方式无所不用其极，不断创新，如意外事故、古代文物、触电、乘坐时空穿梭机等。

穿越剧将古今的言行方式相结合，剧情诙谐幽默。女主角作为穿越到古代的现代人，带去了属于现代人的思想观念。现代人的搞怪桥段在一群穿着古装的古代人中间出现，将现代的事物带回古代，使得整个电视画面显得新鲜又搞怪，其喜剧效果不言而喻。《宫锁心玉》中，晴川通过时光隧道穿越到清朝，落到了花魁比赛的舞台上，当她随身带着的粉红色音乐播放器播放出王菲演唱的《明月几时有》时，吸引了整场的注意力，而此歌也成为当时风靡的“流行音乐”。

（六）媒体营销策略成功，宣传造势得力

穿越小说的忠实读者，同时也是影视剧的核心观众。穿越剧制作者在最初进行电视剧策划时，充分进行市场调研，根据点击率、销量、搜索引擎数据特征等一系列因素制作剧情，抓住切入点进行宣传营销，激发公众的收视热情。穿越剧在拍摄的准备、拍摄和开播过程中，都借助了各种传播手段开展多样的营销活动。从选角到正式拍摄，不断有跟踪报道、剧照及花絮不时流出；在播映期间，演员卖力的宣传、配套的娱乐节目、采访及各种绯闻，用以吸引观众眼球，这些营销造势为穿越剧积累了大量人气。

二　穿越剧的积极影响

（一）消遣娱乐，缓解压力

观看穿越剧是人们消遣娱乐的一种重要方式，现代年轻人无论是工作还是生活中压力都较大，特别是女性观众，甚至遭遇到了各种歧视。女性观众在观看穿越剧的同时，将自己想象成故事中经历了几重命运、几重时空的女主角，找到了命中注定的男主角。即便是最终的结局并不幸福，也足够让观众反复回味。观众通过观看穿越剧，忘记烦恼，在一定程度上可以排解郁闷的情绪，起到缓解压力的作用。

（二）激发观众对真善美的渴望与向往

穿越剧中的爱情永远如诗般美好，男女主角可以不顾任何阻挠，克服重重磨难和困境，奋不顾身都要在一起。对真爱的真挚无私的奉献和“只要在一起，就好”的幸福感，丰富了人类的情感世界，鼓舞人们追求真善美的终极价值。

（三）普及历史，弘扬中国古典文化与艺术

穿越剧主要是古代戏份，在一定程度上激发了观众了解历史的热情，有助于观众认识历史，其中的古代服装、建筑、诗词歌赋，对弘扬我国的传统文化和艺术有着重要的作用。穿越剧成为展示中国古代文化和艺术，传承古代精神遗产的一种重要方式。

（四）带动文化产业和旅游产业的发展

穿越剧的流行带动了“穿越热”的文化现象，延伸出各种文化产品，如书籍、服饰、游戏等，丰富了文化产业链。拍摄穿越剧的影视城及相关取景点捧红了诸多电视剧，同时电视剧也很好地反哺了影视城，使拍摄地成为重要的旅游景点，吸引了大量游客，这对拉动国内旅游消费起到了较大作用。穿越剧的热播，为出品公司带来巨额利润的同时，捧红了无数的主角、配角，拉动了文化产业的发展，逐渐形成一种新的穿越流行文化，有助于文化多样性。

三　穿越剧的负面效应

穿越剧热播的背后，批评声也不绝于耳，其负面效应也不可低估。

（一）剧情扭曲史实，有误导作用

穿越剧不同于历史正剧，将古代的许多历史史实进行了改编，或忽视历史真实，或戏说历史，甚至伪造、篡改历史，这样容易误导青少年对历史的认知。《步步惊心》中，将野史中雍正篡位光明正大化；《宫锁心玉》中，将八阿哥胤禩的性格描述成霸道又孩子气，这与历史十分不符。对正处于学习历史阶段的青少年来说，他们对历史没有那么准确的甄别能力，但是又不能阻挡穿越剧的诱惑，穿越剧对其的影响不言而喻。

（二）穿越剧无视科学，扭曲青年价值观，精神价值不足

中国的穿越剧往往缺乏科学根据和逻辑性，穿越显得突兀和牵强，甚至违背基本的科学常识，不利于青少年观众形成科学的世界观。

穿越剧大多隐含着潜在的避世思想，营养价值明显不足，缺乏导人向上的精神内涵，不能给予观众更多的指导和教育。西方国家的穿越剧

多以穿越未来为主，既能激发观众无限的想象力，也能激发观众对未来的期待。中国的穿越剧沉陷于历史，而不往未来观望，会让国人在潜意识中逃避向前看。穿越剧可能为观众提供了一个暂时逃避现实的避风港，但是这种避风港却无法为我们带来真正的温暖，当风雨依旧来袭的时候，希望我们不会因为过度陷入幻想的假象中而失去自保的能力。

穿越剧容易使人们沉陷在虚拟世界中，对青少年形成正确的价值观不利。穿越剧使得年轻女性观众过度沉迷于剧中女主角那种争宠、幽怨，甚至自轻自贱的心境，进而影响女性人格。面对现实生活中种种压力，许多人，特别是不成熟的少女，选择去逃避，沉陷在穿越剧带来的虚幻和谎言中，无法自拔。穿越剧没有科学解释的浴火重生，让许多思想尚不成熟的青少年沉陷其中，进而进行效仿，给自身和社会造成伤害。穿越剧所形成的文化热潮肤浅表面，是一种快餐文化，难以经受时间考验。

（三）缺乏创新意识，剧本同质化，产业模式缺乏新意

穿越剧的流行伴随着模式化倾向，水平参差不齐，普遍存在题材单一、情节结构雷同的问题。① 穿越剧盛行的背后离不开因网络积攒的人气，如今网络文学的这一题材逐渐式微，而如果电视剧对网络的依赖难以摆脱的话，将陷入难以为继的尴尬境地。“成于网络”的穿越剧如何“高于网络”将成为其生存必须解决的难题。穿越小说的趋同性也逐渐显现，同质化加剧，吸引力必会下降。剧作拍摄水平参差不齐，电视台的营销趋同，造成观众的视觉疲劳。

四　穿越剧的发展前景和改进对策

穿越剧虽然已辉煌一时，但前景如何呢？文化研究学者指出：“在穿越剧热潮的背后，我们急需的是冷静思考，穿越剧的未来其实也步步惊心！”②

---

① 王军元、谈国鹏：《穿越的神话——对“穿越剧”生产机制的探究》，《电视研究》2011年第10期。

② 徐蕊：《穿越剧：热潮背后需要冷静思考》，http：//www. icipku. org，2011年9月27日。

穿越剧盛极必衰，如若按照原本的模式经营，难免逐渐式微。创新是穿越剧的生命力所在，在日益趋同的困境下，穿越剧需要另谋出路，寻求差异化特色，在内容和形式上不断创新，才能保持长久的生命力。穿越剧应该改革创作、生产和流通的全过程，在剧本来源、拍摄模式、营销模式等方面跳出传统框架，以新意和创意重新俘获受众。从内容上，在尊重历史的前提下，增加趣味性和故事性，让国人在轻松愉快的氛围内了解历史，借古讽今，为现在和未来的发展提供借鉴，让穿越剧真正成为弘扬中华文化的优良载体。从形式上，跳出传统模式的窠臼，以全新的故事逻辑和语言形式来展开故事叙述。更重要的是，穿越剧要发挥一定的教育和指导作用，将穿越过程科学化、逻辑化，宣扬健康向上的价值观。欧美的穿越剧，大多能给观众一个科学合理的解释，引发观众思考。今后，国内穿越剧应努力将原本没有科学解释的穿越过程赋予一定的科学道理，让观众在观看节目的时候，仍能学习科学知识，锻炼逻辑思维能力，彰显穿越剧的现实意义。

中国有着悠久的历史和文化，为穿越剧提供了丰富的创作资源，穿越剧要充分利用这些资源，体现独特的魅力。穿越剧制作者应该认清穿越剧存在的问题和缺憾，另辟蹊跷，努力探寻适合其发展的出路，使穿越剧在今后的电视剧市场上继续赢得一席之地，成为中国电视剧市场上一道独特亮丽的媒介奇观。

第四节　“大女主”IP 剧的成功之道和发展路径

自《甄嬛传》《花千骨》火爆以来，中国影视剧市场的“大女主”IP 剧便层出不穷。2017 年，中国影视剧市场的显著特征和流行现象便是：大女主、大 IP、大制作，三者相互结合，大行其道。可以说，2017 年具有收视率和话题度的影视剧绝大部分都是“大女主”IP 剧。电视剧《三生三世十里桃花》收官时全网播放量达到了 309 亿。2017 年 6

月 5 日，湖南卫视首播的《楚乔传》更是将“大女主”IP 剧推向了一个新的高峰，是历史上第一部网播突破 429 亿的电视剧。本节在梳理“大女主”IP 剧发展现状的基础上，分析“大女主”IP 剧的成功之道及存在的问题，并思考应对策略，以期为开发优质影视剧、促进影视剧市场健康发展提供思路。

一 “大女主”IP 剧发展现状

“大女主”IP 剧是指制作方利用资金购买相应的网络小说、文本、形象等符号的知识产权，进行二次开发，创造出的以女性视角叙事、把女性作为绝对主角的影视剧。这些女性角色大多有着绝美容颜，才能出众，意志顽强，她们被迫卷入乱世、权谋、宫斗之中，在多个男性角色的帮助和自己的努力下，不断成长，不断强大，最终获得权力、事业、情感的成功。这样的角色在近几年中国影视剧里频繁出现，如甄嬛、芈月等。

“大女主”IP 剧是近年来新出现的电视剧类型，大致经历了三个阶段。第一阶段：2011 年以前，无 IP 的“大女主”戏。这一时期的代表作主要有《孝庄秘史》《大明宫词》。这些影视剧由著名历史人物的生平改编而成，讲述了她们权力与情爱交错，波澜壮阔、充满传奇的一生。第二阶段：2011—2015 年，“大女主”IP 剧崭露头角，开始被关注。2011 年《甄嬛传》《步步惊心》两部影视剧的热播，使得“大女主”IP 剧进入人们的视野，此后陆续有此类影视剧产生，但并未形成规模。2015 年至今是第三阶段：“大女主”IP 剧大规模生产，充斥着整个电视剧市场。2015 年电视剧《花千骨》投资成本 1.05 亿元，但湖南卫视及爱奇艺视频的销售收入就获得 1.68 亿元，此外，相关的网游、舞台剧也获益颇丰。越来越多的资本方发现了“大女主”IP 剧的盈利空间，纷纷将资本投入其中，产生了一系列较有影响的作品，《锦绣未央》《孤芳不自赏》《大唐荣耀》《三生三世十里桃花》《醉玲珑》等影视剧应运而生，获得了广泛的关注。

由于“大女主”IP剧的热播，吸引了大量知名演员参与其中。不仅有流量小花旦，还有国际著名演员。周迅与霍建华主演的《如懿传》于2017年年底播出；从不拍电视剧的章子怡亦与周一围合作开拍《上阳赋》。2017年下半年更有多部“大女主”IP剧上映。

二　“大女主”IP剧的成功之道

“大女主”IP剧自诞生以来便产生了多部现象级爆款。这些影视剧流行的背后有诸多因素的推动。不同于传统影视剧“内容+形式”的推动，“大女主”IP剧的优势来源于“内容+形式+平台+人员”四要素的协同推动。

（一）内容：突出女性角色，面向女性市场

社会生活节奏的加快，令人们急需娱乐消遣的渠道释放压力。调查发现，女性是电视剧市场的主要受众。不同于男性的喝酒聊天，女性将更多的时间和精力投向电视剧，女性受众在中国影视剧市场中有着举足轻重的作用。制作方显然意识到了这一点，大量打造符合女性心理、迎合女性审美情趣的“大女主”IP剧。哈林顿（C. Harrington）和比尔拜（D. Bielby）的研究表明，肥皂剧给女性带来的快感有三种：一是认同感和把剧中的人想象成现实中的人物；二是娱乐和逃避现实；三是强烈的情感体验。[①] 这一结论同样是“大女主”IP剧受女性追捧的原因。社会经济的发展和女性社会地位的提高，使得女性的主体意识不断增强。在这一背景下“大女主”IP剧着重塑造女性形象，迎合女性期盼姣好容颜、憧憬非凡成就、向往浪漫爱情的心理，使得女性产生强烈的认同感及情感体验，从而获得快感。在角色的塑造上，“大女主”IP剧突出女性的优秀品质及出众的才能。如《花千骨》中的女主花千骨是拥有

① 转引自［英］格雷姆·伯顿（Graeme Burton）《媒体与社会：批判的视角》，史安斌主译，清华大学出版社2007年版，第293页。

洪荒之力的女娲后人；《大唐荣耀》中的沈珍珠是才貌双全的名门之女；《三生三世十里桃花》中白浅是四海八荒的第一美人、青丘之国的女君。在内容结构上，围绕女主与一个或多个男性角色的情感线展开叙事。《三生三世十里桃花》中女主与男主经历了三生三世的爱恨纠葛，《花千骨》里花千骨与多个男性角色产生了情感纠葛，这些男性角色都对花千骨不离不弃，默默守护。"大女主"IP剧不论是从角色塑造还是内容结构上都以女性为主要的叙事对象，契合了女性心理，易获得女性的青睐。

（二）形式：注重美学元素，打造专属风格

影视剧作为一种艺术，美感是不容忽视的。布景、道具、服装、化妆等美工印象决定了观众对一部剧的第一印象。[①]"大女主"IP剧在布景和道具上十分注重美学效果，以尽量还原剧情中的唯美场景。为了打造一个十里桃林，电视剧《三生三世十里桃花》选择了云南普者黑作为拍摄地，绵延的山峰、恬静的小桥流水、灼灼的桃花，极大地满足了观众的审美需求。"大女主"IP剧在服装、化妆上也注重区分不同角色的不同美感，打造角色的专属风格。《甄嬛传》剧组在服装、化妆上下了重金，获得了观众的一致好评。古色古香的道具、华丽而又不失美感的服装、古典的妆容，将中国宫廷里的美感表现得淋漓尽致。但这种美又不是别无二致、千篇一律的美。剧中华妃的服装多紫色、红色、暗黄色，凸显了她雍容华贵的气质；前期的甄嬛喜欢清秀的妆容和简约的服装，这种美犹如一幅水墨画，简约而又不失韵味，后期的甄嬛有着浓郁的妆容，服装的颜色也都以亮色为主，是一种高贵、不容侵犯的美。电视剧《三生三世十里桃花》中白浅的服装多白色或淡绿色，营造了一种仙气飘飘的美感。

（三）平台：台网联合推动，多管同步推进

在当下信息泛滥的社会环境中，仅仅想依靠单一的平台已经难以博

① 李冰、王晶晶：《从文字到影像——国产玄幻剧的视听新体验》，《中国电视》2016年第12期。

得广泛关注。“大女主”IP剧大多采用了“卫视平台 + 视频网站 + 微博”三者相互推动的模式，依托于卫视平台的受众群，获得收视率；依托于视频网站获得点击量，赚取流量；依托于微博获得话题度，引起关注。电视剧《楚乔传》在湖南卫视以周播剧的方式进行播出，通过湖南卫视庞大的受众群获得了大量的收视率，开播便破1，最高破3，创两年来周播剧收视率新高。在视频网站上，《楚乔传》在爱奇艺上播出，给观众收看电视剧提供了更加便捷的平台，弥补了湖南卫视晚上10点才播放的劣势。截至收官之日网播便突破了429亿。在社交平台上，《楚乔传》自开拍以来，依托于月活跃用户达3.61亿的微博，进行宣传造势。电视剧开拍之初，微博上时不时传出关于它的话题，唤醒受众的期待意识，为前期的宣传打下坚实的基础。《楚乔传》开播后，话题的数量持续上升，每次情节上有所发展，微博热搜榜上便会出现相应的话题，诸如“#我要带你们回家#”“#宇文怀领盒饭#”“#月七死了#”“#对不起，再也不要离开你了#”等。这些话题在获得巨大点击量的同时，也为一群拥有共同话题的受众提供了发表评论的场所，增加了受众的黏性。另外，由于话题是情节变化的一种反映，所以话题里大多会出现电视剧中一些精彩剧情的视频，增强了电视剧的曝光度，这样可以让更多的微博用户观看《楚乔传》的精彩剧情，从而为该部电视剧吸引了更多的受众。

（四）人员：大明星的助力，粉丝经济推动

“大女主”IP剧历来遵循“大明星 + 大 IP + 大制作”的创作规则，主角都是一些俊男美女，可以给观众带来极高的审美体验。《楚乔传》由赵丽颖、林更新、窦骁、李沁等主演，这些演员或高冷，或呆萌，或烂漫，为观众构建了一个纷繁复杂的乱世之争。

互联网时代是“一个参与式文化主导下的文化环境”①，如何让受众参与电视剧的宣传和推广，提升传播效果至关重要。作为绝对主角的

① 岳改玲：《新媒体时代的参与式文化研究》，博士学位论文，武汉大学，2010年。

女主大多是当红小花旦或是国际知名演员。这些流量小花旦拥有着极高的话题度，微博粉丝多达几千万，她们的加入给“大女主”IP剧带来了大批忠实的粉丝。这群粉丝不论是在人际传播还是在大众传播上都会积极参与电视剧的宣传，给电视剧带来关注度。《锦绣未央》开播之前，唐嫣的粉丝便会在关于唐嫣的微博话题如“请多多关注唐嫣新剧《锦绣未央》”中进行评论。这些粉丝也是“大女主”IP剧口碑的重要来源之一，制作方往往会利用这些忠实粉丝的口碑，进行二次传播，扩大知名度。《大唐荣耀》中景甜的粉丝大赞景甜在该剧中的演技，吸引了大批观众前去观看。

除知名演员带来的粉丝之外，“IP”自身也具有一大批天然的受众。“大女主”IP剧在改编成电视剧之前就已经被大众所熟知，具有良好的口碑和庞大的粉丝群。在电视剧创作之初，制作方也往往打出“忠实原著，最大限度还原原著”的口号，令粉丝对电视剧好感倍增。

三　“大女主”IP剧存在的问题

在“大女主”IP剧发展势头良好、大规模开发的热潮下，其制作却并不尽如人意，仍然存在诸多问题。

（一）依附男性，“大女主”形象构建失败

“大女主”IP剧打出的旗号是“大女主”，看似以构建女性形象为主，但并未做到真正的“大女主”。所谓的独立自主、出众才能、达到人生巅峰都是在男性的帮助下，或是在主角的光环下完成。换句话说，主角的成功不取决于她的个性，而是取决于被爱的身份，实则可以说是一种“花瓶”的类型。[①] 剧中具有真正出众才能的仍是男性，女性角色依附于男性而存在。《芈月传》的芈月在依附男权的深宫中进行自我抗争，但真正对命运具有决定性作用的仍是男权，而诸如黄歇、义渠君、嬴政等都是芈月登上权力巅峰的垫脚石。《楚乔传》女主口中一直喊着

① 刘斌、刘亚当：《论古装言情剧“职业女性”形象新趋势》，《当代电视》2016年第7期。

追求自由、守护信仰，但女主自身的能力是在男主的培养下获得的，女主就像是藤蔓，依附于男主的躯干而成长。

（二）人设不稳定，前后矛盾

对英雄的崇拜是东西方影视剧经久不衰的主题。如今在多元价值观的影响下，英雄的形象也呈多元化。英雄不再局限于男性，女性同样可以被塑造成英雄。“大女主”IP 剧多是希望通过构建宏大的叙事格局，突出女性英雄的人设。但随着剧情的发展，却没有突出英雄人设，反而越到后期越“玛丽苏”,[①] 前后矛盾。电视剧《锦绣未央》一开始宣传的剧情是亡国公主依靠自己的力量一步一步向敌人复仇的故事，前期女主的确机智，但是后期却“苏”得简单粗暴，男主和男配都为女主赴汤蹈火，一遇到危险就有人来解救。人设的不稳定，主要原因在于故事大多是架空题材或是宫廷秘辛，塑造人物没有真实的根据，方便编剧对人物进行放大处理。《锦绣未央》属于架空题材，编剧在塑造人物的时候没有限定的条条框框，可以自由想象。

（三）制作不够精良，资本色彩浓厚

影视剧本是商业性与艺术性相统一的混合体。制作方在重视经济效益的同时，不应忘记影视剧仍是一种艺术。“大女主”IP 剧的吸金能力是不可置疑的，但作为一件艺术品，它仍被观众所诟病。制作上，经常出现剪辑混乱、特效粗制滥造等问题。《楚乔传》多次出现镜头晃动的状况，在构图上也显得随意，甚至为了圈钱，硬生生地将电视剧剪成 37 分钟一集，其中有 7 分钟是重复上一集的内容。叙事上，多种支线交织，主线薄弱，剧情拖沓，将过多的笔墨用于描写男女之间的情爱。《琅琊榜》之所以能够获得观众好评，就是因为它淡化了男女之间的情爱，而突出了主线“情义与权谋”。反观如今的“大女主”IP 剧将过多的笔墨花在了儿女情长上，对故事主线描写反而弱化了。形式上，奢华唯美，但却不够精致。电影《三生三世十里桃花》为所有演员定

① 特指自恋、自大、脱离现实逻辑的人物形象。

制了二百多套纯手工的高级华服，但是服装仍被观众吐槽“粗糙”“杀马特”。

（四）节目同质化，结构模式化

2015年，《花千骨》的高曝光度、高收视率、高盈利，使得影视剧市场发现了“大女主”IP剧的广阔前景。在这一背景下，制作方纷纷购买版权，制作“大女主”IP剧。仅2017年上映的“大女主”IP剧就有十几部。电视剧市场的商业气息越来越浓厚，题材千篇一律，难以让人有眼前一亮的感觉。制作方在娱乐至上的浮躁之风影响下，更是很难静心打造一件真正的艺术精品，甚至在内容构建方面，照搬“大女主”IP剧既有的现象级爆款的模式。所以，这些“大女主”IP剧所遵循的结构也都大同小异，都是从女主角的少女时期开始描述，在外力的压迫下，女主逐渐变强，最终获得事业、爱情的成功。这类电视剧初次接触会让人产生新鲜感，但接触多了，只会让观众审美疲劳。

（五）受众使用与满足的冲突

李普曼（Walter Lippman）认为，人们的行为与三种意义上的“现实”产生密切的联系。一种是客观存在的“客观事实”，一种是媒介塑造的“象征性事实”，最后一种是存在于人们意识中的“主观事实”。① 在接触“大女主”IP剧之前，小说原著的粉丝根据小说文本的描述，就已经构建了一个自己想象的空间，对故事已经初步形成了自己的“主观事实”。原著粉丝从小说文本所获得的体验和期待，也构成了他们追捧IP剧的直接原因，并为他们提供了理解IP剧文本的认知模式。② 电视剧描述的“象征性事实”是否能够最大限度地契合受众的“主观事实”是这群天然受众获得满足的关键。但很多电视剧在实际创作过程中，却没有把握受众的心理，艺术地还原受众原本想象好的空间，背

① ［美］沃尔特·李普曼：《公众舆论》，阎克文、江红译，上海世纪出版集团2006年版，第23页。

② 刘飞：《IP剧：从小说文本到影视剧文本的跨越》，《当代电视》2017年第3期。

离了受众的认知模式。电视剧《楚乔传》改编得连很多原著粉都不认识，使得一些原著粉在观看了几集之后纷纷弃剧。

四 “大女主”IP剧的发展对策

（一）立足大众生活，塑造多元立体的女性形象

艺术是生活的提炼与再现。在这个内容为王的时代，要想生产出扎实的文本内容，必须立足大众生活，迎合观众的审美情趣，塑造出多元立体的人物。《甄嬛传》中的华妃虽然只是配角，但却给观众留下了深刻的印象，给人带来一种真实感。华妃死前，甄嬛去探望了她，当甄嬛告诉她真相，她又哭又笑地说了一句：“皇上，皇上，你害得世兰好苦啊。”说完便一头撞死。华妃虽然坏，但她也是一个渴望被爱，却又被皇帝蒙蔽的可怜之人。反观《三生三世十里桃花》中的素锦，留给观众的印象只是“恶毒的女配”，毫无新意，毫无真实感。人是复杂且多面的，传统的脸谱化、单一化的影视人物已经无法再引起观众的兴趣、唤起观众的共鸣。典型人物的塑造需要接地气，需要有人情味，人物需要具备复杂性。[①]“大女主”IP剧要想塑造出多元立体的人物，让观众体会到眼前存在的是一个活生生的人，编剧就应该充分观察生活，从大众生活中吸取养分，将人物塑造得复杂且真实。

（二）提高叙事水平，实现从文学到影视的转变

“大女主”IP剧实质是从文学艺术转变到影视艺术。文学艺术用文字叙事，而影像艺术主要用镜头语言叙事，如何从文字叙事转变到用镜头语言叙事，提高叙事水平，需要注意以下三点。第一，叙事手法的转变。“大女主”IP剧不同于普通的电视剧，在改编成电视剧之前，观众就已经知道了故事大致的发展脉络。为了弥补这一缺陷，“大女主”IP剧首先要做的就是在叙事上增加视觉画面的渲染，营造意境氛围，还原

---

① 李成林：《IP类影视剧开发对现下文艺创作的启发与思考》，《西部广播电视》2017年第6期。

小说中的经典场景。《甄嬛传》中规范的作揖行礼，《步步惊心》里古色古香的道具，《三生三世十里桃花》中诗情画意的景色，这些都获得了观众的一致好评。第二，叙事风格的统一。按照麦克卢汉“媒介是人体的延伸”的观点，原著小说只延伸了人的视觉感官，开拓了人大脑的想象空间，而电视剧同时延伸了视觉感官和听觉感官，观众自主想象的能动性减弱，甚至可以说是在还原观众脑中的想象空间。在接触电视剧之前，观众根据小说的叙事风格，设定了一个想象空间，所以电视剧在还原想象空间的时候应该与原著保持叙事风格的统一。忠实原著，才不至于使电视剧的改编显得过于突兀。第三，叙事视角的结合。小说中大多采用第一人称或是第三人称叙事，叙事视角有限。而电视剧则不同，大多采用全知视角，对剧中每一个主要人物的状况都会描述，观众就像站在上帝的视角观看剧中发生的一切。但这种叙事视角也有其弊端，如果什么都知道，就无法制造悬念，难以激起观众的观剧兴趣。所以，“大女主”IP 剧应该实现多种叙事视角的结合。如电视剧《楚乔传》中，一开始是以楚乔的视角去看待世界，认知事物，激发观众的兴趣，然后才转到全知视角去探索整个故事的发展脉络。

（三）提高制作水平，打造精品节目

随着互联网的普及，观众的影视素养正在逐步提高，观众对影视剧的套路更加熟悉。这对影视剧的创作者提出了更高的要求。《琅琊榜》的成功说明了一点，精细的制作才是打动人心所在。不少观众多次观看《琅琊榜》，只是为了深挖里面的细节，体会剧情背后的内涵。“大女主”IP 影视剧的质量和水平的提升是其发展的命脉，要在创作上讲究工匠精神，坚持严谨认真的态度，追求精益求精的艺术精神。① 观众真正欣赏的是那些注重质量、在意细节、讲好故事的诚意之作。虽然“流量明星”“话题”会博得观众一时的眼球，但精良的制作和良好的

① 王晗：《“诗意表达”与“工匠精神”——IP 剧创作的核心价值及艺术表现》，《青年记者》2017 年第 8 期。

口碑才是“大女主”IP剧发展的长久之计。

（四）完善政府监管与审查

影视剧市场这双看不见的手，对“大女主”IP剧的监管作用是有限的。但“大女主”IP剧发展时间不长，政府尚未形成规范的监管与审查机制，不可避免地造就了节目的同质化、低俗化、模式化。如今“大女主”IP剧正大规模生产，唯有及时有效地监管和审查，才能加强制作方的规范意识，避免此类影视剧的畸形发展，推动创作出优质的电视剧节目，维护影视剧行业的良好秩序，促进影视剧市场的健康发展。

结　语

“大女主”IP剧是市场及资本驱动下的产物，具有很强的商业属性。在开发“大女主”IP剧的过程中，应不忘其社会效益，“始终关乎当今时代的现实问题和人民的审美诉求”①，创新“大女主”IP剧的内容和形式，生产出立足大众生活，具有扎实的精神内容，能够真正经受时间沉淀，给观众留下深刻印象的高质量、高口碑的作品，为讲好中国故事、繁荣中国文化做出贡献。

第五节　从《芈月传》看古装剧的“互联网+”营销

在“互联网+”时代，酒香不是不怕巷子深，而是更怕巷子深，缺乏新颖多样的营销手段会使文化产品淹没在互联网的信息洪流之中，而丰富多样的营销手段则能让文化产品锦上添花，在文化市场中独占鳌头。古装剧《芈月传》就是一个典型“互联网+”营销的成功案例。2015年最具期待的电视剧《芈月传》于11月30日在北京卫视、东方卫视及乐视网全平台开播。和此前带来轰动的《甄嬛传》相比，虽然

① 何世剑、刘翀：《试论中国历史题材电视剧的“当代性”》，《南昌大学学报》（人文社会科学版）2016年第4期。

在故事背景和情节设计上有较大差异，但是在内容、形式、结构和造型上，《芈月传》延续了《甄嬛传》的大气与唯美，取得了更胜一筹的社会效果和市场效益。而投资制作和播出《芈月传》的乐视公司在其中功不可没。乐视在策划、制作、播出《芈月传》的过程中，采用了丰富多样的营销策略，结合传统的文化产品形式和新兴的互联网业态，充分利用“互联网+”的融合效应，使该剧收视率一路飙红，网络流量不断增长，也带动了相关产业的发展，让整个行业见识到了乐视生态化系统的巨大辐射力度。回顾和总结《芈月传》的营销策略可以发现互联网电视剧营销的新动向，总结“互联网+”营销的宝贵经验，为电视营销指明新的方向。

一 《芈月传》的营销策略

在《芈月传》的营销中，乐视公司采用多阶段组合式营销宣传，根据不同阶段的特征采取与其相适应的营销手段，使得营销过程与该阶段的具体情况更加匹配，令整个营销活动的效率大幅提升。

（一）线下活动与线上活动相结合

乐视公司在策划、制作、播出《芈月传》的过程中，线上和线下众多活动密切联动，不断推热“芈月现象”。在播出之前，乐视公司于2015年10月中旬开启了“‘芈月’进校园，‘校花’‘校草’汉服大赛”的线下落地活动，借助近年来的“汉服热”，通过以汉服为代表的传统文化在校园中的渗透、覆盖，吸引更多人关注《芈月传》。

在线上，乐视公司策划了多种相关主题大型访谈类节目，如《大师说造型》《芈月幕后》《一分钟看芈月》等。独家衍生节目有效拉近了电视剧与观众的距离，增强了观众黏合度，成为收视率的助燃剂。这些经过精心剪辑和包装的衍生内容，拥有超高的点击量和人气。例如，截至2015年12月4日，《芈月传》“独家幕后”的点击量就超过8000万；“极速看懂芈月传”的点击量超过1100万。同时乐视公司还发布了备受欢迎的《芈月传》片尾曲 MV《伊人如梦》，借助于公众对中国风传统歌曲和 MV 的青睐，吸引公众眼球。

（二）多平台同步播放相关内容

在互联网和自媒体时代，乐视富有远见地建立并利用了从电视台到 PC 端，再到移动客户端的多层次立体式播出平台，这也就是乐视网的“平台 + 内容 + 终端 + 应用”垂直生态体系，受众可以通过乐视网、乐视商城、乐视超级手机、乐视超级电视等多平台同步收看视频内容，并在不同客户端间随意切换。凭借这一生态体系的联合“发酵”，《芈月传》受到了不同层次受众的关注，极大地占有了受众市场。

同时，作为首播平台，乐视网积极寻找合作播出平台，精心选择众多收视率极高、影响范围较广、频道自身定位与《芈月传》这一历史题材契合度较高的平台作为联合播出方，腾讯视频、北京卫视、东方卫视也都加入了首播阵营，大大扩大了《芈月传》的覆盖范围。

此外，该剧主演不断积极转发乐视网的独家视频内容，利用自身作为公众人物的影响力配合其宣传。在开播前夕，乐视公司还发布了由该剧主演制作的微视频，符合当下受众对于娱乐性、好玩度的追求，再次引爆该剧，可谓挠到了观众的痒点，深得观众的喜爱。

（三）充分利用 IP 运营

IP 运营，即指知识产权（Intellectual Property）运营，成为互联网时代商业运营的核心手段，它是根据作品的类型、特点和用户特征，有针对性地使用多种运营手段，如动画、游戏、舞台剧、网络剧、周边等多种形式，扩大核心产品影响力。当 IP 最终转化为影视作品时，由于已经通过前期市场的验证，投资风险就会降到非常低的水平；营销者可以充分收集并分析用户前期消费 IP 的所有数据和属性，并利用这些数据对目标市场进行精准的定位，同时为下一步的营销做充分的铺垫。

《芈月传》属于乐视公司旗下影视公司联合各影视公司制作的自制剧，但是在选择播出方式方面，乐视并未选择将该剧在乐视旗下平台上独播，而是将版权分享给了腾讯视频等进行联合播出。之所以会进行分享而非独占，是因为IP打造早已摆脱了争抢“独播”“首播”的初级阶段，而提升为需要进行更多生态化布局的水平，借他人之力既可以将该剧的影响范围扩大，又可以使版权转化为公司收益，如此一箭双雕就将IP运营的优势发挥到了极致。

乐视公司还发行了一系列《芈月传》独家定制产品。乐视旗下的网酒网发行了独家定制授权的芈酒，在开播之前上市，再次引爆了芈月粉丝的期待。乐视超级电视《芈月传》纪念版、乐视手机、芈月版手机贴纸及保护套等产品也在乐视商城同步发售。同时，乐视公司还推出“太后有旨，全民众筹”活动，参与者有机会获得《芈月传》特别纪念版会员机。另外，《芈月传》同名手游也于电视剧开播后正式开测。各种表情包、漫画式人物造型也在网上受到热捧，被网友疯狂转载。

这些衍生品的开发不仅帮助乐视公司获得了大量的商业收益，也有助于乐视了解目标受众的市场需求，从而进行精准定位营销，不断增强《芈月传》的影响力和吸引力。

（四）联合众多广告赞助

乐视公司不仅利用《芈月传》的独家版权将自身的产品一炮打响，同时把这一优势结合“超高的关注度”将《芈月传》的价值发挥到了极致。由于乐视推动的芈月营销的广泛影响力，吸引了众多广告赞助商。如唯品会、加多宝、宝洁、露露、联合利华、倩碧、DIOR（迪奥）、怡宝、一汽—大众、善存、海澜之家等数十家品牌确定了对《芈月传》的广告投放，总投放体量达数亿元。仅在乐视网《芈月传》95秒的片头广告中，就包含了SK－Ⅱ、摩罗丹、飞利浦、唯品会、红星、纽崔莱、帮宝适、露露等多家品牌的广告，这给乐视公司带来了巨大的广告收益，在开播之前就已经收回了该剧的制作成本。

二　前期造势营销

《芈月传》的前期造势为其积累了超强的人气，并在开播之后迅速转化为收视率和点击率。

（一）利用“《甄嬛传》原班人马出品”对比宣传

《甄嬛传》的播出曾掀起中国电视剧收视的热潮，其精美的制作，对细节的追求，以及演员优良的演技，不仅观众对其好评如潮，更使其一众演员一夜之间家喻户晓，也使得该剧成为自带超高话题度的焦点。因此“《芈月传》《甄嬛传》两剧由相同的班底打造”就成为一个极好的营销卖点。同样的古装题材，同样的后宫主题，相似的演出风格，大量相同的演出人员，在《芈月传》尚未播出之前，公众往往会将其与《甄嬛传》相比较，主创人员、导演、出品方也在各种场合经常拿两者作对比，主办方还多次强调“当发现有类似的情节设置时就会要求进行修改”，而这再次成为观众的另一关注点，导致公众对该剧越发期待。

（二）连续抛出话题，催热前期推广

在《芈月传》开播之前，乐视就凭借幕后花絮、预告、主题曲 MV 等众多衍生视频内容，开创多档相关节目，全方位立体式在乐视网、乐视超级手机、乐视超级电视等渠道推广，收获了近两亿的播放量。随后，通过盘点主演热门作品、分析网友意见、网络选秀与网友互动铺垫，使得该剧的关注量急剧上升，而《芈月传》创造的各种热点使“芈月新闻”长期占领主流的版面、广电媒体的黄金时段、网络媒体“推荐热点”的头条，以至于百度等诸多搜索引擎都为其提供主动搜索、标签置顶等服务。

同时，乐视积极利用各种自媒体平台，在新浪微博发起多个热门话题，讨论演员、造型、情节，整整一年话题不断，引发全民参与。微博上“看芈月上乐视”相关的话题阅读量也高达 1.2 亿次，相关话题阅读总量高达 7.2 亿，多次登上热门话题榜第一的位置。

（三）多次召开新闻发布会，吸引媒体报道

与传统的电视剧发布会不同，《芈月传》的发布会不仅次数多，而且各具特色。第一次发布会时机选择在整个拍摄完成的时候，这次发布会不仅曝光了《芈月传》的服饰特色，发布了 8 分钟左右的宣传片，更为一直关注该剧的观众及广大粉丝解开了第一层神秘的面纱。这一做法既激发了观众对该剧的好奇心，提升了关注力度，又让媒体有机会抓住新的舆论话题，引发了第一轮关注的热潮。

第二轮发布会是在《芈月传》的播出前期，其深层次的效果在于为下一阶段的营销策略做好铺垫。在此发布会上，各个主创人员纷纷展示自己的才艺，其中的亮点在于主创人员不再仅仅是站在高高在上的位置俯视观众，而是更多地参与到观众中，拉近了与观众的距离，为媒体宣传提供了新的新闻传播素材。当然，在此时召开发布会时机选择上也大有玄机。经过一年左右的营销，《芈月传》的热度已经快要接近顶峰，但是营销内容的相似度较高又使得该剧的营销很难再上一个台阶，所以在此时召开发布会，并公布时长 1 小时左右的宣传片，为其之前较为疲软的营销状态注入新的活力。其带来的新的内容更是引发新一轮的超高集中关注，成功使前一阶段的营销在高峰点收尾，见好就收，让观众意犹未尽，引发更多的期待，前后阶段的营销实现了完美衔接。

（四）利用主创人员明星效应，深度参与推广

受关注度极高的明星自身所具有的宣传效应就是不可忽略的重要资源，因为其一举一动不仅受到粉丝的关注，还受到各路媒体的瞩目。以该剧主演孙俪为例，孙俪本身即为内地的著名演员，以其高超的演技所塑造的角色深入人心，而《甄嬛传》的热播更让孙俪大红大紫，成为一线当红女星，不论是大众还是媒体都对其相关新闻趋之若鹜。加之其丈夫邓超，近年来通过参加真人秀节目、拍电影积累了超高人气，使得他俩联合之后的关注度可谓无人可敌，甚至可以轻松登上各类新闻的头版头条。另外，邓超、孙俪可谓在微博上互动最多的明星夫妻，不仅通过彼此间恩爱有加的形象塑造，使得舆论对他俩褒奖不已，而“互黑自黑”又让其积累了更多的人气。因此，借其名气而进行营销的效果就变得十分显著。

（五）借力微博大V宣传，提升关注度

自媒体平台成为互联网营销的重要工具。《芈月传》在微博上联手科普类微博“@博物杂志”等一众具有微博超高关注度的微博运营大号，就“兵马俑到底是秦始皇的，还是宣太后的”这一悬疑，引入多方专家观点交锋，为《芈月传》造势。同时，与《芈月传》相关的各类消息经多位微博大V竞相转发之后，迅速在微博上引起广泛讨论，形成微博热议。

（六）发布超长片花，吸引观众眼球

作为大型史诗电视剧的《芈月传》，高度浓缩的内容简介——预告片必不可少。该剧一共推出过三版长短不一的片花，分别是2015年1月在庆祝拍摄结束的发布会上分享的8分钟片花，2015年9月推出的长达26分钟的超长片花，以及在正片开播前推出的60分钟预告片。三次预告片采用阶梯式的推出方法，时间由短到长，内容逐步扩展。这不仅避免了一次推出片花引发的视觉疲劳，更将整个电视剧营销分阶段地推上了一次又一次的高潮。不同长度的片花像是在观众面前逐步展开的一幅卷轴，一点点地将内容慢慢透露出来，一次又一次点燃观众的热情，激发观众对该剧的好奇心，最后一次更是该剧营销策略的点睛之笔，为之后的正片充分预热。

三　后期跟进营销

（一）主演广泛参加节目，提升关注度

在《芈月传》开播之际，各位主创人员纷纷参与到各类真人秀节目中，利用自身明星效应及各种真人秀节目的娱乐性对该剧进行了广泛、有力的宣传。以该剧主演孙俪为例，孙俪一直对外宣称自己不愿意参加各种类型的真人秀，理由主要是“担心这种拍摄影响正常的工作与生活”。但是，为了宣传自己的新剧，孙俪先后参加了两档拥有较高收视率的真人秀：《金星秀》和《奔跑吧兄弟》。孙俪对这两档节目的选择很有讲究。除去两档节目各具特色，时间选择也恰到好处：一个在该剧开播两个星期之后，另一个在该剧开播三个星期后。这两个时间点恰巧是一部长篇电视剧最需要对其相关内容加大宣传力度的时候，因为前期的宣传技巧和宣传方式在此时已经被过于频繁地使用，加之剧情无法快速推进到最为高潮的阶段，媒体的关注点较为缺乏，观众也对该剧较为容易产生视觉疲劳，而此时两档节目相隔一个星期上映就等于造就了两个新的媒体关注点，使得观众对该剧的疲劳感再次被新鲜感代替，从而缓解在步入整个剧的高潮阶段之前较为无聊的过程，使得该剧不至于由于缺乏相关曝光度而丧失舆论关注度。

既然希望这两档节目可以为该剧宣传助力，并再一次将该剧的关注度提升到较高水平，最好可以引发全民热议，那么在选择节目的内容、形式及知名度上就需要仔细地斟酌、考量。这个节目既要有较高的收视率、美誉度，又要具有十分与众不同的特色，最好节目和艺人本身有可以宣传的结合点，而节目播出时间又恰好合适。而《金星秀》《奔跑吧兄弟》正好符合以上要求。《金星秀》由于其主持人的特色，在开播之初一直都十分火热，而那对著名的红沙发更是被渲染得神乎其神；作为主持人，金星以其泼辣、独特的风格使得整个节目备受瞩目，而主持人只讲真话的定位又使其拥有一定的粉丝，同时在同类节目中享有很高声誉，加之播出时间合适，《金星秀》是一档十分合适的节目。另一档真人秀《奔跑吧兄弟》自播出后在国内产生了广泛、巨大的影响。该节目以其独创的真人秀风格而火遍中国，尤其是在年轻一代的观众中影响力更是非同一般。加之孙俪的丈夫邓超是该节目的主持人，孙俪参加这个节目本就具有宣传点，此时二人同台便更成为媒体关注的焦点，媒体拥有了更多关注点，借这个话题来宣传该剧就水到渠成。

（二）吸引媒体报道，占领媒体头条

《芈月传》播出后，由于上一阶段大量宣传所形成的影响力，该剧在开播之初便引发了广大收视群体的超高关注，同时凭借其超高的收视率和影响力一度受到媒体广泛且频繁的报道。乐视公司更是借这股东风进行大量的后期宣传，不仅大篇幅对相关历史背景、剧中人物、主创人员从艺经历等进行全方位的宣传，同时又联合大量媒体的头版头条作为新闻报道宣传的主要阵营，不断提供最新的信息，以公关软文出现，培养观众群体对《芈月传》的习惯性关注。此外，还抛出大量的话题引发网友的讨论。

通过这些方式使《芈月传》受到更多新兴网络写手的主动关注，并主动以该剧为背景进行文章创作。如《从〈芈月传〉中学习为人之道》《以〈芈月传〉为例学习职场晋升之术》《从〈芈月传〉看战国美食》……而这样的网络文章无疑符合了当下新一代年轻观众的阅读习惯。这样，无论是喜欢探究创作历史背景，还是喜欢研究电视剧细节的观众都可以在宣传报道中找到自己的兴趣点。至此，《芈月传》再也不仅仅只是一部电视剧，更成为一种可以加以使用的背景素材。通过这种方式不仅可以又一次将该剧推向热点行列，同时关于其报道也不再仅限于娱乐版面新闻，在各个版面都可以找到有关该剧的切入点，因此该剧便在不同的版面被一次又一次地顶上头条。

（三）采用“刷屏”式营销，增强宣传力度

在宣传的第二阶段，乐视公司在《芈月传》的营销策略上发生了一些变化，不再采用单一的新闻宣传模式，即相隔较长的时间发布一条较有宣传点的新闻，用此一条新闻引起一段时间的热议。但是在第二阶段，乐视公司打出了一套组合拳，即高频度、大量地发布相关性较强的新闻。据笔者统计，某款新闻类的手机应用大约在 5 小时之内发布了 125 条“推荐热点”新闻，其中与《芈月传》直接相关的新闻大约出现了 25 条左右，每小时平均 5 条左右，也就是说大概每 12 分钟就有 1 条。这个数据意味着将近有五分之一的被推送给手机客户端用户的热点新闻是可以被看出与《芈月传》有直接关系的，这个比例十分惊人。这样的大批量、高频率的宣传，意味着不论该新闻手机应用客户端的用户是否关注过有关《芈月传》的新闻，在下载并使用该应用后，无论何时打开浏览新闻时都有机会与《芈月传》“相遇”（该手机应用客户端每10分钟大约更新6条热点新闻）。有了这样大批量的新闻推送作为保障，《芈月传》的收视率与关注度必然会在同类电视剧中位居前列。

（四）采用双面传播，进行对比宣传

自《芈月传》播出后，来自各方的报道层出不穷，既有正面宣传，也有一些无伤大雅的负面报道。这其中既有来自观众对该剧的评价，也有一部分是公司特意为之。那么公司为何会对这些负面报道“置若罔闻”？实际上，乐视公司采用的就是双面传播。霍夫兰的说服研究证明，双面宣传在和平年代里面向受教育程度较高的受众比单方面宣传更有效。双面传播是指对受教育程度较高的受众，提供所要了解事物的双面乃至多面信息，以助于他们了解事件的复杂性，从而对事物更加理性地进行判断。研究表明，一般来说双面展示比单方面宣传更加真实、可信，因此更具有说服力。这种宣传方式在《芈月传》的营销上具体运用就表现为，在该剧开播后，对于一些负面的宣传报道置之不理，甚至主动报道一些负面新闻，如《〈芈月传〉历史课不及格》《〈芈月传〉服装、饰品“槽点”多多》……这些宣传报道一方面增加了媒体对《芈月传》的关注量，因为媒体需要对一些当下的流行热点进行报道，这取决于市场对于媒体的要求；另一方面，作为一部历史剧，做到完全还原当时历史情状是不可能的，而作为一部热播剧，又是当下受到极大关注的电视剧，该剧一经播出必然会受到众多历史学家，或是相关资深专业人员对该剧的指正。所以，基于以上考量，借这些负面报道来推动对该剧的关注正合时宜。

当然，正、反两方面的报道也给了观众一个深入了解该剧的机会。在该剧前一宣传阶段曾经用过的一个策略就是将该剧与之前的热播剧《甄嬛传》进行对比宣传，从而引发观众对该剧的好奇心，借此提高该剧在观众中的影响力。这样的做法虽说在当时可以大幅提升宣传效果，但是会对之后在观看该剧时的观众造成一定的影响，观众往往会在观看时不自觉地将两部电视剧进行比较，尽管《芈月传》制作精良，服饰考究，礼仪严谨，但由于在观众心里已有《甄嬛传》作为标准，除非《芈月传》可以大幅超越《甄嬛传》，否则相比较之下观众就会产生较大的心理落差，从而降低对该剧的关注度与满意度。因此，小部分的负面报道为平息舆情提供了一种渠道，也满足了部分观众的“娱乐”心理，使得观众一边不断吐槽，一边又忍不住继续关注该剧，达到认知和心理平衡。

结　语

经过乐视的多阶段、多层次、多维度的营销，《芈月传》的宣传效果显而易见。姑且不论在舆论当中引起的广泛热议及其引发的连锁反应，就单从该剧及其周边视频播放量来看，《芈月传》早已是收视冠军。在《芈月传》开播之前，乐视网《芈月传》专题总点击量突破 6 亿人次，部分预热衍生节目在乐视各个终端上的播放总量就逼近 2 亿。开播之后，乐视客户端的点击播放量飙红，各类专题、衍生节目的点击量持续走高，《芈月传》最终也毫无悬念地成为年末档“剧王”。除了卫视之外，还有大量观众选择在乐视创造的生态系统中的各个客户端进行观看，如手机应用、平板应用、PC 应用等。有数据表明，《芈月传》播出后，乐视客户端的累计点击播放量已超过 11 亿，如果将腾讯视频等联合播出的客户端点击播放量包含在内，《芈月传》在累计播放量上保守估计也逼近 20 亿。这应该是在《甄嬛传》之后，乐视公司创造的另一个电视剧收视传奇。

当然，《芈月传》为乐视带来的收益绝不仅仅体现在金钱上，根据 Comscore（美国康姆斯克公司）公布的最新数据显示，乐视网已稳居视频网站三甲阵营。同时，乐视公司的全流程营销战略也取得阶段性胜利，不仅是乐视公司的生态系统已初步建立，并且，乐视公司从贡献的资源量到用户的覆盖量在行业内都独树一帜、遥遥领先。通过《芈月传》，乐视公司精心打造的“大剧看乐视”项目已初见成果，不仅是口号深入人心，更是在“其拥有广泛的相关产品支持”方面也备受消费者的推崇，乐视公司顺势成为互联网电视销售界的领军企业。

第三章　专题片的境况与革新

电视专题片是“对事实和对真实自然的人、人性的高度尊重与揭示”，追求历史的、文化的和社会的价值，铭刻着深深的时代烙印，具有鲜明的创作特色和价值。本章首先以央视制作播出的成功专题片《北纬30°·中国行》为范例，在解析其成功之道的基础上，发现我国电视专题片制作中存在的问题，并思考应对策略。《北纬30°·中国行》的成功在于游子思乡的受众定位、贴近生活的选材特点、体验式的采访方式。我国电视专题片也存在受众分析不足，缺乏观众基础；制作个性不突出，同质化明显；准备时间不足，主题不够鲜明；画面不够大胆，无法构成视觉刺激；解说词客套，同期声赘述等问题。制作者要认清电视专题片的重要价值，准确定位，学习先进经验，系统策划，同步直播，精心做好后期制作，实现电视专题片的独特价值。

文博探索类节目《国家宝藏》作为文博类电视节目的探索者，其节目内容、创作形式、营销方式等方面都值得其他文博类节目借鉴与尝试。从节目的叙事、场景、传播等方面分析其创新策略，从个性特征中总结出共性规律，总结其对同类节目的启示，指认其存在的问题和缺憾，可以供文博类电视节目乃至其他综艺节目参考。以《国家宝藏》为代表的文博探索类节目通过纪录片和综艺创作手法演绎，以文化内容为基石、综艺的表达形式，通过创新性的叙事方式、场景构造、背景音乐，结合大众传播、小众传播和互动传播，消解“传”“受”界限，为观众打造综合的视听感受。启发文博类节目细分领域，深化节目主题；关注需求，拓宽节目开发视角；定位准确，结合融媒体多维传播；线下互动，延伸栏目产业链。《国家宝藏》存在现象级爆品的生命力有待考究，历史还原精准度仍需提升，文化性与娱乐性失衡的问题，需要树立精品意识，优化节目创作；加快节目孵化，打造栏目 IP；打通渠道，推动文博类节目“走出去”，推进文博市场的繁荣。

随着经济、社会的快速发展，人们的物质生活水平广泛提升，健康传播日益受到重视，健康类节目以浅显易懂的方式，传递实用的养生知识，受到观众热捧。北京卫视热播的《养生堂》就是其中的典型代表。《养生堂》较好地平衡了节目的娱乐性与知识性，是养生类节目的成功范例。《养生堂》的特色在于信源可信度高、节目实用性强、节目现场互动更具亲和力、多种传播渠道并进，影响力大。养生类节目的价值在于传播健康知识，服务大众；传承和推广中医知识；创新节目内容，丰富节目形态。养生类节目也存在商业化现象严重、娱乐性色彩浓厚、夹杂虚假养生知识、从业者缺乏素养、节目资源分布失衡等问题，应该加强法律规制与行业监督，提升节目公信力，综合不同媒介传播，将社会效益摆在首位，保障养生节目的可持续性发展。

主持人是电视节目的核心和灵魂，通过他们对节目节奏的控制、对现场的调度、对嘉宾情感的收放，塑造整个栏目的风格和品牌。主持人是情感类节目的关键，起到语言作用、个性作用，具备现场调配和引导的功能。但也存在捏造故事情节、刻意煽情、揭露嘉宾隐私、语言和动作失度等问题，应该通过提升综合素质、保持充沛真实的情感、驾驭情感传递的技巧、掌握渲染氛围的最佳武器、打造主持人品牌等方式提升主持技巧，推动情感类节目的发展。

第一节 旅游风光类专题片《北纬30°·中国行》的特色与改进

作为电视节目体系中一个具有鲜明创作特色的节目形态，电视专题片是运用纪实手法，对社会生活的某一领域或某一主题进行集中深入报道的节目形式。电视专题片内容较为专一，但形式多样，采用多种艺术手段表现社会生活，是介于新闻和电视艺术之间的一种电视文化形态，既有新闻的真实性，又有艺术的审美性，具有独特价值。电视专题片主要功能是传播知识，同时具备提供信息、愉悦观众、服务社会的功能，是当代人了解和审视现实生活的重要窗口。随着时代的发展和受众欣赏水平的提高，电视专题片越来越注重从影视艺术等其他形式中汲取营养，积极追求表现形式上的创新和内容上的突破，在题材结构、叙事方式及人物展示上都取得相应的进步。2012年，中央电视台制作播出的《北纬30°·中国行》就是一个成功的范例。本节在解析其成功之道的基础上，发现我国电视专题片制作中存在的问题，并思考应对策略，希望能对中国电视专题片的发展提供一些理论参考。

一 《北纬30°·中国行》的成功之道

《北纬30°·中国行》是由中央电视台《远方的家》栏目制作的大型纪实电视专题片，摄制组聚焦中国最美风景长廊，从浙江舟山群岛出发，沿北纬30°线，自东向西一路进行采访，横跨浙江、江西、安徽、湖北、湖南、重庆、贵州、四川、西藏9个省区市，最后抵达西藏阿里地区，沿途到访300多个市县，总行程超过2万公里，节目将镜头对准最基层百姓，记录他们的喜怒哀乐，深入他们的生活和精神世界，着重展现北纬30°沿线的自然风光、历史文化、民俗风情和普通百姓的生活状态，播出之后，获得了广泛好评。

（一）受众定位：游子思乡

随着中国经济和社会的发展，人口流动加剧，越来越多的人背井离乡到异地工作和定居，不可避免地产生一些难以排遣的乡愁，他们往往借助现有媒体来了解家乡的历史与文化。电视声情并茂的表现方式能够满足漂泊在外的游子的思乡情怀，帮他们寻找那份丢失已久的身份认同感和文化认同感，更受人们欢迎。如《北纬30°·中国行》摄制组第一站来到浙江省舟山市，记者便立即亲身体验紫菜的水洗搬运，了解石头房子的建造，品尝山泉水，感受当地渔民的生活方式，体验以养殖贻贝为生的枸杞岛人的生活方式，体味“一方水土养一方人”的深厚内涵，让长期住在喧嚣都市的人们看到了生活的纯真和本意。一位网名为钱先生的百度贴吧用户说，他心中牵挂两个家，一个是远在加拿大的儿子的家，另一个就是《远方的家》。在《北纬30°·中国行》第96集的十阡长寿之乡一集中，对百岁老人的拜访也让很多漂泊在外的游子想起了家中的父母。

（二）选材特点：贴近生活

虽然现代都市人群享受着经济发展所带来的丰富的物质生活，但在精神上，越来越多的人希望追求贴近生活的原生态文化。相比宏大的主旋律宣传片，人们更希望看到现实生活中最真实的反应和最自然的生活状态，而不是集体摆拍带来的繁荣假象。习惯生活在喧嚣都市中的人们更向往那些淳朴原始的地方，即使不能亲身体验，也希望通过观看电视中简单的生活节奏来缓解城市快节奏带来的压力。

《北纬30°·中国行》就是以“自然、家园、文化”为主题，在内容上做到了贴近实际、真实自然，全景式地展示了北纬30°的神奇景观，同时展现了世代生活于此的淳朴可爱的人们的真实生活。节目的选材均来自当地人的真实鲜活的平凡生活。摄制组从线索征集、开始拍摄，一直到制作完成，再到后来的成功播出，都是在实践“走转改”方针，真实而深刻地记录了百姓“无污染”的生活状态。为了寻找最真实的状态，摄制组采取了多种线索征集方式。如通过新浪微博的互动，或者通过大量的实地采访当地村民，让观众觉得自己真切地参与到了节目的制作之中。每一期节目基本上都会对当地的风土人情和自然景观进行一个全景式的介绍，并且由出镜记者的亲身体验引领观众走向沿线人民的内心世界。节目不仅忠实地记录着人们最真实的生活状态和命运变化，还不经意间带走了观众的烦恼，同时给他们带来了思考，使节目更具有感染力。节目尤其重视文化方面的探索，把一些时尚话题和古老的传统结合，呈现的主题不再是老生常谈，而是在新时期新背景下出现的一些新的想法和思考，同时展现了文化在传承和发展中的优势和不足。

节目时间也贴近受众的需求，每期节目均为20分钟左右，这个时长恰好适应观众的精神集中的时间。节目由主持人偶尔穿插点缀，有条不紊地推进，在自然的发展中总是给观众小惊喜。同时，主持人的提问和追问也基本上解答了观众心中的疑问，主持人所接触的人和事件均为百姓身边随处发生的，不再高高在上，更多的是记录着寻常人家事，不再是连篇累牍的说明，而是不卑不亢的真实记录和思考。

（三）采访方式：体验式采访

在媒介多元和受众细分的时代，受众越来越重视媒介使用中的体验。《北纬30°·中国行》敏感地抓住了受众的接受特点，突破了简单的记录拍摄，采取了体验式的采访方式。记者随机且自然地融入所采访的环境中，亲自做一做、尝一尝、试一试，这时候，淡化记者的身份和外来人等特点，让采访对象可以以一个最自然的状态和方式与记者进行交流和沟通。记者化身观众的替身，在节目中为观众尝试和体验并且深入百姓生活。通过记者在行走中对社会的敏锐观察和体验式采访对沿线百姓生活的深刻感悟，引发观众对人生的思考，触动观众的心灵，引起观众的共鸣。

《北纬30°·中国行》中体验式采访运用得淋漓尽致。记者和摄制组边走边看、边记录边游玩，仿佛从节目的开始就把观众带入了节目中跟着记者一起走遍中国的北纬30°。无论山中村落还是街边闹市，记者都会走到最前面、最里面去探索新的“景点”，以一种最自然的状态去发现和了解当地的风俗特色和文化。节目中的记者和当地居民进行了友好的互动，并将编者最真实的想法呈现给观众。整个节目的制作周期较短，编者进行快速的体验和感受，并没有太多的时间进行摆拍和现场设置，所呈现出来的节目更具真实感，完全区别于传统意义上的旅游片。节目更加注重客观真实，很多记者的随机采访都被保留在节目中，包括一些被采访者拒绝的片段，这无疑是一种大胆的突破和创新。

二　我国电视专题片存在的问题

我国电视专题片成长方式与西方国家不同，是在主流意识形态的聚光灯下发展起来的。长期以来，我国的电视专题片首先是要为党和政府服务的，更接近新闻宣传而远离个性创作，加上电视人的惯性思维，导致了电视专题片的制作还有进一步提升的空间。

（一）受众分析不足，缺乏观众基础

电视专题片的受众一般都是文化素养较高的人群，随着科技的进步和媒体的不断创新，受众的口味越来越多样，也越来越难以满足。受众的选择性更强，已经不满足于一般介绍性、科普性的片子，也不会喜欢一般意义上的风光片。如果只是单纯地呈现，电视并没有网络在速度上和数量上的优势。这就要求电视专题片既要有其深刻的内涵和意义，同时又要传递美的认知和感受。对于大家已经熟识的内容要有新的想法和提议，对于大家还不是很了解的人和事要通过细节来展现风貌，受众更希望从片中找到属于自己的专属主题和理解。但是当前电视专题片做得并不尽如人意。《远方的家》让众多出色的外景记者走进了观众的视野，他们独特的主持风格和个人魅力征服了观众，可是在之后的《百山百川行》和《江河万里行》中主持人更换后，观众并不买账。观众

已经形成了观看习惯，有些观众对他们的离去表示不舍。而且电视节目形式缺乏变化，没有针对受众需求做出改变让很多观众产生了审美疲劳。200 集的《江河万里行》更是让观众们觉得没有太多的新意和不同。在内容的把握上也是依照固定模式，有时候一个地方并没有什么特别之处，还是找来了当地居民“背书”，有点凑数之嫌。不少观众在观看之余感到失望，有观众在贴吧里呼吁变更播出时间。在经过了高质量的《边疆行》《沿海行》《北纬 30°·中国行》之后再做出的作品并没有利用广泛的群众基础，也没有通过新媒体和传统媒体进行充分的互动和了解民意，导致受众分析不足，影响了节目的传播效果。

（二）制作个性不突出，同质化明显

目前电视专题片的拍摄人员一般都是记者出身，对于新闻点的捕捉是无可挑剔的，对于整体结构的把握也是十分紧凑和专业，但是由于多是经验主义在主导着编者，因此在拍摄的过程中并没有展现出拍摄者本身的特点和个性，于是导致专题片在内容构建上不断成熟，但是形式却越来越千篇一律。专题片能够很好地讲述一个事件，但是对于事件背后意境的把握和表现还不是很到位，很难让观众有眼前一亮的感觉。虽然拍摄技术日新月异，但是由于拍摄者并没有花很多时间去研究和探索自己的方式和想法，因此近几年的专题片无论是形式上还是内容的构建上，整体创新略显不足，陷入了同质化的困境。

（三）准备时间不足，主题不够鲜明

电视专题片必定是围绕着一个主题而展开的，但是在很多实地拍摄中，由于时间比较紧张，前期准备不足，没有时间对采访拍摄的素材进行系统的整理和提炼，无法体现专题片的灵魂。并且对于要着重表现主题和特色的地方，由于没有编者的实地考察和体验，很难从表面中看出一个地方或者一个事件的精髓所在。《北纬 30°·中国行》第 72 集“湘西永顺探秘老司城”中，对于老司城的界定和表述不清晰，内容有些夸大的嫌疑，而老司城真正的交通不便和当地保护意识模糊等问题并没有详述。在形式上不能说是合格的景观片，在思想上也没有清楚表达老司城的重要意义。

（四）画面不够大胆，无法构成视觉刺激

对于电视专题片来说，画面的精彩就意味着成功了一半。由于实地拍摄时的各种条件限制，有时很难通过正常拍摄手法还原当时的场面。当我们特别期待的某个场景突然出现时又被同期声或者配音所取代，这就会让观众觉得很不过瘾。如很多古城的遗址中都蕴含着古人的智慧，但可能由于自然的侵蚀和人为的破坏，很多场景很难再用实地镜头表现出来，完全用摄像机来记录，就显得太过普通，无法给观众带来视觉冲击，也就无法体现节目的精髓。

（五）解说词客套，同期声赘述

电视专题片是由视觉和听觉两大基本要素组成，解说词的内容又是影响听觉效果的重要因素。缺少解说的专题片往往是肤浅的画面组合，形成不了主线明确、内涵深刻、主题统一的艺术整体。但是作为一种电视语言，解说词要有概括性，用最简练生动、最富有代表性和个性特色的语言让观众理解节目主题。有些专题片没有找到一个平衡点，将解说词的分量放得太重，中间的留白太少，会使得观众一直都在听解说词而无法获得视听合一、整体和谐的效果。优秀的同期声可以增加整个专题片的活跃程度和可看性，可以丰富整个片子的形式。很多时候我们需要用同期声来补充解说词中没有表达出来的意思，借采访对象之口来说显得更加生动也更加有说服力。目前好多关于旅游文化的专题片为了加大对当地旅游资源的宣传，都会在片中加入大段的领导采访，有时过长的对话会消磨观众的耐心和注意力，冗长的同期声并不会给专题片添加多少色彩，反而会使得一个完整的作品失去了原本的美感和艺术表现力。

三 中国电视专题片的发展对策

（一）准确定位、精心制作

准确的受众定位是电视专题片制作的第一步。受众的需求和喜好是电视专题片制作的出发点。所以，电视专题片要动用一切可以利用的资源对受众进行全面的分析。要充分利用新媒体和自媒体工具，与电视收看人群进行交流。利用贴吧、豆瓣、微博等社交平台及时对受众的需求进行咨询和沟通。甚至可以发起投票，多屏互动，让更多网民参与到节目内容的构思和制作中来，再根据不同的受众群体进行不同的编辑和剪辑，让中老年人看得真实，让年轻人看得精彩。如《北纬 30°·中国行》剧组在开始拍摄之前在微博上征集选题就是一个很好的尝试，取得了良好的效果。目前大数据风靡全球，利用大数据来确定选题、选择场景、编排播出时段也是一个不错的选择。电视剧《纸牌屋》就是一个十分成功的例子。

内容是电视媒体对抗新媒体的必杀技，要做到制作精良、权威可看。20 世纪 90 年代迎来纪录片的全面繁荣，开始回归纪实本性，用长镜头、自然光、同期声等跟拍现实场景，涌现出《望长城》《沙与海》《藏北人家》《德兴坊》等一大批优秀作品，从不同角度呈现中华民族重和谐、重家园、重传统的精神气质。① 如今口味刁钻的观众既愿意看到经济的腾飞、文明的进步，同时又眷恋着淳朴的乡情、朴素的乡土。身在闹市，向往乡间的生活，电视专题片要选择一个不同于过往的叙事、言情、明理的角度来满足观众的喜好。如央视推出的《故宫 100》《国魂》《甲午甲午》等以其丰富的内涵、深厚的底蕴、浓烈的色彩、精湛的制作成为一道道亮丽的荧幕风景。当然，为了适应新时期新需要，电视专题片可以适当将内容碎片化、精品化，保证受众在零散时间中依然可以欣赏到精彩内容。如《故宫 100》每一集只有 6 分钟，受众可以自由选择观看时间，而内容的完整性也不会被破坏。

（二）认清价值

从根源上认识到电视专题片的发展价值，是电视专题片创新的动力。无论是从艺术欣赏的角度还是从实际功用的角度来说，只有认识到

① 武新宏：《电视纪录片提升传统文化传播效果探析》，《电视研究》2012 年第 7 期。

电视专题片存在的价值，才能更好地运用它。

首先，认识电视专题片对投资方的意义。电视专题片的投资方往往是政府或企业，对它们来说，电视专题片的价值主要体现在两个方面。一是将正面宣传形象化、艺术化。无论是反映政治局面还是宣传政绩功业，好的专题片不仅可以让宣传形象化，也让刻板的报告有了艺术感和欣赏价值。二是观众可以接受的软性广告。电视专题片是一种有效推广城市或企业形象的好方法。和普通广告相比，电视专题片用艺术化的表现形式能有效地吸引观众眼球，从而赢得更多的经济效益。

其次，认识电视专题片对媒体的意义。电视专题片是媒体盈利的新方式。优秀的电视专题片能给电视媒体带来丰厚的经济效益，特别是一些形象宣传类的专题片，能够获得被拍摄单位的经费资助，一定程度上弥补电视媒体经费不足的问题，也可以成为传统电视媒体的新名片。我国的媒体已经进入了品牌竞争时代，电视专题片就是树立媒体品牌的有力方式，人们往往会以专题片的制作水平来衡量一个电视台的品质。当然，如果没有严格的把关，带软广告性质的宣传片以电视专题片之名播出，会误导观众，伤害媒体的品牌形象，甚至造成更加恶劣的社会影响。

（三）学习先进经验

国外有很多电视专题片制作的先进经验值得我们学习，例如 Discovery Channel（探索频道）中的很多节目内容都是节目编导毕生的兴趣，因而拍起来会极尽编导们的风格，时空的轮转、思绪的跳跃、旁征博引的解说手法，以及编导有意增强反传统的独创性因素成为专题片创作的一大亮点。中国电视专题片可以适当模仿国外专题拍摄团队，在模仿中成长并寻求超越。我国的专题片摄制组可以尝试根据编导的特长和兴趣来创作，或者将自己的亲身经历融入创作过程中，提炼更多的故事化元素，并在拍摄场地不断地寻找和发现亮点，这样真实的呈现不仅可以激发人们的观看兴趣，同时会使得整个专题片具有一定的记录历史的价值。创作者大胆地将自己的想法和特色融入节目中，就可能会有特别的惊喜。电视专题片要大胆借鉴优秀专题片的经验，做到洋为中用。

（四）系统策划

磨刀不误砍柴工，电视专题片从开始筹备一直到播出的全过程都应该做好精细的策划。从前期的主题选择、内容表现、代表人物和具体事例都应该事先做好规划，为了让计划切实可行，可以将制作团队分成几组，一组专门负责前期的实地体验和资料收集；一组专门负责联系采访人物，确保采访过程一切顺畅，让拍摄组可以保质保量地完成拍摄；一组负责后期制作，保证前期策划、采访中的资料无误，及时审核并每天整理拍摄素材，尽快写出拍摄日记以保证稿子中提到的人名和数据准确无误，通过系统周密的全程策划，保障内容和形式的万无一失。

（五）同步直播

跟踪拍摄要从细节处表现，也可大胆运用同步直播。电视专题片原汁原味地记录现实事件和挖掘人物内心最常用的手段就是跟踪拍摄。专题片中人物的举止言行、个性特征都要借助细节来表现，而这些恰恰是跟踪拍摄手法的长处，细节刻画是纪实美的体现，长镜头是电视专题片增强生活真实感的重要美学手段，用长镜头进行跟踪拍摄细节化的画面更能让受众感到震撼。如果在前期拍摄过程中发现一些特别好的点，如大瀑布、大峡谷等很容易给观众造成视觉震撼的地点时，编导可以大胆采用同步直播的方式向观众展示，也可以借用适时举行的庆典或节日使得整个节目丰富多彩、真实有趣。让观众可以和当地的人一起经历和见证当时难得一遇的美妙场景。

（六）精细后期制作

随着计算机技术的进步及审美需求的变化，越来越多的技术元素被运用到后期制作上。从最初的简单解说到声画同步、配音动画及字幕动画设计，制作手法越来越多样。而摄像机镜头的发展也使得我们能够看到更加微小、遥远的世界。镜头之间如何结合，如何才能在向观众提供事实、知识的同时，给观众更好的视听享受，创作者应该不断探索创新。从早期盛行的“格里尔逊模式”画面加解说词的空泛表达，到强调客观纪实的跟拍、同期声，再到非纪实手法在专题片中的使用，专题片不再简单的是对真实生活的反映，而更多的是一种思维和观念表达方式。快节奏的生活使得我们确实需要通过一些特殊手段来吸引受众，快乐中国没有什么不好，既然连《新闻联播》都开始卖萌了，在专题片制作中加入新的手段和思想又有何不可呢?

结 语

从《边疆行》《沿海行》《北纬30°中国行》《百山百川行》一直到《江河万里行》,《远方的家》系列专题片展示了中华大地的大好河山，反映了久远古朴的生存方式和观念，彰显了乡土中国的独特魅力，体现了不同于一般旅游宣传片的独特价值，吸引着大量观众，取得了良好的经济和社会效益。电视专题片通过景观、人物、故事的艺术化呈现，让观众身临其境，心领神会，满足了中国人的思乡情怀，丰富了中国人的精神世界，显示出了独特的文化价值。电视专题片应该发扬自身优势，发现自身的不足，大胆创新形式和内容，全面真实地反映中国的历史与文化，满足受众多样的收看需求，实现电视专题片的独特价值。

第二节 文博类节目《国家宝藏》的创新与启示

纵观国内综艺节目的发展路径，偶像选拔类、户外竞技类、生活体验类、婚姻速配类等综艺节目，都曾火爆市场，吸引大量受众。然而，综艺界向来有“三年衰减期”之说，即一个综艺节目都有自身的发展规律，如果该节目经过三个季度没有创新，往往会出现昙花一现、后继无力的现象。以引进外国版权的综艺节目为例，《中国好声音》《奔跑吧兄弟》《爸爸去哪儿》等节目，也未能维持平均4%的“收视神话”。大量跟风节目的出现，导致综艺市场同质化现象严重，观众逐渐分流，某个综艺节目遥遥领先、一家独大的情况少之又少。由于多渠道的互联网播出平台的出现，更多优质、丰富的节目形式获得受众喜爱，综艺市场竞争变得更为激烈。

在此背景下，自 2016 年起，明星读信类节目《见字如面》、大型文化情感类节目《朗读者》等节目的热播，使得国内综艺节目迎来新的发展高潮，文化类综艺节目成为市场宠儿。文化类综艺节目以中国文化为基石，通过内容、形式、播出渠道等方面的创新，不仅促进了综艺节目的发展，对于文化传承也具有重要意义。文化范畴的广袤决定了综艺节目的开发不仅要结合文化内涵本身，也要考量受众需求和接受习惯。2017 年 12 月 3 日，以传统文化、博物馆文化等为创作源泉的专题片《国家宝藏》应运而生，该节目通过纪录片、综艺两种创作手法进行演绎，以文化内容为基石，以综艺为表达形式，成为国内综艺节目的新型表现模式。随后《如果国宝会说话》《赢在博物馆》等文博类综艺节目同样赢得观众好评。

《国家宝藏》作为文博类专题电视节目的探索者，其节目内容、创作形式、营销方式等方面都值得其他文博类节目借鉴与尝试。本节从节目的叙事、场景、传播等方面深入研究该节目的创新策略，以期从个性特征中总结出共性规律，以供文博类电视节目乃至其他综艺节目参考，指出其存在诸如现象级爆品生命力有待考究、历史还原精准度仍需提升、受众需求多样待满足等问题，并提出相应的对策。希望通过对《国家宝藏》的创新策略与问题进行深入研究，基于理论与实践的深入解读，革新题材内容和表现形式，寻求经济效益与文化效益的平衡，即抢占市场份额的同时，又推动文化的传承与推广。

一　文博类电视节目发展概述

（一）文博类电视节目的发展历程

2017 年年底《国家宝藏》的开播吸引了人们对文博类电视节目的

视线。其实这种围绕文物与博物馆的电视节目早在20世纪90年代就已有了雏形。经历了数十年的发展，当下的文博类节目已经逐渐成熟。最初电视节目对文博的关注出现在新闻报道与资讯类节目中，从1972年长沙马王堆辛追墓出土报道，到2000年老山汉墓的电视报道，2009年的南澳一号水下直播考古，2015年直播海昏侯墓主椁室开棺等，初期电视对文博类内容的关注都集中在重大考古发现进行的报道中。[①]

1998年，《走近科学》成为最早的文博知识专业栏目，为之后文博类节目的发展打下了基础。《走近科学》节目涉及学科十分广泛，包含生物学、考古学、心理学、刑事侦破等各方面，之后成为央视科教频道的重点栏目。2003年10月，中央电视台开始将《鉴宝》作为单独的文博栏目开始播出，以大众化的收藏品为对象，在演播室进行藏品展示及鉴宝评述，收藏趣闻与观众对价格的竞猜也提高了节目的娱乐性。自此，文物鉴宝成为完整的节目形态。2004年，中央电视台中文国际频道《国宝档案》开播，为国宝级文物设置专门栏目，地方台也开始了文博类节目的播放。2004年1月4日起河南卫视《华豫之门》开播，每期都有不同的主题，民间收藏的文物在节目里进行展示，由专家鉴宝并提供市场价格参考，业内人士的解析也强化了节目的文化和专业内涵。

此后，文博类型节目开始逐渐形成以电视纪录片为主，同时呈现综艺化效果的发展趋势。央视和地方台的电视鉴宝节目数量逐渐增加，以纪录片为主的文物讲解方式仍然占据着主流。2016年《我在故宫修文物》将文博类节目带上第一个收视高潮。该栏目从故宫文物保护从业者的角度出发，讲述了中国的“工匠精神”及故宫文物背后的故事。博物馆里陈列的精美绝伦的历史文物也通过电视纪录片的形式得以呈现，让历史文物“活”起来的概念开始在电视节目中逐渐得以明确。

① 王梦瑶、项仲平：《对当下文博类节目的创新思考》，《中国广播电视学刊》2018年第10期。

2018年1月1日起中央电视台纪录频道制作的《如果国宝会说话》开始播出。近百家的博物馆与考古研究所，五十余处考古遗址在电视屏幕中呈现，文物用通俗的话语与观众平等对话，诉说发生在自己身上的传奇故事，同时向观众传达文物及背后的文化符号意义。

文博类节目经过三十多年的积累，融合当下的“中国文化热”语境，在2017年年底实现了综艺节目与学术内容的跨界结合，《国家宝藏》成为“走向世界舞台中心的扛鼎之作”，一跃作为文博类节目的代表，成为一档现象级节目。文博类内容为主的节目引起了中国元素热，创新性的制作与节目传播在社会上引起了广泛关注，《国家宝藏》的播出也标志着文博类节目进入了发展的高潮时期。

（二）文博类电视节目的分类

20世纪90年代至今，文博类节目经历了较长的发展历程，在每个时期分别有不同的发展特征与取向，文博类节目大致可以被分为以下四类。

1. 文物鉴宝类

文博类节目的早期形态是文物鉴宝类，以民间收藏为主要对象，专家在演播室进行现场鉴定的形式十分普遍，藏品展示、讲述文物背后的故事、专家鉴定、观众对价格的竞猜等环节较为常见。文物鉴宝类节目有专家鉴定环节，对藏品本身的市场经济价值较为关注，但对文物背后的历史文化背景涉及较少，属于比较单一的节目形式。央视播出的《鉴宝》、北京卫视聚焦北京地域特色的《天下收藏》，以及河南卫视一直持续播出的《华豫之门》都是鉴宝类节目的代表。

2. 博物馆、文物专题类

博物馆专题类节目围绕各博物馆藏品内容进行取材，在不同的主题里对博物馆藏品进行介绍，对其背后的文化内涵进行了专业深入的知识普及，节目知识性和专业性更强，已经成为弘扬博大精深的中华文化的重要载体，注重增强国人和海外华人的民族自豪感和民族凝聚力。央视推出的《国宝档案》每期介绍一个具体的国宝文物。中国教育电视台

（CETV）推出的《博物馆之夜》也根据不同的主题进行文物介绍，都以文物及博物馆故事来还原背后的历史沧桑。博物馆、文物专题类的文博类节目学术性较强，强调节目的文化意义，商业色彩淡薄。

3. 纪录片类

该类型是以电视纪录片的形式记录文物工作及博物馆发展状况，2009 年前后已经有 50 档左右的文博类节目活跃在大众的视野。但其中的翘楚之作《我在故宫修文物》以独具一格的对“匠人精神”的讲述带领文博类节目走入了新的发展阶段。以纪录片形式所进行的讲述更为具体而深入，更具人文性的历史叙事赋予了文物新的生命力。在新的人文概念的影响下，电视纪录片的迅猛发展也让文博类节目焕发了新的生机。文博类节目中的纪录片类型以历史性内容为主，相对而言更偏重于讲述，节目类型亦过于单一，使得观众难以保持长久的兴趣，容易流失观众群。

在三十多年的发展历程之中，文博类节目所积累的市场影响力与文化内涵逐渐得以深化，但也面临着形式单调、学术性过重、趣味性缺失、受众理解困难等问题，文博类节目面临发展瓶颈，这也倒逼文博类节目吸纳其他成功电视节目类型的经验而大胆创新，专业内容与综艺形式相结合的文博节目应运而生，《国家宝藏》就是其中的典型代表。

（三）文博类电视节目兴起的原因

随着互联网、新媒体等播出平台的发展，网络综艺、微综艺（短视频综艺）逐渐占据更多的市场份额。尽管电视的黄金时代不复存在，作为国民不可或缺的大众传播载体，电视仍有不可替代的作用。根据《全国有线电视发展情况专项统计调查分析报告》相关数据显示，随着有线电视的公益服务性质进一步明确，各级有线网络持续加大覆盖能力建设，2017 年覆盖用户为 3.36 亿户。[①] 对于综艺节目而言，谁能够深耕

① 国家广播电视总局：《全国有线电视发展情况专项统计调查分析报告》，https：//n.znds.com/article/34835.html，2018 年 11 月 15 日。

内容资源、精准定位，就能获取更多的受众，抢占市场。文博类电视节目的兴起和发展，离不开国家政策、栏目创新、文化传播等方面的支持。

1. 国家政策的支持

电视作为大众传播的主要媒介，在传播知识、塑造价值及规范行为等方面具有重要作用。国家政策导向影响电视栏目的发展方向。2017年9月《新闻出版广播影视“十三五”发展规划》明确提出，加大中华文化电视传播工程建设，即进一步加大对文化类节目的支持引导力度，加强经验总结和宣传推荐，以引领示范，营造热潮。[①] 文博类电视节目的兴起与发展，离不开国家政策的支持。国家层面的政策倾斜，不仅在内容上为综艺节目划定界限，还在经济层面提供了一定的支持引导。国家广播电视总局办公厅公布2018年第四季度广播电视创新创优节目名单，并给予每个节目10万元扶持资金，15个创新创优节目中，《国家宝藏（第二季）》入选。国家层面的支持，是对相关电视台与工作人员的肯定，既激发了电视栏目创作者的积极性，又促进了原创类电视节目的发展。

此外，由于近年来综艺热潮的起伏，有关部门针对相关综艺节目存在的问题，相继制定了一系列监管措施，综艺节目在内容尺度、价值导向等层面更加符合主流价值观。文博类电视节目不仅具有娱乐消遣的功能，在文化传播方面也具有传承文化、启迪国民的作用，符合社会主义价值导向与文化传播主旋律，因此，此类电视节目的生命力更为长久。

2. 电视栏目的创新需求

近年来，综艺节目发展迅猛，各家电视台不断引进国外综艺节目版权，《奔跑吧兄弟》《爸爸去哪儿》《中国好声音》等节目都曾掀起收视热潮。新媒体时代，电视行业不断拓宽视野，着力于优化内容、创新形式、拓宽播出渠道。但是，电视业界出现了一种对创新电视节目形态的

---

① 国家新闻出版广电总局：《新闻出版广播影视“十三五”发展规划》，2017年。

狂热现象，“一是盲目迷信创新的力量，不计成本地大动干戈，导致大量优质的品牌节目无疾而终；二是把形态仿制视为形态创新，导致新一轮的同质化”①。《爸爸去哪儿》的火爆，燃起亲子类综艺节目的热潮，《爸爸回来了》《妈妈是超人》《不可思议的妈妈》等类似节目扎堆上线。因名人效应等因素，此类节目获得了一定的市场份额，但是同质化特征明显，受众逐渐审美疲劳。综艺节目的套路陈旧、用力过猛、情节虚假、强行正能量、后期粗糙等问题受到观众诟病。文博类电视节目将发展视角瞄准博物馆，将平日里较为边缘化的题材搬上荧屏，着力将相对小众的元素进行大众化创作，是电视原创节目创新发展的典型代表。

3. 汉语热为中国元素节目奠基

随着网络环境的变化与当代科技的发展，电视节目如何创新发展成为从业者的新课题，央视成为文博类电视节目发展的领头羊。2013 年，中央广播电视总台及国家语委推出了大型文化类电视节目《中国汉字听写大会》，国内语言文化专家进行裁判和解说，央视著名播音员担任读词主考官，邀请学生 160 人组成 32 支竞赛队伍决出一名年度汉字听写冠军。在现代社会，电子输入法渗透进人们的生活，中国人汉字书写出现了提笔忘字的现象，为了传承中华传统文化，对汉字及其背后的文化意义进行宣传变得迫在眉睫，以“书写的文明传递，民族的未雨绸缪”为宣传口号的《中国汉字听写大会》在暑期档成为“爆款”。2013 年 8 月 2 日，该节目在 CCTV－10 开始以周播的形式放送，但仅两期之后，中央电视台打破惯例，于 8 月 12 日重播了第一期节目。听写大会的收视率高居文化类节目榜首，甚至赶超流行的选秀类综艺节目，收视率不断增加，观众的口口相传更引发了社会关于汉字、国学等传统文化的话题讨论，节目产生了巨大的文化影响力。

随着听写大会的火爆，河南卫视与爱奇艺联合推出的《汉字英雄》

① 谭天：《论电视节目形态构成——一种用于节目研发的理论模型》，《现代传播（中国传媒大学学报）》2009 年第 4 期。

也进入了观众的视野，较强的娱乐性与形式上的创新让观众眼前一亮；黑龙江卫视亦推出《最爱中国字》节目。央视与地方台将汉字热推向了高潮。把传统的汉字书写融入综艺节目框架，持续的高收视率也展现了文化类节目的生命力。

虽然第二季播出之后，节目面临形式单调、汉字过于生僻等质疑，遭遇了一些顿挫，但之后的同类型节目《中国成语大会》《中国谜语大会》《中国诗词大会》等陆续开播，持续带动了近年来社会上的语文热。这些节目长期积累的高口碑带动了《国家宝藏》等具有中国文化特色的电视节目的兴起。

4. 文化传承的需求

随着历史长河的积淀，中华民族形成独有的传统文化。博大精深的传统文化是坚定文化自信的基础，只有真正意义上的文化自觉，才会有发自内心的文化自信，也才会有文化自强的底气。[①] 文化自觉指国民对所处文化有自知之明，即知晓文化的诞生、形成过程，了解文化具有的特色与不足。博物馆中所收藏的一件件作品，是凝结了中国博大精深的传统文化与历史特色的物化载体。大众传媒具有承载过去、把握现在、策励未来的文化传播重任。文博类电视节目将博物馆文化与大众传媒完美结合，通过新颖生动的形式向受众展示中国悠久的过去，将之前藏于特定空间，甚至躺在历史资料中的传统文化搬上荧屏，为受众营造一个更为立体的文化空间，加深其对中国传统文化的了解。国民文明自觉的过程就是对传统文化的传承过程，传统文化借助大众传媒与受众进行文化交流，从而增强了国民的文化自信。

泛娱乐化时代，众多优质节目沦为娱乐的牺牲品，综艺节目对娱乐化界限的把控是行业的关键考量。与其他综艺节目不同的是，文博类电视节目具有一定的文化普及意义，将传统文化与现代化的表现形式交互融合，这是文化传承的一种全新的表达形式。文博类电视节目以更为轻

① 万资姿：《与文化自信相关的三对重大关系》，《光明日报》2017 年 4 月 24 日第 15 版。

松娱乐又不失严肃性的方式传播传统文化，易于抓住更广大的受众群体，实现传统文化的广泛传播。

二　《国家宝藏》的节目概述

《国家宝藏》是由中央广播电视总台、央视纪录国际传媒有限公司制作的大型文博类探索节目，第一季于 2017 年 12 月 3 日首播，第二季于 2018 年 12 月 9 日首播。综合两季相关数据显示，该节目由中央电视台携手故宫博物院、南京博物馆、湖南博物馆等 17 家国家级重点博物馆进行文博领域的文化探索。央视索福瑞（CSM）52 个城市收视情况显示，《国家宝藏》两季综合收视率共计 9.761%，占据全国 32.30% 的市场份额，无疑成为文博类探索节目的佼佼者。基于国家政策对文化类栏目的扶持及受众对文化内容的需求，文化类电视节目逐渐站稳脚跟，走向人们视野。文博类电视栏目《国家宝藏》精心筹备，努力创新，以别具一格的内容、新颖的编排方式脱颖而出，抓住了较为广泛的市场受众。

（一）《国家宝藏》的节目定位

电视节目的栏目定位是其根基所在，划定了电视栏目在题材选择、内容编排、目标受众乃至后期宣传的界限，奠定了整个节目的艺术表达基调与思想内涵。《国家宝藏》作为一档大型文博类节目，融合应用纪录片和综艺两种创作手法，以文化的内核、综艺的外壳、纪录片的气质，创造一种全新的表达。该节目以各国家级博物馆角逐故宫博物院特展入驻名额的历程，讲述各国家级博物馆镇馆之宝的故事，通过国宝守护人的古今对话，进行文博探索。

1. 内容定位：文化符号

中国传统文化涉及范围广阔，电视栏目对其进行深入开发的案例不在少数。《中国诗词大会》以古诗词为内容根基，《中国汉字听写大会》以领略汉字之美为节目初衷。相对而言，在日常生活中受众对语言文字范畴的传统文化较为熟知，具有一定的知识储备。《国家宝藏》另辟蹊径，选择了看似小众化的文化内容——博物馆馆藏文物，作为传统文化的物化载体，其流动性相对较弱，传播性相对较差。在我国，公众总体上尚未养成经常走进博物馆的习惯，观众平均每年进博物馆 0.5 次，远远少于欧美国家观众平均每年 3—5 次的频率，许多文物成为“高冷”的馆藏。[①] 看似冰冷的文物却凝结了中华民族五千多年的文明足迹，但大赛馆藏文物由于自身特征、传播条件、受众需求等因素，博物馆推广力度有限。《国家宝藏》对其进行深度开发，打破时空界限，展现中华文化的发展轨迹，承担了文化传承的媒体使命。博物馆文化与大众传媒的结合是互动双赢的结果，一方面，从电视行业的角度看，博物馆馆藏文物所承载的文化内涵较为充实，具有可演绎的空间，《国家宝藏》在开发过程中具有翔实的文化资料支撑；加之先前文博类节目虽有开发，但形式较为陈旧，新意不足，创新形式后的节目形式能够吸引更多的受众。另一方面，电视、互联网、新媒体等大众传媒的发展，有助于博物馆文化的推广。自 2008 年国家推行博物馆免费开放的政策以来，纵使博物馆人流量呈不断上升趋势，但博物馆文化推广力度、普及程度仍然有限，《国家宝藏》的诞生为博物馆走向普通大众创造了新的机遇。

2. 受众定位：老少皆宜

电视作为大众传播的重要载体，自身具有公共性和开放性，任何节目都有可能被观众所接触或观赏。在互联网时代，多样的传播媒介能够带给受众更为丰富的体验。电视综艺节目在网络综艺的冲击下，如何吸引更多的受众是节目需要考虑的重要问题。受众定位是一档综艺节目的指向标，与叙事方式、节目风格、表现形式等息息相关。针对电视节目而言，受众因年龄阶段的不同，认知、心智、审美等方面存在差异，如何打破年龄界限，争取更为广泛的受众群体至关重要。《国家宝藏》总导演于蕾将这档原属小众的文博类探索节目的受众要求，定在了“从 3

① 高雪梅：《揭秘〈国家宝藏〉：文物成为“网红”的逻辑》，https：//news. sina. cn/2018 - 03 - 02/detail - ifyrzinh1412113. d. html，2018 年 3 月 2 日。

岁到80岁，有文化到没文化，都能觉得好”①。不同年龄阶段有着不同的审美需求，赢得受众的关键在于洞悉不同群体的观看口味。因此，栏目组将较为小众的文博类文化进行大众化处理，在栏目创作过程中，争取做到变与不变相互融合，从而达到满足受众文化知识获取与娱乐的双重需求。针对已选定的国家宝藏，首先贴近其文化内核，在不曲解国家宝藏所承载的文化内涵的前提下，尽可能全面、深刻、透彻地讲述其所蕴含的意义；其次，创新展现形式，通过更为通俗、趣味、现代化的形式，向受众展现国家宝藏的“前世今生”，让受众更易理解并接受。从后期播出情况来看，该节目不仅得到文化水平较高、阅历丰富的中年受众的关注，更收获了大量年轻用户。《国家宝藏》不再只是某个特定文化群体或地位群体的专属观看对象，而是不同年龄阶段、身份地位、知识层次人群都可认知的共享文化载体。

（二）《国家宝藏》的人物元素

节目主持人、嘉宾是电视栏目内容与观众之间沟通的桥梁，是信息和观念的主要传播者。以往文博类电视节目中的主持人、行业专家是节目固定搭配，如《故宫》《鉴宝》《华豫之门》等。《国家宝藏》打破节目常规，抛弃了传统纪录片的基本框架，将主持人、明星、素人叙述相配合，相辅相成，把深厚的历史文化通过个性化的表现形式传达出来。借助多元叙事者的融合，让文物背后蕴含的历史文化意蕴更具有立体感、纵深感。《国家宝藏》扩大了传播者的范围，具体包括：001号讲解员、国宝守护人、博物馆馆长，参与者根据身份的不同，或是角色设定，或是亲身经历，站在不同的视角讲述文物背后的故事。

1. 001号讲解员

基于博物馆文化背景，节目组弱化了传统主持人在观众心中的刻板认知，将其转换为“001号讲解员”，为观众营造博物馆的场景，强化

① 扬州晚报：《〈国家宝藏〉成为网红节目：从3岁到80岁，都能觉得好》，http：//www.sohu.com/a/212406103_158052，2017年12月24日。

了身份代入感。001号讲解员由演员张国立担任，虽然并非科班主持人，但在节目串场与人物访谈环节，张国立状态轻松自然、幽默风趣，具有一定的气场与把控力。作为国内非常知名且较有权威的影视明星，他的粉丝量大、对受众的号召力强，当下国内的综艺大多有着与节目定位相符合的主持人选择，张国立也作为一个代表符号增强了节目所蕴含的文化厚重感。

2. 明星守护人

《国家宝藏》的一大创新是设定“国宝守护人”，分为明星讲解员与素人守护员。据统计，最初的两季节目中，共有61位明星担任讲解员，涵盖演艺界各个领域及年龄阶层，如梁家辉、王刚、黄渤等著名演员，王菲、那英、蔡国庆等优秀歌手，易烊千玺、刘昊然等青年演员，以及相声演员岳云鹏等。明星讲解员通过戏剧演绎的方式引领观众“穿越”至国宝的“前世”，了解其所处的历史背景、时代环境及承载的历史意义。《国家宝藏》每期根据文物特点邀请明星进行演绎，国宝守护人的身份也将明星与文物本身紧密结合在一起，文物保护的意义与明星个人形成联结。明星守护人增添了节目本身的趣味性，同时通过明星的号召力增强了节目影响力，也借由明星的影响增强了观众对历史、文物和博物馆本身的兴趣。

3. 素人

素人守护员即普通群众。节目中的素人来自各行各业，都与国宝文物有着千丝万缕的联系，主要讲述国宝的“今生”故事。节目组以文物为切入点，从普通人的视角出发，讲述与文物有关的普通工作者的故事，通过影像叙事赞美普通工作者的敬业精神，用镜头语言呈现故事原貌。[①] 例如，“瓷母”的素人守护员为故宫讲解员、“洛神赋图”的素人守护员为杭州“90后”姑娘叶露盈、样式雷建筑烫样的素人守护团为

---

① 袁媛、藤依舒：《传承、语态、创新：〈国家宝藏〉成功的路径探析》，《中国记者》2019年第2期。

天津大学王其亨等样式雷研究团队等。素人的在场让节目更有亲切感、真实感和代入感，消解观众与国宝之间的距离。

4. 专家、学者

《国家宝藏》中的专家由各国家级博物馆馆长组成“馆长天团”，还请北京大学考古系教授与博士担任长期顾问，专家对国宝进行权威、深刻、细致的解读。各博物馆都派出专家来配合节目录制，保证了节目较高的知识性和专业性。专家点评并非《国家宝藏》的重心，而是基于国宝的“前世今生”所作的点缀之笔，都是为还原国宝的本来面目服务的。节目中任何角色、任何环节都在为国宝代言，力求更立体地向观众展示国宝的全貌。

（三）《国家宝藏》的节目特征

1. 专业性

《国家宝藏》在内容层面致力于将文物打造成文化符号进行传播，节目本身并未脱离文化圈层，仍保持着原本文化类节目的知识性和科普性。在《国家宝藏》节目中，博物馆馆长现身说法，普及文物专业知识。九家博物馆馆长组成国宝守护联盟，由他们亲自挑选参展的文物。在相关文物“前世传奇”环节表演结束后，会有相应的馆长对文物进行专业解读，涉及外观形态、社会背景、历史地位及研究价值等方面，用简短的文字提炼出文物的特色价值，更加深化了观众对文物的认知与理解。第一季中，上海博物馆推出的第一件文物为商鞅方升，方升是从混乱迈向文明大一统的法度标志。上海博物馆馆长杨志刚对商鞅方升上面的两段铭文进行解读，与商鞅变法、统一度量衡联系在一起。湖北博物馆馆长方勤科普了秦朝对量器的相关规定，指出每年春、秋两个季度，要对量器进行定期检定。馆长的讲解，加深了观众对商鞅方升历史地位的理解。根据笔者的统计，这九位馆长均从事历史研究工作 30 年以上，全都拥有较高的学历背景，由他们从专业角度进行叙事讲述，具有良好的说服力。明星演绎的故事化解说、主持人与素人的交流访谈能够为受众营造一个故事化的场景。博物馆适时的讲解，既能够增强文物的厚重感，又满足了部分具有特定背景的受众的专业需求。

2. 纪实性

华夏文明五千年的历史积淀是《国家宝藏》的内容基础，将其搬上荧屏进行创作时，不能脱离文物本身。从节目表达方面而言，需要更全面、真实地向观众展现文物丰富的价值及文化意义。第一季节目中，节目保留着传统文博类综艺节目的特色，在对文物历史的阐述、鉴别与研究，以及节目的文案撰写等方面都离不开文物本身，力求展现文物最细致、真实的一面。而在第二季中，节目组融入了更为丰富的地域文化，努力找寻不同民族之间的共通价值，在人与人之间建立起沟通和交流的桥梁，让多元文化在现代社会融合发展，让整个社会拥有共同的文化记忆。[①] 两季节目在创作过程中展现了全国各大博物馆精品，不断加强文物深度，拓宽地域宽度，向受众传递更为真实全面的文物信息。《国家宝藏》节目中博物馆馆长的讲述、素人的访谈等环节都具有一定的纪实性。博物馆馆长基于文物本身向受众进行科普，所讲述的内容均有历史依据，真实又权威。而节目中所展示的素人形象，均与文物有着千丝万缕的关系，他们向受众分享其真实经历，为文物增添了生活气息，平民化的讲述更拉近了观众与文物的距离。

3. 娱乐性

《国家宝藏》将文物搬上荧屏，声画结合的表现方式对受众具有强大的吸引力。电视将厚重的博物馆文化通过综艺的形式展现出来，加上剧场演绎的巧妙编排，具有一定的娱乐性。节目中“前世传奇”部分，基于文物本身的历史文化背景，进行戏剧化再创造，不脱离历史基础，又融入活泼生动的情节，带有戏说历史的意味，相比较呆板严肃的讲述更能吸引受众。在第二季节目关于样式雷建筑烫样的小剧场中，故事背景是在与日本人的交锋中，林徽因和营造学社守住了中华文明的风骨，

① 余忆文：《〈国家宝藏〉第二季：多元文化的回归与发展》，《视听》2019 年第 7 期。

开创了中国建筑史的先河。王菲饰演大公报记者，从见证者的视角解读样式雷建筑烫样的往事。节目虚构了大公报记者这一身份，通过她来给大家讲故事，戏剧化演绎后的故事更为生动有趣。《国家宝藏》中文物的守护人选取大家所熟知的明星，充分发挥明星效应的强大拉动作用，宣读国宝守护誓词，将国宝情怀与明星嘉宾联系在一起，也引发粉丝群体对节目的极大关注，扩大了节目的受众范围。[①] 王菲的内地综艺首秀吸引大量追随她的粉丝蹲守节目播出，国宝守护人的明星光环吸引受众驻足，爱屋及乌，对偶像的追捧延伸至其所守护的文物，偶像的行为也诱发粉丝关注模仿。

4. 传承性

历史文化传播的过程就是树立受众文化自信的过程。随着碎片化时代的来临，信息更迭速度不断加快，人们逐渐习惯享受“信息快餐”，传统文化面临着传播与传承的困境。对于大多数受众而言，文物只是存在于博物馆的藏品，与自己生活相隔较远，对于文物背后蕴含的文化意义的了解更是零星半点。《国家宝藏》致力于“让国宝活起来”，将国宝承载的历史记忆、人文精神和家国气象进行生动解构，以浓缩的历史唤起深层的自信。[②] 对一件文物的深入了解，除了“前世传奇”的故事化演绎，更有“今生故事”的深入解读。国宝的素人守护者，均与文物有着不解之缘。故事从古及今，是时间线的延续，更是文化精神的绵延不绝。以样式雷建筑烫样为例，“今生故事”中，邀请了天津大学建筑学院著名古建筑专家、被誉为中国古建筑研究第一人的王其亨教授及他的团队讲述研究“样式雷”的曲折故事，以及中国古建筑设计历史空白的悲哀。随着封建王朝的结束，样式雷家族也逐渐没落，对于样式雷的传承之路也尤为艰辛。节目中，王其亨教授提及中国古建筑设计在世界建

---

① 武文斌：《从〈国家宝藏〉看文化类综艺节目的创新突围》，《新闻世界》2019 年第 4 期。

② 杨冼：《传播视域下中华传统文化的传承与创新——以电视节目〈国家宝藏〉为例》，《新闻爱好者》2018 年第 10 期。

筑史上的缺失时，激动、愤慨的情绪溢于言表。节目讲述了他坚持用近四十年的时间，带领团队完成了近百次实地测绘。他在节目中说道："学术也有传承，个人的寿命有限，所以我带着团队，希望把这个工作一代一代做下去。"① 这也是节目播出的意义与价值，让观众对文物有所了解的同时，更是激励更多的人重视文物并为传承博物馆文化贡献自己的一份力量。

三 《国家宝藏》的创新性分析

（一）《国家宝藏》的叙事创新

叙事，是讲故事的方法，通常指如何在时间和空间中把故事组织起来，即导演如何把一个故事的原始内核用最吸引人、最有趣的方法讲出来。②《国家宝藏》的创作一定程度上保留了原有文博类电视节目的知识性和专业性，在此基础上融合、吸纳了其他节目元素。具体而言，包括前世、重现、今生、亲历、传奇等方面，各要素各司其职，向受众更加形象立体地展示文物，从而吸引受众注意力，提升节目影响力。

1. 叙事手法

文博类综艺节目的探索更侧重于知识普及，教科书式的讲解、程式化的探讨、呆板的展示，对受众吸引力不足，甚至会拉大受众与文物的距离。让看似沉闷、冰冷的国宝闪耀炙热的光芒，需要进行相应的艺术加工，让国宝更接地气，更符合受众需求。原故宫博物院院长单霁翔曾说："文物传承至今，我们的历史使命和前辈文物'守护人'并无区别，保护、追寻、探索，但是今天更重要的使命，是把文物的前世今生故事讲给大家听，告诉人们文物与他们的现实生活的关系。"③

在整体立意层面，《国家宝藏》将遥远的文物拉近现实层面，摆脱传统文博类电视节目的单向编排模式，而是以文物为主线，分成"前世"

① 《〈国家宝藏2〉让文物活起来》，搜狐网，http：//m. sohu. com/a/282272753_ 100178186。

② 王梅：《模式时代文化类电视节目的自主创新》，《中国广播电视学刊》2018 年第 4 期。

③ 转引自于蕾《国家宝藏》，中信出版集团 2019 年版，第 8 页。

与“今生”两条支流，双向勾连进行编排，向受众更完整地展示文物所蕴含的文化和精神。《国家宝藏》基于文物本身，展现不同的时空故事，两个故事看似独立又一脉相承，让观众从不同角度了解故事的发展脉络，加深对文物的认知与理解。文博节目通过艺术化处理后创造出的“被叙述时间”，是对“实在时间”的加工和变形，达到逆转、扩展、省略或超越“实在时间”的效果，最终实现观众“阅读时间”效果最大化。①

《国家宝藏》的“前世传奇”主要是通过舞台喜剧的方式来呈现并完成微型历史剧，具体形式包括舞台话剧、音乐剧、纪录短片等，由演员演绎一段基于史实合理想象和虚构的小故事，从而增强文物的历史感与厚重感。② 在《国家宝藏》第一季中，河南博物馆推出的第一件文物为妇好鸮尊，这是商朝王后妇好墓中出土的一件鸮形酒器。此文物的“前世传奇”讲述的是演员刘涛饰演的妇好与商朝明君武丁商议讨伐羌方的经历，战胜归来，妇好和武丁一身戎装，武丁举杯赞大商战神妇好将军，将士们兵器砸地，万人齐呼“大商战神”。妇好举起青铜酒杯祭礼，万人敬仰。通过简短的故事，展现了“中华第一女将”妇好的历史地位及巾帼风姿。作为妇好爱物的妇好鸮尊是战神的象征，也是“国之大事，在祀与戎”的物质载体。

《国家宝藏》的“前世传奇”侧重于让遥远的文物“活”起来，而“今生故事”则聚焦现代生活中与该文物相关的故事，主要通过与文物息息相关的人物进行讲述，更侧重于展现现代人探索与守护国宝的历程。通过时间的想象，时间中的文物与情感均找到寄托，文物成为连接现实与故事的时间通道，以历史文化观照当下，映射观众所生活的时间环境。③ 在妇好鸮尊的“今生故事”中，节目组请来中国社会科学院考古研究所郑振香研究员，她曾主持妇好鸮尊的考古发掘工作。在“纪

① 范海潮、李云飞：《〈国家宝藏〉文化建构中的时空想象》，《电视研究》2018 年第 8 期。

② 苏宏元、贾瑞欣：《形式创新·价值诠释·仪式建构——〈国家宝藏〉节目热播原因探析》，《新闻战线》2018 年第 13 期。

③ 范海潮、李云飞：《〈国家宝藏〉文化建构中的时空想象》，《电视研究》2018 年第 8 期。

念殷墟妇好墓考古挖掘四十周年特展”活动中，因为她的讲述，妇好不再是甲骨文中的神秘角色，妇好鸮尊也为世人所知。在《国家宝藏》节目中，“前世”“今生”均有着千丝万缕的联系，沉睡三千多年的殷商大墓因郑振香的坚持才重现人间，郑振香身上的坚毅品质与妇好所具有的刚柔并济一脉相承。前世今生的时空故事是华夏文明精神绵延不绝的见证，节目组打破时空界限，让文物更富有生命力。

2. 叙事技巧

《国家宝藏》通过讲述文物及时代的故事，全方位展现文物全貌，增强受众的文化自觉与文化自信。每期节目在“前世今生”版块的总体设置上有共通性，但又因地域的不同，表现风格有所差异。

设置悬念是节目编排的一大特点，悬念即指在戏剧、小说等叙事性文本中，为有效吸引观众和读者，让故事情节和人物命运发展到一定阶段被有意悬置、延宕下来，等待下文交代才会明确而采取的一种情节设置手段。[①] 首先，从节目背景而言，《国家宝藏》以文物界的大型选秀活动呈现，在故宫建成600年之际，故宫博物院联合八大博物馆以“国家宝藏”为题举办大型特展，由此每个博物馆选送3件宝物，观众投票选出1件，最终入驻特展。“选秀”元素赋予文物新的活力，哪家博物馆能够角逐胜利的悬念，吸引观众参与其中，增强了节目趣味性与互动性。其次，每期节目开始之初，明星守护人初识自己所要守护的文物时也有悬念设计，守护人带着好奇心走进博物馆，镜头跟随明星守护人的脚步，细致刻画了明星守护人从初识、相知、守护的心路历程。在“前世传奇”故事中，节目组为了激发受众兴趣，故事演绎中的悬念设置比比皆是。上海博物馆馆藏大克鼎的“前世传奇”故事背景为：公元前910年，周孝王继位时，内有诸侯倒戈，外有戎狄侵扰，一位膳夫提出御敌先克内，克内关键在于“一块肉”，因此故事围绕一个厨师为

① 潘章仙、杨柳缨子：《〈国家宝藏〉叙事策略背后的文化自信》，《中国广播电视学刊》2018年第4期。

什么就能去平定诸侯内乱而展开。悬念能够有效吸引受众眼球，期待答疑解惑的过程就是深入了解文物历史背景的过程。

制造冲突是节目编排的另一特点，故事叙述过程中，安排合理的情节冲突能给故事增添戏剧化色彩，起伏的情节能够迅速带动受众情绪，从而强化故事的传播效果。“前世传奇”中的故事冲突主要分为以下几类：第一是人与人的冲突、矛盾。比如，河南博物馆馆藏云纹铜禁的“前世传奇”故事中，子庚心怀百姓与书生饮酒度日的对立；湖北博物馆馆藏云梦睡虎地秦简的“前世传奇”故事是喜大人对法律的认真与下属敷衍塞责的对立；辽宁博物馆馆藏万岁通天帖的“前世传奇”故事中，王方庆、狄仁杰想要取回真迹与武则天想要私留真迹的对立。不同时代的人物因所处环境、立场的不同，导致观念和作为的冲突，以及故事情节的冲突对立，强化了故事内容的魅力。第二是人与当时社会环境的对抗。比如，湖南博物馆馆藏长沙窑的“前世传奇”故事背景为中唐时期，长沙窑产品遇到生存瓶颈，因水土问题导致其与当时著名的邢窑白瓷和越窑青瓷差距甚远，在此社会背景下，当地小窑厂老板另辟蹊径，为长沙窑增添砝码，从而寻求一席之地。第三是人与自然的对抗与冲突。比如，在浙江博物馆馆藏玉琮的“前世传奇”故事中，面对洪灾，国王决定弃良渚向北迁徙，但女儿瑶坚决反对。瑶坚信琢通玉琮就能挽救良渚，最终洪水消退，瑶再也没有出现。故事中瑶与大自然的抗衡，所体现的坚韧品质为观众所感动。由此可见，小剧场演绎中必要的情节冲突能够深化受众对文物及文物所承载的历史文化的认知，加强人与文物的情感联系，从而提高受众认可度。

（二）《国家宝藏》的场景分析

场景原本是影视语言，即在特定时间、空间内发生的行动，或者因人物关系构成的具体画面，无数连续场景能够组成一个完整的故事。[①] 随着时代的变革和科技的革新，人们接收信息的需求和习惯也在不断变

① 腾讯传媒研究院：《众媒时代》，中信出版社 2016 年版，第 113 页。

化。传媒业与科技的融合发展，公众习惯以场景思维看待事物，电视节目制作更加重视受众体验，通过营造现场感，为受众打造综合的视听感受，从而增强用户黏性，引发观赏兴趣，产生情感共鸣。

1. 博物馆与演播厅的嫁接

《国家宝藏》的节目录制打破了传统文博类综艺节目单纯室内演播的录制方式，采用以室内演播厅为主、博物馆为辅的双向链接的录制模式。

在情节设置方面，每集节目之初，明星守护人在不知道自己所要守护何种文物的情景下，走进博物馆，在博物馆馆长带领、双方参观交流的过程中，明星守护人与其所要守护的文物正式相见，该环节让观众对文物有一个简单的印象。在明确文物对象后，明星守护人由博物馆走向演播室，将线下场景引入演播厅，由此开始文物“前世今生”环节。经过明星守护人对文物“前世传奇”故事的演绎，受众对文物的历史背景有了初步了解。紧接着，由主持人、明星守护人、素人共同沟通交流的“今生故事”环节，则深化了受众对文物的进一步认知。由于“今生故事”融入了亲历者的真实情感，更具有带入性，增强了受众对文物的感情。最后守护人表态致力于文化传承的环节紧扣节目主题。在节目中，博物馆与演播厅成为一个不同场景的整体，节目沿着明星守护人对文物相识、相知、守护的一条主线环环紧扣。而在现实中，任何一个受众都有可能成为守护人的角色，线下走进博物馆，深入了解文物，从而领略并传承守护文物所承载的文化内涵。

在视觉呈现方面，节目将原本作为线下展馆的博物馆引入观众视野，为了保证视觉上的整体效果，节目组在拍摄剪辑处理中，弱化了博物院的距离特征，凸显了演播厅的现场感。博物馆的实地拍摄，增强了博物馆的现场感，除了节目设定的路线、展品外，将博物馆其余真实存在的场景进行黑幕处理。节目组灯光紧跟明星守护人脚步，从博物馆走向演播厅。相对而言，演播厅的视觉呈现，强化了与线下博物馆相似的实地场景。演播厅的搭建具有稳重、大气之感，观众随着明星守护人的脚步，由线下走进演播厅，颇有身临其境之感。节目组通过一定的内容设置及视觉处理，将看似相差甚远的不同场景搭建在一起，这种不同场景的嫁接，完成一个整体的环境构建，优化了节目的整体呈现效果。

2. 现代化的舞台设计

《国家宝藏》以场景思维勾勒文物，综合运用舞美设计、灯光、LED 显示屏等影视元素进行展现。从视觉效果而言，室内演播厅的场景更为宏大，在舞台设计方面别出心裁。

首先，演播现场呈圆形，分为观众区与舞台区，观众区之间有一弧形带，由 LED 立方体组成，明星守护人由此穿过观众区走至舞台。舞台中央设计了 9 块立体冰屏，采用了在其他综艺节目中少见的 LED 显示技术，9 根冰屏立柱的位置可以变换移动，利用电动滑轮绳索控制立柱的单独升降和前后移动，使舞台呈现出了“内与外”“前与后”变化多端的空间和形态。[①] 此外，舞台上还有一块 LED 背景屏，9 根 LED 立柱可以拼接成立柱、门、壁画等多种造型，也可以和 LED 背景屏形成一个整体，根据文物特色、剧场故事、访谈人物等进行适度调节，从而满足国宝展示过程中不同环节的需求。具体而言，在 001 号解说员张国立节目串场解说过程中，9 根 LED 立柱作为《国家宝藏》节目组的背景展示，显示节目立体感、厚重感；在《千里江山图》的前世传奇中，立柱变成了宋徽宗宫殿的柱子，营造真实感、现场感；而在展示《坤舆万国全图》海国图景时，撤去 LED 立柱，以 LED 背景屏最大限度地展现全图，给观众更全面、直观的感受。

其次，《国家宝藏》采用了 3D 全息幻影成像系统，将三维画面悬浮在柜体实景中，形成半空影像，并且根据各位嘉宾的讲解随时变换文物展示角度。[②] 在介绍民国古琴泰斗杨宗稷先生“百半琴高”的第一琴彩凤

① 阎京凤：《〈国家宝藏〉的节目特色》，《传媒论坛》2018 年第 3 期。

② 李川、田烨、房新宁：《文博类节目的创新路径探析——以〈国家宝藏〉为例》，《今传媒》2018 年第 5 期。

鸣岐七弦琴时，采用3D全息幻影影像，对彩凤鸣岐七弦琴进行360度全方位展示；在展示各种釉彩大瓶瓷母的历史背景与制作工艺时同样使用了该技术。《国家宝藏》通过这种技术，将历史厚重感与现代科技感相融合，给观众带来强力的视觉冲击，文物呈现更加立体化、现代化。而在九个博物馆馆长坐镇交流的节目场合，全息幻影成像系统被运用到极致，嘉宾们围坐在一个巨大的展台边，文物的三维画面悬浮在柜体上方的半空，达到完全没有任何束缚便可以尽览立体文物细节的特效。①

《国家宝藏》的灯光技术同样为舞台设计加分不少，LED背景屏加上电脑摇头灯的矩阵效果，使得节目整体灯光简洁素雅又气势磅礴，符合节目本身严谨、厚重的特色。为了配合文物的历史厚重感与节目剧场节奏，灯光多选用低饱和度的蓝、灰、绿等具有古典特质的颜色，在灯光的衬托下，给文物及节目整体增添了雅致、辽阔的气质。多重舞台技术的叠加使用，将文物放置在营造的真实场景中进行展现，促使观众能够在节目现场交互式体验每一件国宝，从而激发更多的受众产生情感共鸣。

3. 贴近故事的背景音乐

在空间布局上，精心安排视觉对象能够吸引受众，而听觉可作为辅助要素吸引并稳固受众群体。《国家宝藏》每个环节的辅助背景音乐同样别出心裁。该节目的背景音乐由曾为《奇葩说》《开门大吉》等众多综艺节目制作音乐的青年作曲家关大洲制作，他根据节目特色打造了《象王行》《风入松》《破阵乐》等11首背景音乐，作品融合了古典文化意象，并根据节目环节设置特色，配置合理的音乐烘托节目气氛。其中，嘉宾出场曲为《破阵乐》，为每位国宝守护人出场助阵音乐，取意力求异曲同工之烈烈气象；而在“前世传奇”尾声制作的曲子为《定风波》，该曲子寓意为每一段历史的结束，又将是新的传奇的开始；“今生故事”开篇的曲子为《满庭芳》，寓意为今生的故事将是怎样的满庭芳华；结束曲则为《少年游》，寓意为愿这五千年的文明，壮怀思

---

① 范海潮、李云飞：《〈国家宝藏〉文化建构中的时空想象》，《电视研究》2018年第8期。

飞，古老而生机勃勃，“长似少年游”。

在第二季节目中，整个节目制作上更体现了包容的主旨。背景音乐方面，作曲家关大洲将中西方乐器加以融合，创作了《景明》《折柳》《老拙》《夜凉》等作品，曲风灵动活泼，贴切节目内容故事。比如，《黄雀》主要由打击乐器构成，圆号中音号声先起，琵琶紧随其后，灵动活泼，烘托了生机勃勃的景象；《合欢》主要由轻快的琵琶与跳动的笛声组成，加之鼓点的配合及小提琴的和声，营造了其乐融融的氛围；《悲笳》的主要乐器为大提琴，乐音细腻却克制而壮烈。在第二季收官作《九州同》的曲调中，所有国宝在屏幕中铺陈开来，古筝的淳朴、笛子的清亮、萨塔尔的异域风情、唢呐的高亢，具有九州大同之势，气势磅礴，铿锵有力。

表 3－1　　16 首《国家宝藏》原声音乐作品

<table>
<tr><th>名称</th><th>作词</th><th>作曲</th><th>编曲</th><th>表演者</th><th>备注</th></tr>
<tr><td>《象王行》</td><td rowspan="12"></td><td rowspan="12">关大洲</td><td rowspan="12">关大洲、林逸航</td><td rowspan="11"></td><td>开场曲</td></tr>
<tr><td>《风入松》</td><td>001 号主旋律</td></tr>
<tr><td>《破阵乐》</td><td>嘉宾出场曲</td></tr>
<tr><td>《明月引》</td><td>国宝亮相曲</td></tr>
<tr><td>《清平乐》</td><td>守护人主旋律</td></tr>
<tr><td>《潜龙跃》</td><td>前世传奇引子</td></tr>
<tr><td>《定风波》</td><td>前世传奇引尾声</td></tr>
<tr><td>《满庭芳》</td><td>今生故事开篇</td></tr>
<tr><td>《鹤冲天》</td><td>今生人物出场曲</td></tr>
<tr><td>《故园声》</td><td>守护人言曲</td></tr>
<tr><td>《少年游》</td><td>结束曲</td></tr>
<tr><td>《水龙吟》</td><td>李祥霆、王次恒、赵聪、果敢</td><td>收官盛典开场曲</td></tr>
<tr><td>《帛画魂》</td><td>王凌云/郑琨</td><td>王凌云</td><td rowspan="4">祁岩峰</td><td>雷佳</td><td rowspan="4">宋人摹顾恺之《洛神赋图》</td></tr>
<tr><td>《仙才叹》</td><td rowspan="2">王梓嫣</td><td rowspan="3">祁岩峰</td><td rowspan="2">朱峰、蔡忻如</td></tr>
<tr><td>《仙才叹（加长完整版）》</td></tr>
<tr><td>《仙才叹（加长完整版伴奏）》</td><td></td><td></td></tr>
</table>

表 3 - 2　《国家宝藏》第二季原声音乐（关大洲作品）

序号	名称	序号	名称
1	序	11	悲笳
2	景明	12	人间乐（女生版）
3	折柳	13	虞美人
4	老拙	14	人间乐（男生版）
5	夜凉	15	醉太平
6	桃夭	16	九州同
7	长空	17	人间乐（女生版伴奏）
8	黄雀	18	虞美人（伴奏）
9	流光	19	人间乐（男生版伴奏）
10	合欢		

注：发行时间：2019 - 01 - 28；唱片公司：央视纪录国际传媒有限公司。

《国家宝藏》节目致力于把节目年轻化，吸引不同年龄阶段的受众关注，除了在电视等主流媒体平台传播外，也在 B 站（哔哩哔哩网站）等网络平台上同步播出。B 站是国内知名的视频弹幕网站，具有较强的 ACG（动漫）氛围。《国家宝藏》的节目制作引入大量仙侠类国风游戏 BGM（背景音乐），如在第一季第八期节目中，在讲述玉琮的“前世传奇”故事中，由周冬雨饰演城中一位身兼大祭司职责的王的女儿，展现了当时的人们用智慧抵挡洪水的场景，该情景剧的背景音乐的《阴晴》《重危》《永夜寒沉·变奏》《忆相逢 LIVE》均出自《古剑奇谭二》游戏 BGM。此外，《别洞天》《御剑江湖》《君莫思归》《御剑江湖》等音乐出自仙剑系列。古剑仙剑之类作为仙侠类国风游戏 BGM 贴合节目中国文化主题，与《国家宝藏》“前世传奇”的故事所表达的意义相契合。借用 ACG 背景音乐，既满足了 ACG 爱好者的需求，又二次传播了相关音乐，从而达到了双赢的传播效果。

（三）《国家宝藏》的传播分析

近年来，电视节目基于节目自身的定位，多重元素共同发力，在场景搭建、情节设计、渠道融合上进行再创造，扩大电视节目影响力。信息化时代，媒介形态不断革新，信息传播突破了单向度的传播渠道，多样化的受众需求促使节目实现融合，对同一内容资源进行分化传播。《国家宝藏》节目更是打通传统媒体的大众传播与互联网的传播界限，建构了立体化的多维传播网络。

1. 大众传播：央视话语权的建构

不同的传播平台，拥有不同力度的传媒话语权。央视频道作为国家级官方主流媒体，其节目的选材、叙事、编排、导演、剪辑等各个环节背后都有其深刻的意识形态和文化内涵。央视作为国家官方发声渠道，传递与社会主流价值观相符的信息和观念，对社会发展具有重要的导向作用。电视媒体多年来积淀了广阔的受众基础，受众普遍认为电视节目相比网络平台内容更具权威性和公信力，倾向于拥护电视节目所代表的“官方声音”。《国家宝藏》旨在引导受众走进博物馆，加深对博物馆文化的认知，传承文物所蕴含的传统文化。大众传媒具有议程设置功能，权威节目所传递的信息直接影响受众对事物的判断与认知。文博类节目将博物馆文化以声画结合的方式展现出来，是受众增强文化自觉和文化自信的有力途径，有利于唤醒受众的民族自信心和自豪感。

受众对官方主流媒体的认可度较高，电视节目成为宣传博物馆文化的权威渠道，央视在电视频道中具有龙头地位，在节目制作方面，具有强大的资本、人力、物力和经验基础。相比其他文化类综艺节目，《国家宝藏》现代化的舞台设计、科技化的文物展示需要投入大量资金。节目组携手故宫博物院及国内各省国家级重点博物馆，借故宫博物院600年华诞而筹备的大型展览开展节目制作，这样的号召力与整合力，除了央视很难有其他平台与之匹敌。《国家宝藏》播出的过程中，所蕴含在节目中的价值观念、文化精神等也都随着传播出去，既表现出了央视的责任担当，也进一步增强了央视的影响力和公信力。

随着互联网的演进，多元的传播者、开放的传播渠道、复合式的传播形态对传统媒体的议程设置作用有所削弱，传统媒体与官方视频网站的融合成为大势所趋。《国家宝藏》在央视网同步播出的同时，联合优酷、腾讯视频、爱奇艺等国内各大视频网站同步更新。与传统电视平台相比，移动互联网终端可供受众随时随地观看视频，受众可以利用碎片时间接收信息，打破了内容传播的时间和空间的限制。开放的传播渠道吸引了更多的观众，单以爱奇艺视频平台为例，截至 2019 年 9 月 26 日，《国家宝藏》两季节目在该平台同步播出的累计视频播放量为 3. 459 亿次。传统电视平台主动拥抱互联网视频平台，台网融合不断深化，电视节目的传播范围越来越广泛，从而达到台网双赢的良好局面。

2. 小众传播：B 站载体的狂欢

互联网时代，开放性、匿名性和交叉传播的网络结构打破了传统信息传播的界限与局限，信息传播不再是某一群体的特权，信息交流更为活跃。传统电视节目向网络视频平台的移植、渗透，丰富了信息的传播渠道，增强了传播效果。央视综艺频道积极入驻 B 站，在 B 站开通了“央视综艺官方”账号，同步更新节目，主动走近更多的观众。B 站用户以“95 后”“00 后”等年轻群体为主，代表着崭新的文化创作和传播方式，是拥有中国最年轻用户的传播平台。《国家宝藏》的节目定位趋于年轻化，致力于用新潮的表达方式吸引更多的年轻受众，选择合适的传播平台更能让年轻人接受，充分满足了年轻人多样化的需求。节目总导演于蕾还在 B 站视频区留言，阐述创制片子的艰辛和节目播出后难以平复的心情，并把自己的创作体会放在 B 站评论区，赢得年轻观众的一致点赞。① 总导演讲述节目制作背后的故事，一方面让受众更全面、深入地了解《国家宝藏》；另一方面，拉近了观众与节目组的心理距离，使节目内容更具有亲和力，从而强化了受众黏性。

B 站为年轻人提供了深入了解博物馆文化的平台，借助弹幕语境的构建，丰富了文化的传播形式。综合数据显示，《国家宝藏》在 B 站上的节目评分为 9. 7 分，截至 2019 年 9 月 11 日，第一季节目播放量为

① 刘光磊等：《〈国家宝藏〉的文化传播创新》，《中国广播电视学刊》2018 年第 4 期。

2126.2 万次，弹幕数量 123.7 万条；第二季播放量为 2527.9 万次，弹幕数量 63.8 万条。[①] 年轻用户群体借助该平台，在节目播出过程中畅所欲言，实时表达自己的看法和见解，犹如一场人人上场表演的网络狂欢。对弹幕内容进行分析发现，大致可分为以下几个方面。第一类弹幕多围绕节目内容进行讨论，包括节目效果、演员演技、剧情设置、与文物相关的知识介绍等，弹幕中“演技惊人”“感染力太强”“解释好评”“吹爆国家宝藏的文案”等言论比比皆是。第二类多为表达情绪性弹幕，不管是如“哈哈哈哈哈”“2333333”“威武”“666”这样直白的情绪性词汇，还是如“天工开物，匠心独运”“老学者非常有责任感”“扛起保护大旗”等表达对文物前世今生故事的感慨，受众根据《国家宝藏》节目环节的推进，自由表达感受、抒发情感。第三类多为地域性号召类弹幕，每期节目选取某省博物馆作为代表，节目开头会有大批地域性质的弹幕霸屏，表明自己的地域身份。在第一季浙江省博物馆那期节目中，节目刚开始 B 站节目屏幕上出现类似于“浙江人报道”“温

图 3-1 B 站播出《国家宝藏》第一季第八期浙江博物馆的弹幕截屏

① 数据来源：哔哩哔哩弹幕网，https://www.bilibili.com/bangumi/media/md28221645/? from = search&seid = 986687456607254390。

州报道”“绍兴人来报道”等弹幕。受众群体在同一场景下，基于相同的语言体系、地域身份等群体标识来理解节目文本，获得了群体的认同感、归属感，并在讨论中表达对中国传统文化的认同。

3. 互动传播：“传”“受”界限的消融

传统媒体在传播方式及传播效果方面与互联网传播存在巨大差异，为了争取更广泛的受众群，电视媒体也在积极转型，将触角伸向互联网，开展双向互动的网络传播。

首先，从信息传播者的带动层面，拥有庞大粉丝群的网络大V、影视明星、自媒体红人等具有较强的传播影响力，成为二级传播中的意见领袖。每期节目开播前，意见领袖的造势能够引发各方粉丝群的关注。《国家宝藏》栏目组请来众多重量级自带流量的嘉宾，粉丝群爱屋及乌，将自己对偶像的追捧延伸至其宣传的电视节目，扩大电视节目讨论量与影响力。节目播出前期，相关明星守护人会在微博平台发布相关信息，为节目预热，营造话题热点。统计显示，截至2019年9月14日，微博话题“#王凯cctv国家宝藏#”阅读数为1.2亿次、“#鹿晗国家宝藏#”阅读数为1亿次、“#吴磊国家宝藏#”阅读数为1.4亿次。

其次，从节目内容层面，栏目组积极开展UGC（用户生产）内容征集活动，“#我写国宝广告语#”“#国宝表情包#”“#我眼中的国家宝藏#”等原创内容征集，吸引大量网络名人与网民纷纷参与讨论，表达对电视栏目、文物、守护人的喜爱，同时在一次次的互动中传播了节目口碑。受众广泛参与到与节目内容相关的互动，通过漫画改编、剧本改写等方式对文本进行戏拟和仿作，使其获得新的生命。[①] 在第一季节目中，王凯守护的是故宫博物院推出的烧制于乾隆年间的瓷器，剧场演绎环节，王凯饰演的乾隆想要烧制一个17种花色的瓷器，因“农家乐”审美被群嘲，该情节引发观众捧腹大笑，网民还制作了一组三连表情

① 李晓：《文博探索类电视节目〈国家宝藏〉的突围——从精英文化到大众文化的演变与整合》，《吉林广播电视大学学报》2018年第8期。

包，在网络上广泛传播。节目组与受众的双向渗透，刺激了受众对节目内容的二次加工，激发了网民的创作热情。

图 3－2 网民制作的表情包

从传播平台的跨屏互动层面，《国家宝藏》告别传统的“我播你看”的播放方式，充分调动屏幕前受众的积极性，吸引其参与到节目流程的各个环节，从而提升观看体验。《国家宝藏》在节目播出同时，电视端出现二维码，观众可以通过扫一扫、摇一摇等方式与栏目实现跨屏互动。与以往相比，观众获得更为深刻的互动体验，受众的参与意识不断增强，个人需求与个人情感得到不同程度的释放与展现。传者与受者多层面的互动交流，传受之间的界限逐渐消融，社会公众自身也能成为传播的主体，逐渐形成了一种“去中心化”的多向式传播路径。[①] 观众对信息加工再创造的过程，就是信息二次传播的过程，一方面受众在互动狂欢中得到满足；另一方面，也拓宽了博物馆文化的传播范围。

① 高萍、陶玲玲：《〈国家宝藏〉在融媒体时代的传播创新》，《中国电视》2018 年第 5 期。

四 《国家宝藏》对文博类电视节目的启示

（一）细分领域，深化节目主题

海外综艺的引进与开发，占据了国内原创综艺节目的市场份额，差异化的文化类综艺节目虽然一定程度上吸引了观众兴趣，但是缺乏深入人心的文化滋养的节目很快会被市场洪流所淹没。习近平总书记在中国文联十大、中国作协九大开幕式上的讲话中提及，坚定文化自信，离不开对中华民族历史的认知和运用，创作出具有鲜明民族特点和个性的优秀作品，要对博大精深的中华文化有深刻的理解，更要有高度的文化自信。[①] 对文化传统的深入挖掘，依据更为厚重的文化载体，选取更为新颖的题材进行开发，是文化类节目脱颖而出的关键。长期以来，电视栏目对中华文化的开发层出不穷，博物馆文化更具历史厚重性和地域广阔性。博物馆中的文物是历史长河的见证，是中华民族的血脉，《国家宝藏》本着传承历史文化的节目宗旨进行创作，与新时代的社会发展要求一脉相承。

《国家宝藏》节目开始之初，001 号解说员张国立的开场白为："我们有多年轻呢，也就是上下五千年。" 历史自信是文化自信的来源，构建文化自信，不仅需要从现实维度切入，同样需要从历史维度着手，看到中华文化发展所走过的道路，看到文化自信的来源，需要全面了解中华文化的历史发展过程。[②] 《国家宝藏》的热播，带动线下受众走进博物馆，深入了解博物馆蕴含的历史文化，从而提升大众文化自信。

（二）关注需求，拓宽节目开发视角

《国家宝藏》节目组力求将节目风格年轻化、潮流化，尽可能抓住不同年龄阶段的受众群体。对于受众而言，节目是否吸引人，浅层次的

---

① 新华网：《坚定"文化自信"，须读懂习近平这 6 篇重要讲话》，http：//www. xinhuanet. com/politics/xxjxs/2019 -06/19/c_ 1124642114. htm，2019 年 6 月 19 日。

② 钟哲：《从历史维度认识文化自信》，《中国社会科学报》2018 年 1 月 3 日第 2 版。

需求是节目能够满足视听需求，深层次需求即是否能够牵动人心，满足心理需求。文物在博物馆中陈列的时候，只是单向度的观赏。而《国家宝藏》在视觉呈现方面，融入了现代化技术全景呈现文物面貌，突出文物在博物馆中不能全面展示的细节，从而加深受众认知，拉近受众与文物的距离。现代化技术的使用，增强了节目创作的视觉冲击，让舞台展现兼具真实感与艺术性，“多媒体影像 + 文物”的结合，利用科技手段突破时空距离，最直观地展现和还原文物本体，带给观众沉浸式的体验与冲击性的视觉震撼。① 节目组将功能性的设备赋予审美意蕴，随着节目的推进带动文物的展示，增强了传播过程的审美意蕴。

受众心理需求的满足，一是要节目的内容具有吸引力，二是要能够真正切身体会到节目组传达的情感。在《国家宝藏》中，每件文物都有一个基于历史事实而定制创作的历史小故事，国宝守护人或化身国宝的所有者，或化身国宝本身，演员精湛的演技强化了现场代入感，增强了节目的吸引力。节目在演好故事的同时也努力讲好故事，“今生故事”中守护人所讲述的亲身经历能够吸引受众自愿成为守护者的一员，在与文物的对话中找到精神和情感共鸣，实现文化的传承。

（三）定位准确，开展融媒体多维传播

《国家宝藏》的传播路径区别于早期电视节目的单一传播方式，它迎合当下时代潮流，运用多维立体的传播网络对观众进行信息轰炸。中央电视台坐镇，各大网络平台同步播放，为节目奠定了广泛的观众基础。融媒体时代，单向度的台网融合已经不再具有传播优势，需要真正融入受众群体，打通节目与受众的通道。以微博、微信为代表的社交化媒体的互动传播成为节目组重点开发的领域。《国家宝藏》节目组、各地博物馆的官方微博、微信，以及网络大V、明星守护人的微博，都会有众多网民留言、点赞、转发，也会有相关运营人员进行回应。强关系

① 卢武、周敏：《央视〈国家宝藏〉对于文化类电视综艺节目的启示》，《新闻世界》2019年第2期。

带来强效果，社交媒体平台打通了受众与传播主体间的渠道，二者能够第一时间彼此反馈，由此提升电视节目和博物馆的知名度与美誉度。

融媒体时代，媒介的多元融合打破了传统的信息传播路径，传播主体和受众之间的界限被消融，信息不再属于某一方，社会公众自身也能成为传播的主体。[①] 网民以个人名义，围绕《国家宝藏》的相关元素，制作表情包、编辑微信推文、撰写观看体会等，对信息进行解码和再解码，促进了《国家宝藏》的再次发酵，扩大了传播效果。

（四）线下互动，延伸栏目产业链

对于文化类节目而言，高收视率不是最终目的，更重要的是因大众传媒的发酵，带动相关文化的传承与发展。长久以来，受博物馆自身属性的限制，受众对博物馆文化的认知度相对较低，《国家宝藏》的热播提升了文物的大众认知度，吸引更多的潜在受众走进博物馆，提升博物馆的人流量。河南博物院院长马萧林透露，节目播出后，河南博物院的客流量有了明显增加，“粗略估计，大概增加了30%左右”[②]。受众的观看热情转化为实地参观兴趣，一方面促使博物馆提升展馆质量，组织更为丰富的优质展览吸引受众，促进博物馆与受众之间的良性循环；另一方面，带动博物馆周边产品的开发和交易，带动了文化市场的繁荣。

物联网时代，“文物＋电商”线上交易平台的繁荣，延伸了文物的产业链，众多文创产品层出不穷。第二季的《国家宝藏》与天猫合作开通了“你好，历史”旗舰店，从荧屏走向了互联网，推出了多款文创新品。[③] 由于《国家宝藏》热播，节目粉丝出于对节目、明星、文物的追捧，由最初的爱好者成为潜在消费者，并愿意为自己的热爱埋单，

① 高萍、陶玲玲：《〈国家宝藏〉在融媒体时代的传播创新》，《中国电视》2018年第5期。

② 《〈国家宝藏〉播出后，这个地方客流涨3成》，https://news.sina.com.cn/c/nd/2018-03-07/doc-ifxpwyhv5402878.shtml，2018年3月7日。

③ 王莹：《从〈国家宝藏〉看文化综艺类节目的传播范式创新》，《传播与版权》2019年第5期。

从而促进了博物馆经济的发展。《国家宝藏》节目播出后，同一内容打造复合式产品，节目组相继推出衍生文化产品，纸质图书、视听节目、线下博物馆、线上周边产品等多维联动，提升博物馆文化的影响力。

五 《国家宝藏》的问题与展望

（一）《国家宝藏》存在的问题

在泛娱乐化的时代，文化类综艺节目以其深厚的文化底蕴和精神内涵吸引众多受众驻足，《国家宝藏》独特的内容创作方式更是吸引了大量粉丝追捧。但是，称赞的声音中也不乏质疑之声，节目同样存在一些问题值得改进。

1. 现象级爆品的生命力有待考究

相比书籍和电影，文化综艺节目由于承载媒体和节目本身的特点，更新速度快，节目更容易遭遇瓶颈期。现象级爆品潜在的问题就是节目持久性差，后期疲软态势明显。根据《国家宝藏》的制作情况，第二季已经拓宽了博物馆的地域广度，还未参与的省级博物馆有限，在相应的资源展示完结后，节目组何去何从将成为问题。不可否认，从两季《国家宝藏》的话题讨论量、收视率等方面来看，节目确实火了一把。《国家宝藏》作为文博类综艺节目的现象级爆品，社会热度值得肯定，但是综艺市场上太多节目昙花一现，如何让热播节目保持长久生命力是需要思考的重要问题。

近年来，国内综艺节目逐渐偏向采用季播的方式，一般情况下，第一季度的成功能够为系列节目奠定相应的受众基础。但是，因为存在参照物，受众会对不同季度的节目进行比较，口味会更加挑剔，续集的好坏直接影响节目能否持续保持影响力。《国家宝藏》第二季播出后，部分观众认为，节目组在渲染情感氛围方面，有些用力过猛，过度传递故事性的情感价值，对文物本身的关注度不够。因此，在对电视栏目进行续集开发时，如何在保持系列节目统一性的基础上精益求精，保证节目的长久性发展，值得节目组深思。

2. 历史还原精准度仍需提升

博物馆是历史的凝结，历史遗留的文物是中华文明的物质载体，是连接过去、现在、未来的桥梁。正因为博物馆文化的特殊性，对博物馆文化的开发要求更专业、更精准。《国家宝藏》中“前世传奇”环节的设计，对文物的再度创作开发，虽然具有一定的趣味性，但是也为不少受众所诟病。部分受众认为，对待文物应该更加严谨、细致，过度创作会引发年轻群体的误解。对于不具备一定的历史背景储备、文物知识认知的年轻群体而言，会误认为节目中所演绎的故事与历史完全相符。节目创作带来的故事偏差，会导致受众的认知偏差，一些年龄较小的受众群体会误认为节目中传达的就是正史，一定程度上背离了传承中华文化的本意。部分受众质疑节目中的某些细节问题与历史不符，如第一季节目中，李晨作为北宋时期《千里江山图》的明星守护人，在“前世传奇”小剧场中饰演宋徽宗，穿的却是明清龙袍。网民对 CCTV《国家宝藏》官方微博与山西博物馆官方微博发布消息中，关于“晋国首都晋阳”是否准确也引发了争论，以及贾湖骨笛出土时间是否为常识性错误的探讨，均表明节目制作的一些细节问题经不起推敲。知识性越强的节目，专业化要求越高，实践证明，只有经得起专业知识考究的节目才更具有普及价值和长久的生命力。

3. 文化性与娱乐性的失衡

电视综艺节目与网络综艺的不同是，过于细分受众可能导致收视率低迷，不能获得相应的播出回报。内容决定受众兴趣，文博类综艺节目的题材决定了目标受众群之间的差异。《国家宝藏》的目的是让更多的人了解、热爱文物，最大限度地满足多元受众的需求，兼顾各方观赏兴趣，必然会调和节目的文化特性。文物与综艺的化学反应，是文化性与娱乐性的碰撞，节目制作过程中要不断寻找二者之间的平衡。过于生硬的文化普及会降低观众的接受度和好评度。《国家宝藏》打破了传统文博类电视节目的开发模式，融入更多的娱乐化因素，凡事要有度，在度的界限内创新才能事半功倍。

部分受众认为，节目组过于重视华丽的场景和戏剧化的故事，反而忽视了文物本身，有喧宾夺主之嫌。节目组重点在于阐释文物与人之间的关系及对当代社会的启示，节目立意深远，但是在部分节目环节的设计中，不乏为了吸引眼球而过度渲染情绪、拔高戏剧性的问题。此外，节目组为了迎合年轻群体的需求，在节目中融入了网络段子，诸如此类顾此失彼的问题引发观众诟病，观众普遍认为戏说历史的方式并不能真实还原历史原貌。由此可见，如何消解节目的文化与娱乐之间的对抗性，仍需文博类节目持续探索。

（二）文博类电视节目的展望

1. 树立精品意识，优化节目创作

《国家宝藏》在形式上的创新不容置疑，但是在内容层面，该节目仍存在过于注重故事演绎，与文物精神的割裂，以及访谈环节过于心灵鸡汤式的表达等问题。在移动互联网时代，传播形式对受众的影响不容忽视，但是任何时候，优质的内容都能够经得起时间的考验。不管形式如何创新，致力于打造内容精品才是节目长久不衰的不二法门，也是避免受众审美疲劳的关键。

对于文博类电视节目而言，可开发的内容具备历史可考的特点，这就更加要求节目组严谨慎重地进行内容编排。由于博物馆文化的特殊性，存在部分文物史料不一致甚至是遗失的现象，为了保证节目的真实性和专业性，需要节目组投入更多的人力、物力，反复推敲、打磨作品。首先，始终坚持“内容为王”的创作准则，优秀的内容是传播的根基，只有符合社会主流价值观、弘扬社会正能量的内容，才能够走得更远。其次，在节目组创作之初，就要安排团队深入博物馆等地进行实地调研，与专家团队详尽沟通，以保证节目内容准确无误地呈现。最后，在节目播出过程中，注重与受众的沟通，若存在有争议的问题，及时解决受众疑惑，避免负面舆情。

2. 加快节目孵化，打造栏目 IP

近年来，《琅琊榜》等网络 IP 运营成效显著，对同一内容资源进行多元开发，电视节目、影视同期书、漫画、主演周边等多元产品相继推向市场，既扩大了内容资源的知名度，又带动整个产业链的发展。任何文化类电视节目，在发扬传统文化、坚守文化情怀的同时，也要考虑市场经济效益。与其他综艺节目相比，文博类综艺节目内容特殊，电视节目的冠名商赞助及周边衍生节目收入相对较少，缺乏丰厚的利润回报，长此以往，会直接影响此文化类综艺节目的持续发展。

在深化产业链方面，《国家宝藏》开展了诸多尝试。2018 年 5 月，中央电视台综艺频道出品的《国家宝藏》综艺同期书推向市场，该书不只是综艺节目各个版块的文字版，更包括大量节目未播出的细节，并且结合史料，对文物知识进行了全面详尽的梳理；《国家宝藏》节目播出期间还发起了“我写国宝广告语”的活动，入选的广告语创作者将会获得由九大博物馆联合推出的，并有馆长签名的限量版精美套票；2018 年末，美妆品牌玛丽黛佳跨界联手《国家宝藏》，从节目第一季国宝 T 形帛画中汲取灵感，推出雾面朱砂色和水光红鸾色的珍藏版国风复刻唇釉。不同产业链的开发能够变相为节目造势，不仅促进了博物馆更深入了解受众需求，更拓宽了节目衍生品的价值。但是，由于文博类综艺节目内容载体的特殊性，IP 运营相对单一。因此，文博类综艺节目可借鉴网络 IP 运营经验，将博物馆作为文化符号进行深度开发，如开发制作与节目相关的影视剧、电影、文创产品、玩具、乐园等。此类衍生产品，不应只是 IP 运营的附属物，更应是节目蕴含的主体价值的二次开发产品，能够引发观众的情感共鸣，传承文物所承载的精神内核。

3. 打通渠道，推动文博类节目“走出去”

习近平总书记强调“讲好中华优秀文化的故事”，即把跨越时空、超越国度、富有永恒魅力、具有当代价值的文化精神弘扬起来，把继承传统优秀文化又弘扬时代精神、立足本国又面向世界的当代中国文化创新成果传播出去。[1] 当前，中国文化不能局限于自给自足的状态，而是要拓宽传播格局，以更为开放的态度，走向世界文化之林。《国家宝藏》跨时空的主题内容、新颖的创作方式、多维的传播渠道，与当代主流价值观相适应，符合文化基因传承的需求，既能够向世界展示中国历史文化的风范，又能够增强国人的文化自信。

文博类综艺节目“走出去”离不开国家层面的支持。近年来，我国政府密集出台了一系列支持文化产业对外合作的政策措施，涉及文化对外贸易、文化金融合作等关系文化产业转型升级发展的多个领域，加大了对文化出口重点企业和项目的扶持力度，全力推动文化产业“走出去”。[2] 国内优秀作品的直接输出，优质节目借助政策红利对外传播是文化“走出去”的直接途径。国家可以大力发展博物馆文化交流活动，加强对大型展览、文化活动的扶持力度，为世界文化交流提供宣传推广的平台，促使本国文化与国际社会的交流融合。节目创作者要拓宽文化“走出去”的思维，立足于全方位、多层次、宽领域的“走出去”格局，即不仅是优质节目“走出去”，更应该是相关内容产业链的全面出击，带动相关文化创意产品、影视同期书、漫画等周边产品的版权交易，从而带动文博产品链的全面发展。

结　论

《国家宝藏》的成功并非偶然。近年来，慢综艺的不断发展为文博类综艺节目带来了新的曙光，对文物的深层次开发，有助于博物馆潜藏IP的营造。融媒体环境下，博物馆文化更具开放性和互动性，受众借助大众传媒、移动终端的联动传播，能够实时观看、体验文物的文化内

---

① 习近平：《在省部级主要领导干部学习贯彻十八届三中全会精神全面深化改革专题研讨班上的讲话》，人民网，2014 年 10 月 15 日。

② 来有为、张晓路：《全球化条件下引导和支持中国文化产业“走出去”》，《中国发展观察》2016 年第 4 期。

涵，彰显了文博类节目的主要价值。

尽管《国家宝藏》还存在一定的细节问题被观众所诟病，但是作为官方平台推出的大制作，对文博类综艺的创新与发展具有一定的借鉴意义。从叙事角度来看，打破时空界限的“前世今生”的叙述方式让观众耳目一新，增强了受众对文物认知的纵深感。从节目呈现的场景角度来看，现代化手段全方位展现文物，这是文物走出馆藏的第一步，节目借助虚拟现实、3D 全息幻影成像等技术，为文物提供了现代化的传播平台，增强了受众的现场感。在融媒体环境下，大众传媒对文博类文化的宣传力度不容置疑，不管是央视等权威平台的推介，还是以 B 站、豆瓣、知乎等小众平台的追捧，都对《国家宝藏》乃至博物馆文化具有不容忽视的主要作用。《国家宝藏》的创新为文博类综艺节目注入了新的活力，同样带来博物馆文化的普及和传承。

然而，文博类节目的开发不能止步不前，《国家宝藏》仅仅是个开始。通过综艺节目展现文物所蕴含的历史文化，构建共同的民族记忆，仍需文博类综艺节目不断创新节目形式与传播手段。近年来，故宫等众多文创产品的开发，足以证明博物馆文化作为潜在的 IP，具有强大的生命力，需要创作者不断深挖博物馆文化的深层次文化价值，拓宽文化产业链，从而带动整个文博市场的繁荣，传承和弘扬中华优秀传统文化。

第三节　养生类节目的特色与问题

随着中国经济社会的飞速发展，国民生活水平日益提高。人们从单纯追求温饱转变为追求高质量的生活，养生保健悄然成为当下社会的热门话题，各类养生类节目也应运而生。养生类节目是指以中老年人为主要传播对象，以传播健康教育、养生知识、疾病预防等信息为主要内容的大众健康传播类节目。该类节目在满足大众的健康信息需求、普及健康知识和科学常识的同时，也存在着如借势营销、传播虚假知识等问题。养生类节目最初起源于20世纪60年代中央电视台创办的《卫生与健康》栏目，该档节目制作采用科教片形式，或提供健康信息、传播健康知识，或将医学相关的人、事做成专题片。总体而言，节目风格较为死板、缺乏生气。改革开放后，各类养生节目风格从“教科式”到“娱乐式”发生转变，在市场化浪潮的刺激下，转向以“娱乐为主，知识为辅”为节目定位。在近半个世纪的发展历程中，养生节目从最初的星星点点到如今“遍地开花”，养生类节目在探索的道路上曲折前进。

在各类养生节目都趋于娱乐化的背景下，北京卫视热播的《养生堂》始终秉承“献给亲人的爱”的栏目宗旨，坚持权威性、科学性和服务性，[①] 较好地平衡了节目的娱乐性与知识性，满足了中老年观众的收视需求，简单和实用弥补了电视的过度娱乐性缺陷。《养生堂》在省级卫视同类节目中收视率排名第一，是养生节目的成功范例。本节以北京卫视的《养生堂》为例，分析其特色和成功之处，阐明养生类节目的价值，指出其中存在的问题并思考相应的策略，以期对养生节目有所启示。

一 《养生堂》的特色与成功之处

（一）信源可信度高，提升节目说服力

在信源方面，霍夫兰的说服研究表明，可信性即传播者的信誉和专业权威性能够提升说服效果，信源的可信性越高，其说服效果越好。《养生堂》节目邀请的嘉宾都是专业领域内的权威专家，如三甲医院的院长、副院长，重点科室的主要负责人，或国家级老中医及其传承人，他们都有着深厚的专业背景和丰富的临床经验。栏目组在2010年年底成立了由权威专家组成的顾问团为《养生堂》提供专业指导。2012年6月，《养生堂》与中国中医科学院签订了战略合作协议，让更多的专

① 田天：《〈养生堂〉——做中国电视最有情怀的说明文》，《电视研究》2016年第7期。

家学者走到台前，节目影响力也在不断扩大。对于观众而言，他们更倾向于接受权威专家的建议，这也是节目能够取得良好传播效果的重要原因之一。节目也经常会邀请相关患者依据自身经历现身说法，让亲历者与观众产生共鸣，进一步增强了节目的真实性与接近性，提升节目的说服力。

（二）节目内容贴近日常生活，实用性强

在内容方面，《养生堂》以“传播养生之道，传授养生之术”为宗旨，秉承传统医学理论，根据中国传统养生学“天人合一”的指导思想来安排节目内容。节目组会根据二十四节气，推出与时令相关的养生技巧和各时节应分别注意防范的事项，按照二十四个不同节气设定相应的养生模式，使得该节目具有较强的时效性和科学性。例如，《养生堂》推出的“时令果蔬里的健康密码”系列节目中，会根据应季的水果、蔬菜介绍不同的吃法与烹饪方法以发挥出当季果蔬的最大功效。另外，《养生堂》也会关注与日常密切相关的健康常识。如针对受众最常出现的健康问题，节目推出关注食品营养价值的三期系列节目（食物有价营养无价之防癌/长寿/降脂）。在雾霾较为严重的冬季，《养生堂》携手国家卫生健康委员会，邀请权威专家团为观众解答哪种口罩真正防霾、空气净化器应如何挑选、抗霾饮食哪个有效等观众关心且实用性强的问题，受到了观众的广泛好评。

（三）节目现场互动，更具亲和力

在受众方面，互联网时代，受众主体性不断增强，对节目的参与欲望和参与能力也不断上升。为了顺应受众的参与需求，《养生堂》除了邀请专家顾问团、专业权威嘉宾和患者以外，也会在节目中和观众进行互动，充分尊重和展现观众的诉求和意愿。如在“最难养生的夏季应如何养生”一期中，节目开始主持人就公布读者的感谢信，作为节目播出后的读者反馈。在“搬走致命脂肪”一期中，专家也与现场观众进行娱乐互动，主持人将台下部分观众请到台前，专家则现场教学如何利用松紧带做减脂操。专家与观众的现场互动增强了节目的互动性与娱乐性，增强了关照自身的参与感，让广大观众身临其境、产生共鸣，提升了节目的效果。

（四）多种传播渠道并进，扩大影响力

在媒介方面，《养生堂》充分利用了新媒体时代多样化的传播渠道，拓宽覆盖面，增强影响力。《养生堂》的播出渠道主要依赖传统的电视媒介，每天在北京卫视定时播出，同时充分利用互联网渠道，北京电视台官网设有相应的专题点播版块，网友可控制时间自由观看往期节目，有效避免了传统电视媒体单线传播的束缚。在社交媒体网络中，《养生堂》开设有官方微博、博客和微信公众号推送精品内容，扩大了节目传播范围与影响力。节目组每天及时更新节目状态，附上节目预告、花絮及推送各类养生小技巧。在微信公众号中也设有往期视频、往期文章等，方便网友观看；健康购一栏中附有健康购商城链接，让用户能够直接在线购买官方药品，这样方便可靠的线上程序在提高用户体验度的同时也加强了用户黏度。

二　养生类节目的价值

（一）传播健康知识，服务大众

养生节目向大众传播健康知识，以“提高大众健康水平”为出发点和归宿。传播信息与教育大众是大众媒介的两大重要功能，大众媒介利用电视节目向受众传递健康的养生知识，将深奥的养生医学知识以通俗易懂的浅显语言传授给受众，服务大众，发挥了大众媒介传播信息、教育大众的功能。受众通过接触电视媒介主动获取养生知识，并将学习到的健康知识运用于日常生活中，提升了大众的健康水平和生活质量。

（二）传承中医文化，推广中医知识

传播学先驱拉斯韦尔曾经总结文化传承是大众媒介的四大功能之一。涵化理论认为大众传媒提示的“象征性现实”对人们心中的“主观现实”有着重大影响，揭示了大众传媒对受众的长期的、潜移默化的影响。中医是我国古代劳动人民智慧的结晶，是中华文化的瑰宝。传承优秀传统中医文化也是大众媒介义不容辞的责任。受西医与医学现代化主张的冲击，中医学的发展受到了巨大挑战，电视媒体声像结合，形象生动，覆盖面广、受众量大，影响力大，是推广传统中医文化的有效方式。养生节目将观众目光转移到中医文化上来，让更多的人认识、接触和了解中医，对传播和推广中医做出了重要贡献。

曾多次参加《养生堂》节目录制的程凯博士表示，“电视养生节目让更多人了解中医，只有了解中医，才会有更多的人去尝试、去接受，中医也才会有生存和发展的肥沃土壤”①。程凯在采访中提到，他的爷爷程莘农院士在行内人尽皆知，但普通大众却对这位老院士不甚了解，程氏针灸虽然是北京市非物质文化遗产，但接受过治疗的人并不多。但在程凯多次参加《养生堂》之后，越来越多的人认识了程凯，也认识了程氏针灸。《养生堂》正如连接权威专家和普通观众的一座桥梁，沟通中医专业知识与普通大众，推广中国传统医学。

（三）创新节目内容，丰富节目形态

电视节目形态是指与电视内容相对应的电视节目的表现形式，亦即由电视节目的形式、内容、气质和神韵构成的电视节目设计模板。② 当年央视一套一家独大的时代已经一去不复返，一档节目满足整体受众需求变得不再可能，为了迎合受众收视需求的多样化，电视节目形态也呈现出细分化与专业化的趋势，丰富的节目类别让受众有了更多自由选择的余地。对受众需求的细分关系节目的细分，使用与满足理论认为，受众是有着特定需求的个人，受众根据自身需求主动“拉取”所需要的信息，电视台则根据受众的相同需求部分设立相应的电视节目。

① 董晓伟、强德华：《〈养生堂〉：献给亲人的爱》，《人民日报》（海外版）2012 年 6 月 27 日。

② 孙宝国：《关于电视节目形态的创新》，《现代传播（中国传媒大学学报）》2007 年第 2 期。

改善自身健康状况是受众接触养生节目的直接社会因素和心理因素，中老年人是接收养生信息的主要群体，但现代生活节奏加快、生活压力大，人群亚健康现象普遍存在也使得养生信息的受众越来越年轻化。庞大的受众群体刺激了养生节目的出现，各类养生节目的兴起也满足了特定人群的养生信息需求，繁荣了电视节目市场，也推动了电视节目推陈出新。

三　养生类节目的问题

（一）商业化现象严重

养生类节目广告化、商业化现象严重，媒体和企业在商业利益下达成合谋，有意误导消费者的行为。很多节目借用养生噱头进行虚假产品的推销，借养生名义卖药牟利。《健康 365》就在节目中推销藏秘双宝雪灵芝口服液，宣称能降压降糖抗肿瘤；《杏林好养生》在节目中推销的铁皮枫斗口服液几乎能包治百病，实际上是变相向观众推销药品、医疗器械及保健食品，误导和欺骗消费者。在被商业化节目挤压的情况下，许多无利润的健康伦理教育被忽视。这类打着养生名义却卖假药的所谓“养生节目”，基本都挂靠在广告部，成本很低，靠卖产品盈利，利用受众对电视节目的信赖，误导和欺骗受众，被叫停之后则改头换面继续播出。2014 年 6 月 13 日，国家新闻出版广电总局下发通知，要求上述两档节目立即停播。然而《健康 365》与《杏林好养生》被叫停之后，却经重新包装后复播，《健康 365》包装为《朝花夕拾》，《杏林好养生》则包装为《枫叶正红》，该两档节目所选用的主持人和推销的产品都与之前相同。

（二）娱乐性色彩浓厚

在全民娱乐的时代，近年来娱乐节目的成功和火爆成为电视台继续模仿的对象，为了吸引眼球，养生节目也体现出日趋浓厚的娱乐色彩。上海东方电视台播出的《36.7℃明星听诊会》就更像是一档脱口秀类的娱乐性节目，邀请的嘉宾大都为中老年演员。2017 年 9 月 21 日的节目中，大部分时间都是明星表演演技以考验明星的眼力，仅在明星检测视力并出报告结果后，才涉及白内障眼部手术，且并未涉及眼部手术的具体操作情况和应注意事项等深层次问题。节目本身的娱乐性远胜于其科学严谨性，更多的是为满足公众娱乐化的需求及对明星身体健康的窥探欲，其“干货”价值大打折扣。

（三）虚假养生知识

部分电视台为了追求高收视率，故意抛出一些“语不惊人死不休”的言论，给受众带来误导性的养生信息，这类虚假的养生知识，严重时会危害到受众健康。张悟本曾在湖南电视台播出的《百科全说》中宣称，生吃茄子能够降血压，绿豆能够包治百病、治疗近视眼，每天三斤绿豆熬汤还能治愈高血压、高血脂和糖尿病等，甚至宣称“糖尿病 80% 都是误诊”“降压药会吃出脑梗、肾衰竭”。受他的影响，当时民间掀起了一股“绿豆热潮”，民众盲目跟风，甚至出现不遵循医嘱而盲目相信“绿豆包治百病”的传言，造成了非常恶劣的社会影响。

（四）从业者缺乏专业素养

从业者的职业素养也会直接影响节目的科学性。电视健康养生类节目在制作上最重要的一点是必须科学、严谨、真实，应避免肆意夸大或提供虚假的信息而对受众造成误导。健康传播需要了解传播规律和医学知识，但中国健康传播从业者素质良莠不齐，许多健康内容与医学知识大相径庭。参加过《养生堂》节目录制的北京协和医院医生于康就透露，曾经为了某个问题，与栏目编导反复查阅权威文献和资料数据。“所需要花费的精力完全比得上完成一篇学术文章！”一旦发现不当、不实的观点，哪怕已经录制完成，节目组也会不惜成本，坚决改正。《养生堂》的团队有着较高的职业道德素养，他们这种力求科学和精准完善的求真精神值得同行敬佩和学习。

（五）节目资源分布失衡

当前电视健康养生类节目资源分布失衡，最典型的现象是东部地区分布较多，西部地区分布较少，经济较为发达的地区分布较多，经济相对落后的地区的节目资源较少。节目资源的分布不均使得城乡居民在健康养生方面的知识鸿沟呈现出扩大趋势，东西差异和城乡差距导致了阶层固化和社会分裂，给社会稳定带来了不确定因素。

四　养生类节目的对策

养生节目作为健康传播的组成部分，与大众的健康相关，更多具有公益传播属性，应该使公众从中受益。需要正视的是，尽管养生类节目的娱乐化正成为一种趋势，但在涉及与公众利益相关的健康传播时，应当以服务性与公益性为本，在节目制作方面必须要力求科学、严谨，致力于发挥好电视节目教育大众、服务大众的功能。

（一）加强法律规制与行业监督，规范节目制作

当前我国对电视健康养生类节目的播出与制作还没有制定相应的规章制度，这也是养生节目乱象现象的重要原因之一。自国家新闻出版广电总局叫停《健康365》与《杏林好养生》后，又在随即出台的《国家新闻出版广电总局关于做好养生类节目制作播出工作的通知》（以下简称《通知》）中明确规定，电视养生类节目只能由电视台策划制作，不得由社会公司制作。凡在专家资源、节目资金、制作能力等方面不具备条件的电视台，不得盲目跟风制作养生类节目。该通知发布之后，各电视台也对不规范的养生节目进行了整治，节目乱象现象有所减缓。

虽然《通知》收到了一定的效果，但要使养生节目的制作更加科学规范，国家就应对健康养生类节目的制作与播出制定更加细致明确的规定与行为规范，并加强监管，加大落实惩罚力度，对不符合规范的节目进行约束管制和严惩。

（二）树立节目品牌意识，提升节目公信力

养生类节目日益丰富和多样化，必须要致力于打造传播力强、影响力大、公信力高的优质节目，因此树立节目品牌意识显得尤为重要，

节目的整体风格、主持人的形象、背景布置及活动创意等都应纳入整体形象识别系统。公信力是一档节目的生命线，直接决定着该档节目能否走得长远。真实性与科学性是养生类节目建立公信力的基础。使用与满足理论认为受众在特定的信息需求的驱使下进行媒介接触，并使需求得到满足，并且不论结果满足与否，都将影响受众以后的媒介选择使用行为。受众观看养生类节目也是为了满足自身对养生知识的需求，而公信力高的节目因其真实性与科学性会更容易得到受众的信任，同时能够提高节目的传播效果。一档优秀的养生类节目应既满足大众对于健康养生知识的需求又能收获良好口碑，这不论是对于节目组还是受众来说都是双赢的局面。

（三）提高从业者自身素养，严格把关节目内容

健康传播是媒体承担社会责任的重要表现，养生节目的重心应在于传播科学的健康知识，如果假借养生名义进行商业推销与运作，则背离了健康传播的本质。因此，健康养生类节目的制作方应提高自身自律意识、自身职业素养与职业道德，自觉遵守相关的法律法规，严格把关播出的内容质量，时刻将社会效益置于首位。养生类节目应避免过度娱乐化，拒绝伪科学，应以传播科学健康知识作为节目宗旨，不应以哗众取宠之语作为噱头，在保持节目的科学严谨性的基础上，适当的游戏互动可以达到寓教于乐的良好传播效果。

（四）综合不同媒介传播，避免知识鸿沟

目前养生类节目主要依赖电视媒介，节目资源和媒介资源在区域上分布失衡，主要表现为东多西少、城多乡少。养生类节目要注意到传播内容可能会造成的知识鸿沟，应综合不同媒介，线上线下等多种形式共同进行，针对少数媒介素养欠缺的人群，应当有特殊的传播方案。优质的养生类节目应该利用多种媒介进行传播，以电视媒介为主，网站传播为辅，加之微博与微信公众号进行传播，扩大受众范围，提高节目影响力，弥补知识鸿沟。在媒介匮乏的地区，还可以设立广播站进行传播，

甚至可以利用方言转述养生知识，以弥补受众在媒介分布不均和文化程度上所存在的知识鸿沟，真正实现媒体教育大众、普及知识的功能。

结　语

在激烈的电视市场竞争中，电视媒体应积极承担社会责任，养生类节目要避免过于功利性，要以提高大众健康水平为己任，以服务于大众为宗旨，以科学、严谨、客观的态度，尊重感性的实际生活，[①] 传播符合公众健康需求的养生知识，避免有意或无意的错误内容误导受众，危害受众健康或财产安全。养生类节目要从受众需求和接受习惯出发，将社会效益摆在首位，积极建设自身权威性和公信力，创新节目内容和形式，保障养生类节目的可持续发展。

第四节　情感类节目主持人的情感把握

高速发展的现代社会给人们带来了很多情感问题。由于情感类节目贴近观众的真实感受和经历，能够满足观众的情感诉求，我国电视情感类节目顺势而生，在各大卫视遍地开花，如中央电视台的《实话实说》、江苏卫视的《甲方乙方》、东方卫视的《幸福魔方》和江西卫视的《金牌调解》等。这类节目的操作方式大致相同：请来寻常百姓做节目嘉宾，在现场讲述家庭矛盾或者家庭冲突，矛盾双方或者多方在现场针对问题进行对峙、争论，由主持人客观梳理，或者由专家进行调解，或者借助视频影像资料疏导，以谈话、记录和事件重构等多重表现形式形成煽情或悬疑的节目氛围。

情感类节目的看点是参与者的情感诉求，观众通过主持人与采访对象的沟通和交流可以了解到背后的故事和深层的情感，所以主持人非常

---

① 鲁力：《中国传统文化的情感教育价值研究》，《南昌大学学报》（人文社会科学版）2016年第6期。

关键。主持人要将自己的情感融进现场的氛围中，但又不能沉浸在情感的沼泽里不能自拔，而要理智地扮演节目引导者的角色。主持人在主持节目时既要保持亲切、和善、富有感情，还要注意自己的表达技巧及谈话内容的质量以征服观众。所以，主持人对于情感的把握是提升节目质量、达到良好效益的关键。本节在分析我国情感类节目和情感类节目主持人角色的基础上，发现其中存在的问题，并思考相应的对策，以期对情感类节目有所帮助。

一　情感类节目主持人的角色

在电视情感类节目中，主持人、嘉宾和观众形成互动，主持人在现场流露出来的真挚情感和对节目现场的巧妙把握，能为现场所有人营造一种良好的谈话环境，不仅可以使嘉宾愿意向大家倾诉自己，还可以让现场和电视机前的观众在节目中发现生活的真谛。所以主持人在节目中是核心和灵魂，通过他们对节目节奏的控制，对现场的调度，对嘉宾情感的收放，形成了整个栏目的独特风格。

（一）语言作用

由于主持人主要通过有声语言向观众传递信息、驾驭整期节目，所以主持人的语言不仅可以调动气氛，渲染主题，更可以让观众通过他们的语言来受到启发。主持人的语言可以为观众营造一种和谐、畅所欲言的氛围。主持人对语言的修饰、规范的语言、标准的用气发声和发音吐字，以及准确运用重音、语调语气和节奏，都有利于节目的信息传递。

情感类节目主持人的语言风格分为两种：一是就事论事，干脆利落。这种语言风格不会拖泥带水，而是深入浅出，没有多余的废话，听众在看到当事人身上发生的故事让人气愤时，主持人往往会打住话题，虽然让人感到意犹未尽，但是事后一体会，却感到恰到好处。二是强势采访，主动出击。如果主持人得到广泛信任及认可，那么主持人不是滔滔不绝地讲大道理，而是明确提出问题、分析问题并提出建议。主持人有时只需一个点拨，让嘉宾和观众自己去领悟，也能创造出不一样的效果。

（二）个性作用

主持人的个性特点包括主持人的个人气质、思想感情、语言风格和审美风格等。情感类节目要在激烈的市场竞争中脱颖而出，打破同质化的困境，依靠的就是主持人鲜明和独特的个性，目前有一批情感类节目主持人已经形成了自己独特的主持风格，拥有了自己固定的观众群。如天津卫视《幸福来敲门》《爱情保卫战》两大情感类节目的当家主持赵川，他潇洒、睿智的主持风格给观众留下了深刻的印象。赵川用“注重保有个人态度的委婉表达”来概括自己的主持风格。赵川十分明确自己要扮演的角色，那就是一位倾听者、当事人表述不清时的语义翻译者、嘉宾观点的集纳者，他自称“我的桥梁功能更大于‘炸点’功能”。正是这样的主持风格让这两档节目的收视率一直遥遥领先于全国同类型的情感节目。

（三）现场调配作用

主持人主持节目的过程中，除了要发挥自己的个性特点和语言风格外，更要注意的是如何让现场的主体之间进行正确的沟通交流。在众目睽睽之下，甚至面对着陌生的镜头，想要让嘉宾和观众放下包袱，少些拘谨和害羞，进行自然的交流，甚至激发他们的表现欲是很难的。主持人通过鼓励嘉宾和现场的观众大胆地说出他们的故事和心声，发表自己的观点，总结出正确的结论，拉近与嘉宾和观众之间的距离，打消他们的顾虑，提出一些观众感兴趣、嘉宾有倾诉欲的问题，从各个角度进行采访，进而激发现场嘉宾的表现欲望，同时激发起现场观众的交流热情。节目现场经过主持人的调度协调，呈现出一种热闹但不失和谐的气氛，与此同时，嘉宾和观众的个性魅力也在交流中展示出来，节目更加具有人文关怀，也更加好看。

（四）引导作用

嘉宾选择上节目进行倾诉，很大一部分原因是希望自己能在主持人口中找到自己解决矛盾的方法和未来生活的方向。这时，情感类节目主持人的评论和观点就显得尤为重要，是支撑一期节目是否能够完美收官的关键。话语、声音、立场和观点是一期节目的经络，主持人是能够控制舆论并决定舆论导向的意见领袖。情感类节目主持人的引导一定要确立好情感的社会属性，不能只针对情感谈情感，要将政策、法规、道德和习俗与嘉宾的感情生活联系在一起。不仅要倾听他们的内心情感故事，更要从社会道德和法律的角度引导嘉宾走出困境。主持人还需要将专家的专业术语转化成通俗易懂的语言，或者进行条理化的归纳总结，将专家的意见变成嘉宾和观众易懂的道理，基于此，主持人显得至关重要。

二　情感类电视节目主持人存在的问题

情感类节目的风靡背后也存在良莠不齐、滥竽充数的问题。主持人往往表面风光，但实际上他们的主持技巧和风格也有待改进。

（一）捏造故事情节

有些情感类节目为了追求动人的效果，主持人置事实于不顾，为了能将大把眼泪留在现场，不惜故意捏造故事情节，杜撰感人的情感故事，导致情节失真，欺骗了广大观众。正如央视的《实话实说》的名称一样，说实话是支持谈话节目的基本理念和追求目标。站在观众的角度，情感类电视节目就是将视觉效果降到最低，是完全以真实的节目内容取胜的，没有必要制造吸引眼球的“景观”。但是现实中，事实并非如此，许多电视情感类节目遭到了观众对节目真实性的质疑。如东方卫视《幸福魔方——疑血》播出后，网友在网上曝出女嘉宾是当事人朋友的母亲，这让许多观众感到自己的同情心遭到了利用和欺骗，一时间引发了电视情感类节目内容真实性的广泛讨论。

（二）刻意过分煽情

为了在众多情感类节目中突出重围，抓住观众的眼球，主持人主打感情牌，为了让嘉宾流下伤心的眼泪而不择手段，有时候就导致过度煽情的现象，造成煽情手法泛滥。我们经常可以在电视情感类节目中看到这样的画面：嘉宾在一旁痛苦地诉说着，主持人在一旁时不时递上纸巾，甚至还会继续访问。这种节目叙事方式曾在一段时间内有过较好的效果。但是作为一名主持人不能永远将煽情作为节目的撒手锏。适度的煽情的确可以将节目氛围推向一个高潮，但是我们更加需要在嘉宾的生活、工作经历上进行深度挖掘，不能一味地盯着嘉宾的伤心事，尤其是的确给嘉宾带来极大伤害的事情。而有时主持人也会过于投入故事里，这也很容易导致过分煽情，不顾与嘉宾和观众之间的交流，只是不断抒发自己的感情，让观众会认为主持人只是任由自己的感情在肆意动荡，甚至进入激烈状态，时间一长，势必会使观众产生审美疲劳。

（三）揭露嘉宾隐私

情感类电视节目的内容大多数是关于夫妻感情、婚外情、家庭成员之间的矛盾等的，这类话题就很容易涉及当事人的隐私。为了避免事后的纠纷，栏目组通常采取的方式是在录播之前，请当事人签署协议，让当事人同意在电视台播放有关自己隐私的内容，等于让当事人放弃了自己的隐私权。但是我们也会看到部分主持人将节目沦为关于双方当事者隐私问题的猫捉老鼠游戏，一定要打破砂锅问到底，不将当事人的隐私挖出来节目就不能结束。情感类节目中涉及多位参与者，主持人不恰当的隐私提问，很容易让当事人的隐私被其他参与者揭露。在节目中，即使双方当事人是夫妻关系，可是一方当事人在对着电视镜头谈论或指责另一方的时候，这也可能造成对他人隐私权的侵犯。如在一期节目，报道的内容缘于丈夫对妻子的不信任。整期节目中，只有妻子一方正面接受了主持人的采访，在节目中对丈夫的行为进行了指责，而主持人并未试图与丈夫取得任何联系。显然，整期节目的内容在客观性上难以保证，可能会造成侵犯丈夫的隐私权。

（四）语言和动作失度

在一些情感类的节目中，我们常常看到主持人为了节目的现场气氛，不惜情绪激动甚至使用尖酸刻薄的语言对采访对象进行批评，主持人将自己看作正义的替身，自认为有权利在节目现场对当事人的行为和语言进行批判，用强势的姿态介入当事人的私生活，逾越了自己的角色。作为中国最有争议的主持人之一——万峰，在一档情感类节目中，大骂演员小沈阳心理变态，称其恶俗至极。对于万峰的这种主持风格，网友一直都存在争议。主持人的言辞尖锐明快在通常情况下适合一些新闻评论类节目，虽然这样的主持风格会让观众感到主持人思维敏捷、逻辑性强，但是，作为情感类电视节目，情感的话题免不了会给当事人造成心理上的伤害。在节目进行中，就需要栏目组或主持人进行一些特殊的处理，如打马赛克、使用化名等，更加需要主持人用饱含感情的语言给以当事人开导和安慰。

三　情感类节目主持人的主持对策

在电视情感类节目当中，主持人是节目的组织和掌控者，也是最终传播目的的实现者，发挥着最核心的作用。因为情感类节目的话题贴近生活、公众熟悉，使得情感类节目的互动性较强。主持人、嘉宾和观众在相互沟通和交流中互相影响、启发。所以情感类节目中的主持人，必须担负起调动现场嘉宾和观众情绪，并且引导他们围绕主题进行讨论的责任。这时，主持人是节目的流程、节奏、气氛的第一把关人，作用无可替代。鉴于现在情感类节目存在的问题，提升主持人的主持技巧迫在眉睫。

（一）提升综合素质

主持人的综合素质是提升主持技巧的基础，主持人要努力提升政治素质、职业素质、文化素质和心理素质。首先，主持人的政治素质。主持人要有良好的人格、修养、气质和风度，热爱生活、职业和观众，追求真善美，要有高度的社会责任心和悲天悯人的人文情怀，加强对自身文化结构的完善和性格意志磨炼，展现出独特的人格魅力。其次，职业和文化素质。情感类节目的主持人具备过硬的专业能力、知识和技巧等职业素质，才能在节目中明辨是非、爱憎分明，发言有理有据。情感类节目主持人还必须要具备包罗万象的各种知识和艺术修养，促进主持人、嘉宾与观众之间的深入交流。主持人尤其要在日常实践中不断积累对信息的处理能力和综合判断能力，迅速捕捉到现场有价值的信息，推动节目进程。主持人还要不断反思自身的职业行为，发现不足，取长补短。最后，心理素质。情感类节目随时可能发生矛盾，在节目现场或采访现场，采访对象不配合采访甚至有更为激烈的肢体或语言冲突都时有发生，而作为情感类节目主持人就更加需要具备良好的心理素质和应变能力，善于自我调节，做好前期准备，提升应变能力，把控好现场的进度和气氛，做到从容不迫。

（二）保持充沛真实的情感

主持人要调动嘉宾和观众的情感，自己就必须具备充沛真实的情感。主持人要让全场的情感氛围协调到理想的高度，以情动人，而且要将自己的个人感情涉入其中，推波助澜让嘉宾受到感染，最后带动所有观众的情绪，使整期节目获得成功。一期完整的节目，拥有起点、高潮点和落情点，主持人如何将观众从高潮点带出来，走进落情点，就必须借用自己的情感来推进节目进程。

主持人的情感一定要真诚。节目是成功还是沦为一场流于形式的作秀，完全取决于节目主持人投入的是真情实感还是矫情。情感类节目要求主持人具备真诚自然的情感基础，要想让观众能被故事打动，首先主持人自己要被其中的情感事件打动。在节目进行中，主持人不能只像播音员那样面容威严古板，或者只有职业性的笑容，抑或是表演式的煽情，而是应该有对实际生活的切身思考和感受而来的真情实意。

主持人也要把握住情感投入的度，不要忘情地进行煽情，要选择深入生活中，深入话题里，深入思考中，利用自己真切的生活感悟和独到的思考来引领观众。主持人要全身心地投入在故事中，又要掌握尺度，恰当的时候拥有自我角色的“弱化意识”或“适度地淡出”，在关键时刻抽身出来进行独立的思考、准确的分析、合理的解释，凸显节目本身话题的力量，让节目话题得到最大效能的发挥，使节目得到升华。

（三）掌握情感传递技巧

主持人要掌握情感传递的技巧，学会认真倾听，并以物动人。倾听是主持人把握采访对象思路和心理的第一步，主持人用心去倾听对象的语言故事，就可以顺藤摸瓜，步步深入，有利于接下来问题的深入和节目的进程，让节目更加具有可视性。参与者在潜移默化中会感到主持人的倾听也是一种褒奖，他们的自尊心得到了满足，自然会愿意告诉主持人自己内心更深层的感受，提升节目的深度。主持人还可以借助外物，唤起嘉宾深层的情感，渲染气氛。在《艺术人生》的某期节目，朱军采访黄磊时，事先准备好了黄磊父亲当年的一盘磁带。当主持人将磁带打开，里面是浓厚的京腔读着黄磊当年写的《白色的毛背心》，接着，主持人将父亲送给儿子三十岁的生日礼物——白色毛背心拿出来的时候，黄磊再也忍不住，立刻将头背过镜头。主持人借用这样一件看似不起眼、非常陈旧的事物，将采访对象心中最容易牵动的情绪给带出来，不需要主持人更多的叙述，就已经将节目的气氛推向了高潮。

（四）掌握渲染氛围的最佳武器

首先，掌握正确的沟通技巧。情感类节目在节目录制前，没有办法进行事先的写作，而录制节目一旦结束，很难再进行追踪采访，单靠剪辑的方法有时也并不能完全将主持人的疏漏进行弥补。这就需要主持人在节目进行时，运用良好的沟通技巧，让嘉宾最大限度地阐明问题和情感。在细节问题时，选择加上若干个小停顿，在重要问题时，加上大停顿，产生动静结合的效果。还需要主持人熟练地掌握故事的连贯性，以及自己的气息控制。掌握了正确的沟通技巧，甚至不需要主持人过多地盘问和叙述，在嘉宾自然而然的表达中，观众已经得到了自己想要的信息。

其次，运用充满智慧的语言和内容。情感类节目区别于其他新闻类的节目，在节目进行时需要感情的大起大落，语言的变化也很大。在节目的串联上和控制现场画面上，都需要主持人运用智慧的头脑来把控。在遇上撒谎的嘉宾时，主持人要善于运用智慧的双眼和巧妙的语言击碎嘉宾的谎言。在遇上拥有悲惨遭遇的嘉宾时，主持人需要用温暖且有力的语言来安慰嘉宾，让嘉宾看到美好生活的希望。主持人要抓住和弘扬正确的导向，对于错误的甚至荒谬的内容，也不能随意加以指责或者评述，而是要用间接的方式让嘉宾认识到自己的错误，让观众了解主持人的正确意图。太过直白或者太过含蓄的方式都容易给观众带来误解，而最好的方式就是主持人学会运用智慧的语言来点拨观众。

（五）打造主持人品牌

在激烈的市场竞争中，情感类节目主持人必须树立自己的特色，塑造节目品牌，使节目和主持人都拥有独特的感召力。主持人的个性是主持人综合素质的体现和浓缩，它往往代表的是节目的活力和质量。栏目组要经过对节目的合理定位，包装一位符合节目风格的主持人，培养主持人由外到内的优秀涵养和气质，让主持人成为栏目的一面旗帜，让人们看到这个主持人很自然地联想到这个节目。主持人应尽量避免在一些与自己的个性不相宜的节目中亮相，否则不仅会模糊原本鲜明的形象，更会给观众留下不良的印象。

结　语

情感类的节目主持人是整期节目的核心，而主持人的主持技巧直接决定节目的生死存亡。所以主持人需要不断地对自己的工作进行反思，提高自己驾驭语言的能力，完善自己的知识储备，提高自身的修养素质，在节目中准确把握分寸，找准自身定位，不断提升主持才能，优化主持技巧，推进自身主持事业的不断进步，推动中国情感类节目的蓬勃发展。

第四章　真人秀节目的创新与发展

真人秀节目是近年来最为流行的电视综艺节目形式，为电视媒体创造了可观的经济收入，为观众提供了娱乐消遣的产品，为明星达人和草根民众创造了成名的平台，为广告和商品营造了扩散空间。真人秀最初源自西方国家，后被引入中国，受到国内电视台和观众的热捧，并演化为具有普遍意义的社会文化现象。本章以代表性的真人秀节目为范例，分析其成功之处，指明其缺憾和不足，并提出相应的提升和优化策略，为真人秀节目的可持续发展提供理论思考。

在碎片化、视觉化、快餐消费的互联网时代，语言文字素养引起官方和社会的广泛关注。汉字的危机和电视娱乐节目的困境催生了文字竞赛类节目，其特色在于参与者平民化，内容丰富，形式多样，互动和参与提升观看体验；其价值在于带动汉语文字热情，重拾汉语文字规范，促进文字传承，重塑价值导向，推进电视节目创新。文字竞赛类节目应该注意平衡难度与基础，把握节目价值导向，细分参赛者，保障公平性；把握娱乐性与严肃性的平衡，创新节目内容和形态，打造节目生态，完善节目的运营，推进节目的可持续发展。

央视文化情感类节目《朗读者》的爆红预示着文化类综艺节目的崛起，其成功在于节目选材的普适性，符合大众情感需求；嘉宾选择适当，保障节目内涵；精简节目模式，带来强烈的参与感；全媒体传播策略，提升覆盖面。《朗读者》提升了文化类节目的变现能力，推动了传统文化传播，但也暴露出受众面狭小、仪式感过重、观众接受疲劳等问题。文化类综艺应该创新节目形态，高效传递价值观念；更深的情感投入，探寻人生体验；真实的情感策划，引起观众共鸣；挖掘本土文化资源，提升节目核心竞争力；运用创新技术，提升观感体验。

市场竞争加剧，就业压力和新的职业要求催生了职场招聘类节目，《非你莫属》是中国电视职场招聘类节目的典型代表。《非你莫属》的成功在于定位精准、形式新颖、平民化风格、事件营销和主持人效应。但中国电视职场招聘类节目也存在缺少创新、品牌效应不足、制作不够精良、过于娱乐等问题，未来的发展方向应该是创造品牌，坚持专业性导向，把握感性和理性的平衡，增强导向性，创造更多有特色、有影响力的电视职场招聘类节目。

互换类真人秀节目是一种创新性真人秀节目类型，是指在规定的时间和空间内，让节目主人公相互交换生存环境和社会角色，体验差异生活或角色的一种节目形态，具有真实性和娱乐性。《变形计》之“变”体现在人物选择、题材选择和地区选择上；“形”体现在屏幕文字、解说语言、细节捕捉和悬念设置上；“计”体现在坚持主题定位、大众路线、原创为主、投身公益，但此类节目也存在制作思路狭窄化、故事结构模式化、节目内容失真等问题。我国互换真人秀应该注意导向问题、内容问题、形式问题和营销问题，为繁荣电视市场、丰富大众生活做出贡献。

当市场经济遭遇网络社会，道德滑坡的风险与日俱增，媒体重塑社会道德的使命感和责任感凸显，道德测试真人秀节目应运而生。以《你会怎么做》为代表的道德测试真人秀节目取得了良好的经济效益和社会效应。此类节目的特色在于：选题多样，富有现实意义；内容真实，说服力强；外景隐蔽拍摄，手法自然多变；及时点评，意味深刻；做好善后，体现人文关怀。道德测试节目在得到了官方和公众的广泛肯定之余，也引起了广泛争议。应该通过实景演绎，弥补合法性不足；正反结合，把握真实性和导向性的平衡；减少设计感，增强合理性；虚实结合，增强真实性；保障整体性，避免文不对题；注意文字表达，避免诱导性和主观性；增加多样性，避免刻板模式；穿针引线，发挥主持人的作用；加强节目宣传，扩大影响力，创新内容和形式，推进节目自身的发展和完善，为真人秀节目添姿加彩。

第一节　文字竞赛类节目的特色与完善

一　汉字的危机与文字竞赛类节目的兴起

随着经济、社会和科学技术的飞速发展，人们的生产和生活方式发生了重大变革，人们学习、记录、表达、交流等都日益依赖于电子科技，手写开始逐渐被键盘及其智能联想打字的方式所取代，社会大众逐渐忽视、淡化甚至遗忘汉语文字的书写与使用。由于对键盘打字的依赖，出现只记音记不清字、不能准确发音、不能准确用词的现象，“失写症”的“汉字危机”成为一种社会症结扩散开来。同时，在全球化的语境中，应试教育对于外语的学习和重视程度，对国外文化的推崇，使得人们淡化了对自身母语文字的情感，弱化了母语文字的使用。汉语文字的危机，是我们传统文化，更是我们个人自身的危机。在文字与我们渐行渐远的背景下，采取有力的措施来保护和发扬这一传统文化迫在眉睫。

为应对文字危机，采取电视节目的形式来警醒、保护、传承、发扬文字文化，具有重要的意义。在现代传媒环境中，电视节目在大众的日常生活中占据着非常重要的地位，是政府舆论宣传、文化传承、教育引导的重要工具，也是公众获取信息、接受知识、娱乐消遣的重要渠道。电视是一种家用环境下的常用娱乐载体，大众在空闲时间往往会选择与家人朋友一起收看电视节目，电视成为家庭文化、个人娱乐消遣、朋友沟通不可替代的重要途径。随着互联网和移动通信技术的发展，多平台上的各类电视节目开启了娱乐节目的新纪元，成为人们生活中不可或缺的一部分。通过电视节目来弘扬传统文字文化具有其现实的可行性。而现今的电视节目市场上，跟风化、抄袭化、引进化、娱乐化成为主要趋势，对于明星的过度使用与消费，对于浅薄娱乐的普遍传播，使电视节目的教育引导功能逐渐淡化，电视节目本身应有的大众教育、价值引导、文化传承效用大大削弱。创新电视节目类型，传承文字文化既有必要，也有可能。

汉字危机和电视节目的困境催生了汉字文字竞赛类节目。为了治愈文字的疑难杂症，挽救传统文字文化，文字竞赛类节目应运而生。2001年开播的《百家讲坛》是较早借助电视节目形式进行传播传统文化的成功案例。在之后，各色主打文化的电视节目不断涌现，直到《汉字英雄》《中国汉字听写大会》《汉语桥》《中国诗词大会》《中国成语大会》等文字竞赛类节目的崛起，引起了社会各界的广泛关注。令人惊喜的是，这种以融合文化、传递文化为核心的节目并没有遇冷，而是在泛滥的综艺娱乐和国外引进的电视圈中，引发了一股“逆潮流”的火爆收视。在取得了不俗的收视业绩的同时，也产生了很好的社会影响和效益。这无疑为所有以传统文化为核心的电视节目打了一针强心剂，也更说明观众对传统文化类电视节目是乐于接受的。这些节目通过迎合社会潮流的现代化传播方式带来了复兴传统文字文化的可能性。但是在激烈的市场竞争中，也出现了同质化、过度娱乐化、创新疲软等问题，需要反思和完善。本节旨在分析此类节目的特色和经验，阐明其价值和贡献，探寻其欠缺和不足之处，并构建相应的对策，规范指引节目发展方向，提升节目竞争力，发挥节目的价值，提升节目传播效果，促进文化交流，传承中华文化。

二　国内文字知识竞赛类节目概览

文字竞赛类节目，最早源自美国英语拼写比赛 *Spelling Bee*，是通过公平公正的竞赛方式，来考察参赛者文字听、说、读、写、用为主要内容的大范围的竞技比拼。国内该类节目运用直播、视频、动画等生动形象的呈现方式，力求在引人入胜、紧张激烈的能力竞赛中，通过现场、电视、网络等传播渠道，给受众传递立体全方位的信息，展现电视媒体的教育与引导功能，树立榜样和模范，营造传统文字文化的学习氛围，弘扬和传承我国的传统文化。

当前代表性的文字竞赛类节目根据内容主要可以分为以下几类。

汉字听写类。由中央电视台、国家语委联合推出的《中国汉字听写大会》，邀请国内语言文化专家担任嘉宾裁判和解说，由央视著名播音员轮流担任竞赛时的读词读题考官，节目将从各地的32支参赛代表队中，角逐出一名年度汉字听写冠军。河南卫视与爱奇艺联手打造的《汉字英雄》是一档被称为中国国内首档大型网台联动的文化综艺季播节目。节目召集全国各地对文字有兴趣爱好和能力特长的青少年参与，来充分展示自己的汉字水平和个性。节目由马东主持，同时邀请了于丹、高晓松、张颐武等文化名人担当嘉宾评委，让观众认识和重温中华汉字的魅力。

成语大会。以央视科教频道制作播出的《中国成语大会》为代表，节目邀毕淑敏、蒙曼、郦波等多位重量级文化名人担任评判嘉宾，选择两人搭档的形式，每轮给予不同的主题，一人形容一人猜题，在节目的竞赛与多方的解读中展现出中国成语独有的语境之美。延续《汉字英雄》系列，《成语英雄》是2013年河南卫视推出的季播类亲情搭档成语竞猜互动节目，以绘画猜成语为主要竞赛方式，还融入成语的故事及选手间的情感故事，节目参赛者不限年龄，不限地域，以亲情组合形式出现，两人一组，可以是亲人、朋友、同学、恋人等，经过初赛、复赛、复活赛、决赛，最终选出一组获胜者。①

谜语大会。《中国谜语大会》是由中央电视台科教频道自主原创的一

---

① 李洪波：《王蒙谈韩国文化：韩语“你好”发音源自汉语》，《半岛晨报》2014年3月27日。

档以“猜灯谜”为核心内容的全媒体大型文化益智直播节目，通过组队竞猜和电视观众同步互动猜谜两种比拼方式，打造全民猜谜热潮。

诗词大会。《中国诗词大会》是由中央电视台科教频道自主研发的一档全民参与的以中华诗词为核心内容的大型演播室文化益智节目，以“赏中华诗词、寻文化基因、品生活之美”为基本宗旨。《中华好诗词》是河北电视台的一档文化类大型季播诗词类节目，以弘扬中国传统诗词文化为宗旨，集知识性和娱乐性于一体，力图通过诗词大竞技、文化大比拼、疯狂的中文大考场等寓教于乐的形式为观众打造一档满足精神与知识需求的优质原创文化节目。

中华故事。《中华好故事》是浙江卫视播出的一档原创文化综艺类节目，节目以中华传统故事为切入点，用知识竞赛、故事演绎、名人出题、知名校友助阵等多元化方式，来向大众传播中华传统故事的相关知识与文化。节目选材上并不仅仅拘泥于故事，相关的民俗、风情、历史等方面均被纳入考核内容。

国际汉语。《汉语桥》是由孔子学院举办的大型多季国际型中文比赛，是中文在世界文字文化交流领域中的知名品牌赛事，每年一届，分为世界大学生中文比赛、世界中学生中文比赛和在华留学生汉语大赛三项比赛。竞赛的内容包括汉语语言基础能力、表达交流能力、中国文化知识、中国国情知识、中国文化技能和综合学习与应变能力的考核等。“汉语桥”世界大学生中文比赛于2008年正式由湖南卫视和湖南教育台共同承办，进行电视节目竞赛的制作与播放，节目将各个国家参加预赛阶段的优胜者邀请来华参加复、决赛阶段比赛的录制，节目的录制，不只局限于演播室，更拓展至室外进行不同主题、丰富多彩的文化活动竞赛。

三　文字竞赛类节目的特色

（一）参与者平民化，拉近观众距离

在互联网时代，电视市场竞争白热化，电视媒体和广告商为了提高

收视率，纷纷追求热点和明星效应，出现了泛娱乐化的趋势。在诸多真人秀节目里，大多依赖明星元素的开发与使用。而文字竞赛类节目则是一档没有明星参加的素人节目。“素人”一词，来源于日语，意思为外行、门外汉，这里意为让普通人加入到节目中来。在限娱令的政策背景之下，文字竞赛类节目摒弃“明星”“选秀”等元素，从广大普通公众中发现有文字特长的人，让普通人成为节目主体参与者，为节目带来了新面孔和新鲜感。与明星相比，普通人平凡而伟大的感动与激励更加深入人心。不同年龄、职业、身份的人都能参与其中。如《中国汉字听写大会》中参赛者年龄整体偏小，大多是来自全国各地的学校。而《中国成语大会》中的参赛选手大多是来自各个高校的大学生，个别有年纪较大的搭档选手。前来挑战的选手，有学生、老师、作家、公务员、警察、医生、明星、编辑、职员等，还有少数民族同胞、外国友人等。不同的经历、故事、体悟、感受，体现人们对未来的美好祈愿，更蕴含了深刻的人生感悟。

主持人和嘉宾在节目中起到重要的串场作用。主持人不仅是赛事的主持者，是节目进程的推进者，也是选手与嘉宾的桥梁。主持人的机智应变，起着承上启下、把握节目导向、奠定节目基调、掌控全场节奏的重要作用。主持人在题目解说、辅助考核、总结评述过程中所展现出的个人文化底蕴与人格魅力为节目锦上添花。嘉宾的点评展现出极高的“含金量”，不同研究与创作领域的嘉宾对考题的讲解揭示文字背后的文化、故事及价值观等，增强了节目的深度和现实意义。嘉宾的点评与分析不仅是知识的讲解与延伸，更是嘉宾与选手、观众之间在知识与情感上的交流与互动，也是思想和理念的碰撞。南京师范大学的郦波教授展现出独树一帜的个人魅力，被赋予“成语大会的段子手”的称号。

（二）以文字为核心，内容丰富多样

文字竞赛类节目更加侧重内容创新而非娱乐作秀和炫目特效。汉字不仅是中国人传递与获取信息的载体，更是我国传统文化、精神、品格的浓缩，汉字的发音、笔画、书写及其背后的历史与文化，都是在时间长河里沉淀下来的底蕴与无可替代的无价之宝，这也为文字竞赛类节目提供了丰富的内容。文字竞赛类节目以文化为旗帜，以文字为核心，涉及文字书写、读音、典故、组词等方方面面，具体包括：文字书写，即选手听音书写，考官评定书写文字的笔画与格式是否准确规范；文字记忆，即考察文字形成的成语、诗词、典故、故事等记忆，以及文字的应用记忆；文字释义，即解释文字的意义及诗词典故背后的知识；文字故事，即考察浓缩古人经验智慧的经典故事，如历史、典故、成语、诗文故事、文字缘起等；文字交际，考察选手最好最快地运用恰当的文字进行表达和交际的能力；还有综合传统文化，涉及文字背后的历史人物、事件、故事、风俗人情、背景细节等，在文字的基础上，加入传统文化的内容及选手本身的个人品格、性格底蕴等综合性的内容，内容丰富多样。

文字竞赛类节目体现出了浓浓的中国风，通过汉字的笔画、词语、诗词、文章，以及汉语文字背后的历史故事、风土人情、文化传统，焕发文字现代之美和浓浓的中华风情，展现中华文字文化的博大精深与中华韵味。节目紧抓时代脉搏，凸显人文情怀，不只是一味展现文字文化知识，更加结合热点事件，赋予汉语言文字现代的诠释与意义，人文中带着情感、北漂、童年、感恩、苦难、理想等。《中国诗词大会》里千磨万击还坚劲的40岁农村大姐的诗意人生、留取丹心照汗青的海事局公务员的崇高情怀、一片冰心在玉壶的39岁乡镇女医生的静默坚守……在浮躁、淡漠、自私、功利的社会环境里，这些人与事是对这些诗词、对真善美的现代写照和传承，感动了所有人。

（三）以竞赛为主，形式多样

文字竞赛类节目以竞赛为核心线索，开展形式多样的竞技，体现出鲜明的戏剧性。充满悬念与刺激的竞赛过程惊心动魄，富有吸引力。竞赛结局与解释的悬念，选手之间对比的反差，嘉宾之间的思维碰撞与不同意见，带来悬念和紧张感的比赛进程增强了可看性和趣味性。文字竞赛类节目的文字出题和竞赛形式多样，包括填空、九宫格、选择题、飞花令、猜词、听写等。文字的文化内涵，节目考题发掘出的文字陌生感，丰富多彩的熟悉却又陌生的内容，节目里选手间的竞争，选手、嘉宾、主持人的人格魅力等，赋予节目更多的可看性与趣味性。在警醒鼓励大众重拾对中国文字文化的重视与感情的同时，以符合当前大众口味的娱乐方式，向大众传递出中国文字的魅力，启发观众以一种别样的角度去感知其魅力。节目将迎合观众观看喜好和时代潮流的元素植入内容，让观众在出于自己观看意愿的情形下，不知不觉地学习文化。如《中华好诗词》将知识性和娱乐性集于一体，运用闯关、竞赛、益智、综艺等多种电视娱乐的表现方式，通过寓教于乐的形式，打造出能满足受众需求与偏好、好玩又好看的文化类娱乐节目。《中国汉字听写大会》多是以你听我写的形式为主。而《中国成语大会》的比赛形式分为四个部分：目标计时、双音节同题、单词限猜、限时竞猜。参赛者两两合作，一方描述，一方解答，描述者可以自行提示，不能提及题目里的字，能猜出最多的组合获胜。《中华好诗词》相比《中国诗词大会》，更多运用两两选手之间的直面对决，快问快答，还有挑战者与百人团之间的 PK。巧妙的竞赛带来心理和智慧的双重考验，在考验个人知识能力水平的同时，也是考核个人应对竞争、压力和临场的反应。参与者的文字文化水平和智力的高低，在竞赛中所展现出的人的品行与性格、为人处世的态度与个人的人格特色都是节目考核与观众自身评判与衡量的标准。在节目中所体现的多重竞赛，是众多竞赛节目的亮点和特色。

（四）互动和参与，提升观看体验

文字竞赛类节目注重主持人、嘉宾、参赛选手、观众的参与和互动，力图获得观众认同，提升观看体验。文字竞赛类节目的竞赛形式，必须决出名次结果，对于胜出者的奖励，让参与者在节目中会竭尽所能去争取胜利。能力的激烈角逐，脑力风暴的激烈碰撞，刺激着肾上腺素的氛围，节目对于竞赛主题的强调与运用，对于竞争感的营造，这种竞争形式正体现社会的激烈而残酷的竞争，每个人都有机会，全靠个人把握与拼搏，满足了人们的期待冲突与较量的心理，以及对胜者的崇拜心理。

观众的参与感和认同感大大增强。基础性、大众性的竞赛内容让观众可以进行无缝参与。观众在观看选手之间引人入胜的比赛中，代入自身，在电视机前一起不由自主地参与思考和解答。观众的情感随着赛程的进展，随着选手的表现与结果跌宕起伏，仿佛自己就是选手，为其捏一把汗，代入感强，与选手共命运。同时，随着竞赛的一问一答一解，观众在其中获得的知识、进行的思考与记忆，更是一种独特的体验。节目还开设了手机短信、微博、微信等互动渠道，方便电视机前的观众与现场及时沟通。节目也会进行各种参与者的线下选拔，给予学有所长的普通公众参与机会，提高全民参与度。

四 文字类竞赛节目的价值与影响

（一）带动汉语文字热情

文字竞赛类节目丰富的内容和形式给文字学习带来了趣味，让广大观众了解奇特疏远的文字、陌生的“熟人”，背后的典故、逸事，蕴含的人文风俗，与现今时事和事物的关系等，让观众在观看节目的同时，发现文字里蕴含的独特趣味和熟悉却又遗忘的记忆。其中营造出的文化趣味，不仅提升节目的内涵，也带动人们对文字的兴趣。参赛者用自己的见解与记忆去解读成语、拆分含义、加强记忆，集娱乐、知识、能力、刺激为一体，让中国传统文化在和选手一起猜词解词中得到传递，带动人们的汉语学习热情。

树立模范典型。节目中的选手知识面广、个性张扬、表现出色，在竞赛与压力中展现的人格魅力，成为当代新的文化偶像，起到了模范标杆的良好示范作用。《中国诗词大会》的新届擂主武亦姝，被网友称为

"用颜值与才华征服你的选手"。这个靠"飞花令"出口成章、一头青丝配中华风长裙的睿智与气质并存的少女，圈粉无数，用实力诠释了什么叫"腹有诗书气自华"。她在节目中所表现的对诗词、文字、中华传统文化的喜爱之情、推崇的态度，以及个人在这些兴趣陶冶下所展现的个人底蕴、涵养与谈吐，无不暗示与引导着观众对她本人影响至深、如此重视推崇的文字文化的重要价值。

为解决汉语教学难题提供新思路。世界范围内学习汉语文字的人越来越多。然而，汉语作为世界上最古老的语言之一，学习起来并非易事。文字竞赛类的内容，如词汇、语法、成语、诗词、佳言警句、人文故事，延伸展开的思路与表达，都是汉语教育的重要内容。节目的娱乐性和趣味性，以及竞赛的形式、解读和点评，都可以成为文字教学和考核的重要方法和技巧。借着文字竞赛节目的热潮，可以寓教于乐，推动和深化文字教育，文字背后的"中国传统文化中的人文精神有利于现代人提升情感的境界"①。

（二）重拾汉语文字规范，促进文字传承

互联网时代，各种网络语言层出不穷，如谐音词、外来词、异形词，网络文化的戏谑对汉语生态造成了污染。文字竞赛类节目选手的优秀表现，加上现场专家、嘉宾的解读与点评及其所涉及的发音、笔画、书写、使用、形式、出处、历史、故事、文化等，以及嘉宾、主持人精益求精纠正引导，强调汉语文字的规范，使得观众能借此廓清和规范文字的书写听用，犹如进行一场远程视频教育。节目让我们对于平时不太较真的一些模糊甚至是错误书写、认识与应用的文字，有了重新学习与记忆的机会。

促进文字文化传承。汉语文字不仅是我们交流沟通、展现个人气质和谈吐底蕴的工具，更是中华文化的符号、载体与象征。方块似的汉

① 鲁力：《中国传统文化的情感教育价值研究》，《南昌大学学报》（人文社会科学版）2016年第6期。

字，就是万象的中国人、中华情的缩影。汉语文字构成的成语、诗词、文章、谜语等，沉淀出厚重的人文底蕴和内涵，其中所包含的历史长卷、传统人文、善恶美丑、中华价值观等，彰显出我们中华民族的风骨、精神、美德，浓缩了我们华夏子孙为人处世的智慧与传承的结晶。文字竞赛类节目的火爆流行，引发了社会对传统文化及其表达方式的关注，在节目寓教于乐的氛围熏陶之下，唤醒人们对文字的认知与重视。节目的问与答、思与解，警醒并激励大众自觉重视和学习中华传统文化，最终带动我国国民文化素质的提升。文字竞赛类节目融合电视与文字、竞争与传播、综艺与文化、科技与传统，将中华文化传承下去。

在全球化时代，中国的魅力与日俱增。文字竞赛类节目吸引了大量国际人士的关注和参与，通过娱乐节目形式和电视、网络媒介平台，将我国的文字知识与魅力传播出去，让更多的人了解学习中国文化，推进跨文化传播，树立中国文化形象。

（三）重塑价值导向，传递文化正能量

随着互联网和新媒体的兴起，各种文化和价值理念在网络上交锋碰撞。网络快餐化、碎片化的信息传播，以及对国外文化的过分推崇，导致社会上出现一些崇洋媚外的不良倾向。党中央适时提出实现中华民族伟大复兴的中国梦，其中包含了语言文字的梦。文字竞赛类节目体现了中国媒体在现今文字文化问题现象面前主动担负责任、弘扬中华优秀传统文化的主动意识。电视媒体没有附和观众泛娱乐化、明星化、低俗化的需求，而是带领人们积极向上地认识和使用文字，宣扬我国传统文字文化及其背后的正确价值观，展现了文字知识和学习文字的正能量。节目里人的典型与模范作用，为广大公众传递了厚积薄发、积极向上、学无止境、文字之趣等各方面的正确价值观。文字竞赛类节目通过电视的传播路径，对传统文化的价值进行再展现、再开发、再引导、再传播，体现了电视媒体积极担负丰富大众文化知识、陶冶大众道德情操、提高大众审美情趣的社会教育功能，也体现了电视媒体引导和塑造主流意识形态的重要价值，真正发挥振奋精神、激发斗志、凝聚人心的重大作用。①

（四）文化和科技结合，推进电视节目创新

文字竞赛类节目，将文字文化与竞赛形式相结合，另辟蹊径，在节目主题、内容、形式和价值观方面都有创新，没有出现传统文化节目频频遇冷的尴尬局面，获得社会各界的广泛好评与期待，为电视传播传统文化打开了新的局面。在当前节目开发环境里，避免了对引进的依赖和跟风，将节目制作从原先的引进、照抄往本土创作方向转变，用带有原汁原味的中国文化的内容与内涵，赢得口碑和尊重，让节目的运营者看到了我国本土文化创作与节目创造融合的电视节目前景。在迎合观众观看喜好和时代潮流中植入文化内容，这是全媒体时代电视节目的实践改革与创新，为电视行业赢得了自信和口碑，为国内其他类型节目转型发展提供了良好示范和启迪，为现今的节目市场注入了一股新的潮流，带来了成功的启示。文字竞赛类节目在得到空前反响的同时，收视率良好，更有较为不错的经济效益，这也证实，如此方向的改革创新有发展的前景与机会。以《中国汉字听写大会》为例，在央视的广告招标中节目获得高达8618万元的节目冠名费。文字竞赛类节目也引起了学界和业界的重视和热议，围绕节目内容、节目形态、节目问题、节目价值等方面的交流和探讨，助推了节目的创新和发展。

五　文字竞赛类节目的问题和对策

（一）难度与基础平衡，把握节目价值导向

文字竞赛类节目应该注意把握好难易平衡，一方面要避免应试化、精英化的问题。节目出题难度过大，考核字词过于生僻，便失去了生活的实用意义，偏离学习的主要目的。节目对于“天才”“才女”的大范围传播，为了名声与利益的竞赛就不是纯粹的文化传承，偏离了节目初

① 凌晟珩：《从〈中国诗词大会〉看主流媒体的价值传播》，《电视研究》2016年第6期。

衷。随着精英的增加和学生能力的提升，加大难度的考题使字词更为生僻，无疑给普通观众造成了门槛。选手则需要花费更多的时间学习与训练，而那些生词可能一辈子都用不上一两回。这让节目的吸引力、趣味和寓教于乐的意义大打折扣。另一方面，也要避免过于基础和简单的问题，因为其不但起不了竞技和教育的效果，反而会让观众质疑节目的真实性，失去对节目的兴趣与期待。

节目应该把握好难易，既要雅俗共赏、饱含知识，也要体现竞技之美。节目应该坚持弘扬与传承文化的时代使命，不应该为了吸引眼球制作噱头，片面追求生僻和难度，更不能过于基础和简单而失去竞赛的意义。要做到难易合理结合，张弛有度，抓住观众的注意力，可以逐步加大难度，层层递进。节目要注重体现生活性和实用性、多音多义、在不同地方的不同含义与用法、生活中常见的使用错误等，以及诗词中可以运用于今的美句、典故、人物与习俗，加上其中透露的古人流传至今的生活常识等，注重对历史文化、历史事件、风俗文化等全方位、深刻内涵的考核，让更多人了解汉字背后源远流长的历史沉淀和所蕴含的深厚文化底蕴，这些都要比所谓的“古怪崇拜”更有价值与意义。

（二）细分参赛者，保障公平性

公平竞赛是文字竞赛类节目的核心。首先，参赛者要公平。不同身份、年龄、职业的参赛者的知识积累和综合实力存在差异，相对而言，在校高中生、大学生经过长时间的训练和应试准备，相关文史知识积累比普通观众高很多，让他们与其他普通参与者 PK 就有失公平。节目应该细分参赛者，避免因为选手的悬殊影响比赛结果，保障公平性。可以将题目按照难易度分类，分类出题，同时要坚持统一的评判标准。其次，赛制设置要公平。避免选手抽到的题目难易程度差异较大。有些选手本身实力很强，但是抽到的题目太过简单，百人团答题正确率高，导致本来很优秀的选手得分却很少不能获得攻擂资格，非常可惜，可以尝试将题目分成不同的难度等级让选手自行选择，让选手自主决定，量力而行。如《中华好故事》中戴逸与惠皓宇的对垒，就有失公平性。在两人对决中，孩子的阅读量与知识水平与成年人且是阅读面极广的学霸差距颇大。对垒时所出的题目书本里，孩子直言她只看过其中两本，以至于两轮之后戴逸只能凭运气选题。在明明有差不多年龄的其他选手可以对垒的情形下，仍旧选择类似于随机形式让水平如此有差异的两人PK，为了追求节目的话题性、戏剧性、娱乐性，却淡化了作为竞赛节目应有的严谨性与公平性，也是对双方选手的不尊重。主持人与嘉宾解析评议，应该起到表率作用，应给予选手表现中肯准确的评价，避免偏激、鄙视、贬义的态度与评价。

中国选手、民族选手、大学生选手之间有一定的实力差距，这些选手之间混搭竞赛容易出现不公平问题。可以参照国外的经验，如美国英语竞赛 *Spelling Bee* 对于华人参加比赛，开设了中国赛区，并在之后特别增设了“中国冠军”这一奖项，这一增设意味着选手需是中国国籍，并且没有在国外长期生活的经历，来加强比赛的公平性，更是对中国参赛者的鼓励。中国幅员辽阔、民族众多，可以根据不同地方汉语文字的普及率和地域差异，分区域设置节目难度，奖励形式与类别可以根据实际情况进行多方面考量。例如，对于双语的少数民族选手单设赛区或者单设奖项进行针对性的比赛；可以为境外的外籍华人，甚至是对汉语文字文化感兴趣的外国友人，录制特辑专赛或者设置分赛区，并设立相应级别的奖项。

（三）娱乐性与严肃性的平衡

文字竞赛类节目作为电视节目应该具备一定的娱乐性，作为一种文字竞赛，应该保证严肃性和严谨性，避免过度娱乐化，做到文化内容与娱乐表达的平衡。[①] 为了提高节目宣传效果和广告效果，有的节目组刻意制造矛盾冲突、引发争议，把节目完全当成娱乐工具，作为提高收视

① 宫承波、田园：《试论文化类真人秀节目中的“三个平衡”——以〈中国成语大会〉为例》，《中国电视》2015 年第 1 期。

率、获取广告效益的手段。有些节目娱乐有余，严谨不足，节目中充斥着娱乐玩笑，失去了作为知识性比赛所应有的严谨性。如同样是选择题，有的节目设为猜旅游景点，就更具趣味性，也和人的生活实际日常兴趣有关。

主持人和嘉宾要注意娱乐性和严肃性的平衡。有些主持人、点评嘉宾过于严肃，没能很好调动现场气氛，缺乏娱乐精神。如有主持人批评孔子打扑克是对孔子的蔑视，使得选手一脸尴尬。主持人应注意严肃与放松、竞技与玩笑的张弛有度，不要过于吹毛求疵，影响节目氛围和选手心情。主持人应该发挥穿针引线的作用，把握娱乐性与严谨性的平衡，留意人的语气、主观评价、用词，及时点评、重点解读、加强理解。董卿的风格就是根正苗红的央视晚会主持人风格，走的是端庄大气知性女性路线，而《中国成语大会》张腾岳则嬉笑怒骂、腹黑卖萌，看点十足。诗词大会的选手是稳重的风格，而成语大会的选手则多活泼，性格鲜明而张扬。《中国成语大会》的主持人营造的玩笑氛围，有时过于娱乐化，有时过于吹毛求疵。“央视风”则过于弘扬正能量，或过于煽情，《中国诗词大会》第一期有意选择了外国友人、小朋友、残疾人等选手，明显是精心挑选的。在戳中观众泪点的感人故事之中可以适当加入嬉笑怒骂的细节，让节目轻松活泼。

节目制作细节也要注意娱乐性与严谨性。现场的舞台特效、音乐片头与舞台美术特效的时间过长，每次看结果都要放一遍，重复累赘冗长，容易导致视觉疲劳，也有浪费时间之嫌。在节目的编辑制作上要打造娱乐感，但是不能喧宾夺主，注意适度。在激烈紧张的比赛过程与比赛结果公布的时刻穿插上几个有所联系并且妙趣的片花，不失为一个好主意，要注意片花的选择和时间的把握，宁缺毋滥。

要把握好节奏。相比之下，有些节目选手比赛时间太少，而主持人和嘉宾点评时间太多。有些节目节奏太快，将诸多参赛者比赛的题目与过程剪掉，只留答对与否的结果，让观众一头雾水，跳跃太快，衔接不当。有些节目节奏太慢。台上选手"腹有诗书气自华"落落大方、谈吐优雅、底蕴深厚，过于注重选手故事的展现，"鸡汤"太多，太在意主旋律，太煽情，弱化了节目的竞赛性与知识性。有的节目开场不是直奔主题，明星和嘉宾之间的介绍时间太长，有风马牛不相及之感，降低了观众对节目的兴趣与期待，偏离了节目主题与内容，与后半部分没有连接，缺乏整体协调。

（四）创新节目内容和形态

创新是节目的灵魂。首先，考题创新。有些节目出现出题与答案有限的"题库荒"现象，题目设计得过于简单、机械化。如九宫格挑字题、填字题、对句题等，考察的都是中小学课本里的诗词，甚至有很多期题目是重复的，仅"柴门闻犬吠，风雪夜归人"一句就多次在某节目不同的题型里出现过。可以借由诗经、散文、诗词等进行创作命题，而并不是局限于作文创作。可以进行诗词创作的考核内容，考察诗词平仄音律等基础却不为人所熟知的内容等。其次，赛制创新。一档电视节目在成功之后，就很容易陷入模式化、内容同质化的困境，受众也会因此对此类节目逐渐产生审美疲劳，陷入僵局。应该创新赛制，如百人团赛制、飞花令赛制、曲水流觞、击鼓传花之类的竞赛形式。最后，内容创新。将内容从汉字扩展至诗词、成语、歇后语等方面，结合本土相关的历史文化形式，产出更为多元化的节目形态。

（五）打造节目生态，完善节目运营

互联网时代，文字竞赛类节目要积极完善节目运营。

首先，扩大选手范围，加大参与度。文字竞赛类节目要扩大节目影响力，真正做到全民参与。美国老牌拼写竞赛 *Spelling Bee*，为了鼓励更多人参与进来，在物质和精神上均有奖励与鼓励；为了吸引青少年群体参与，比赛除了高额的奖金之外，优胜者还可以获得进入美国常青藤大学深造的机会，甚至可以前往白宫得到总统的接见，做到金钱、机会、地位、荣誉的多重激励。同时，这个竞赛在节目宣传中加入明星、名人效应，提升对青少年群体的号召力，扩大了竞赛的全民参与度与关注度。节目在播放与宣传期间，还会加入众多名人的画面，说出节目的台词、感想、祝福、口号等。国内文字竞赛类节目可以学习借鉴，加大宣传力度，提升节目吸引力和影响力，在参赛者的报名选择方面，拓宽覆盖范围，通过电话报名、网络报名、海选组到各地区选拔等方式，深入各行各业各地区，真正做到全民参与。

其次，拓展播放渠道。节目可以利用各个播放平台的特色与优势，在新媒体平台、直播平台等多媒体平台同步播出，多屏联动，构建更为丰富多样的播出渠道，实现网络与电视平台合作共赢，全方位打造线上与线下的互动活动和品牌内核的衍生生态。

再次，丰富节目衍生生态。美国的拼写竞赛 *Spelling Bee*，拥有八十多年历史，在全美声誉与重视程度很高，全美各地区的媒体都会对比赛全程进行长篇幅、多篇章的追踪报道，获奖者除了奖励之外，还有媒体报道的无限风光、到各处的演讲和经验分享及线下活动的参与等一系列的节目衍生项目。*Spelling Bee* 比赛，除了已经开发的关于节目内容与题材的书籍外，还出现了电影、剧目的开发。美国百老汇推出关于 *Spelling Bee* 的音乐剧，赢得了两项托尼大奖。我国文字竞赛类节目可以借鉴其对节目衍生生态的开发、线下活动的发展、文化类产品的研发与合作等。推动相关题材图书出版物、周边产品、音像、影视，以及以节目竞赛模式为基础开发出衍生的电子游戏等，积极打造全媒体产业链，扩大品牌影响力。运用热点，借助视频剪辑，突出主要人物，进行重点宣传。

复次，加强新媒体运营，线上和线下活动结合。如提出一个主题让网友写出相应的诗句；在一些传统节日如元宵节，科普与元宵节有关的诗词；在考研成绩公布之日，汇集一些励志人生的诗句为考研者加油鼓劲；筛选和播放观众在线下模仿比赛的视频，提高大众参与的积极性。新媒体的措辞应该亲切、活泼、有人情味，在评论中与网友互动，以拉近与大众的距离。注重线下活动推广，采用互联网 + 模式定期在各个城市轮流开展活动。学习《朗读者》的朗读亭，鼓励广大普通群众去尝试朗读，体验朗读的乐趣，给人一种平时里难得体验的正式记录和音效、人文环境。例如，诗词节目可以进行诗词创作、朗读、考核的线下录制，将节目内容编辑成书与受众分享交流。

最后，加强对外传播。站在国外受众角度传播信息，融入中国文化特色，提高对外语言文化传播技巧，更加注重跨文化传播过程中的语际转换。注重在国外媒体平台，如 Facebook、Twitter、Youtube、ins 等平台上的宣传和推广。增强受众黏性，同时进行媒体线下互动活动。可以在竞赛的奖励中与国外的文化团体、学校、协会进行合作，扩展在国外的竞赛范围，开设国外专场等。

结　语

我国文字竞赛类节目在短时间内兴起，并迅速得到广泛认可和好评，呈现一片欣欣向荣的景象，但也存在过度娱乐化、同质化、创新乏力等问题。文字竞赛类节目应该在确保节目原汁原味的同时，结合本土文化和国情社情，丰富节目内容，创新竞赛形式，充分利用多媒体平台，完善节目运营，推进节目的可持续发展，为繁荣中国电视市场、传播中国文化做出贡献。

第二节　文化类综艺节目解析

——以央视《朗读者》为例

在文化大发展大繁荣的语境下，大众媒介内容日益多元，快消文化丛生，现代人在接受大量娱乐综艺节目的同时产生深刻的文化焦虑。2017 年开年以来，娱乐类综艺渐显颓势，多档热门娱乐类综艺节目口碑、收视双下滑，以《中国诗词大会》《见字如面》和《朗读者》为代表的文化类综艺节目却掀起热潮，打破了电视综艺市场上娱乐类综艺霸屏的局面，其中由央视著名主持人董卿参与制作的《朗读者》被评为综艺清流，收获超高的收视率和话题度。作为一档黄金时间播出的文化类综艺节目，与传播语言知识的《中国诗词大会》、分享学术成果的《百家讲坛》不同，《朗读者》并没有以传播文化知识为主，相对而言更注重情感的传递，因此央视将《朗读者》定位为文化情感节目，传递的是文化审美和情感经验。没有晦涩的文言文也没有难懂的英文，朗读者选用的朗读文本都是脍炙人口的经典，加之朗读嘉宾真实生活故事的经验分享使得节目打破了文化类节目对观众知识文化水平的限制，更加贴近大众生活，更能激发情感互通，更能引发社会讨论，因此取得了巨大成功。本节旨在解析《朗读者》的优势与特色，分析该节目带来的影响、引发的争议及观感上的不足，提出相应的对策及建议，以供文化类综艺节目未来发展做一理论参考。

一　文化类综艺的发展及现状

法兰克福学派代表人物阿多诺（Theodor W. Adorno）与霍克海默在《启蒙辩证法》中提出文化工业论，认为文化工业是大众欺骗的启蒙。社会中的资本具有一种特殊的能力：它所到之处就会使原来美好的事物遭到贬损，因为它抽离了传统社会中各种内在价值，取而代之的是交换价值。文化工业所生产出来的艺术品只是商品，必然要服从市场规律，只具有商品的交换价值而缺乏艺术价值。如今电视荧屏上涌现的大批以堆砌“鲜肉”和炒作新闻为卖点、互相抄袭的娱乐类综艺已令大众丧失娱乐兴趣而吐槽不已，老套的游戏环节、无聊的逗梗和笑料加上政策限制，娱乐类综艺颓势渐显。与娱乐综艺灰暗势头相比较，近期人文类综艺势头火爆。早在20世纪90年代，以传播旅游文化为主旨的《正大综艺》就曾红极一时。步入21世纪后，益智节目《幸运52》和《开心辞典》也曾掀起收视热潮。不过，随着荧屏审美周期的更迭，这些节目都被挤出了电视主流市场。文化类综艺真正成为现象级的当属《百家讲坛》。《百家讲坛》节目初始定位是讲座式节目，采用故事化的讲述方式科普历史文化知识并深入点评和讲解。不同于一般的学术讲座，《百家讲坛》新颖的表现形式、雅俗共赏的内容编排获得观众喜爱并带起了一阵学术热，捧红了刘心武、于丹、易中天等学者，但其模式常年如一。而自 2003 年起人文类综艺虽式微但仍不断发展着，也出现不少风靡一时的优秀节目。如湖南卫视世界中学生中文比赛节目《汉语桥》、北京卫视以展示传统文化为目的《传承者》等。《汉字英雄》《成语英雄》《中华好诗词》《中华好故事》等节目也都取得了不错的反响，但话题度和影响力都稍显不足。真正让人们认识到人文类节目正异军突起的是央视连续三个本土原创大型竞技类文化节目——《中国汉字听写大会》《中国成语大会》和《中国诗词大会》。节目凭借创新的形式、深厚的内涵、独特的气质在一众娱乐节目中脱颖而出，获得收视、口碑、话题三丰收，借助汉字、成语、古诗词普及度极高的文化元素传播中国的传统文化，引领主流价值。

在文化竞技类节目获得成功后，央视再次推出了由董卿主持的文化类综艺《朗读者》。有评论人称《朗读者》是访谈节目或读书类节目，央视官方将节目定位为文化情感类节目，这说明《朗读者》首先是一档文化综艺，与央视以往的竞技类文化综艺相比，它更注重对情感的渲染和传达，以个人成长、情感体验、背景故事和文学佳作相结合的方式，选用精美的文字，用最平实的情感读出文字背后的价值，节目旨在实现以文化感染人、鼓舞人、教育人的传导作用，展现有血有肉的真实人物情感。节目邀请各个领域具有影响力的嘉宾演绎一段文字、讲述一段故事，展现文学之美和心灵之美的崇高内核。身为制作人兼主持人的董卿在接受采访时表示，朗读者中“朗读”注重文字，“者”注重人，节目中朗读的时间并不多，更多的是朗读嘉宾分享自身的故事，与董卿对话展现真实情感。《朗读者》在央视一套首播收视即破 1，在所有电视台同时段节目中处于领先位置，节目开播一周后好评率高达92%，在各大社交平台上引发热议。在《朗读者》播出的同时，另一档文化类综艺《见字如面》也在黑龙江卫视热播，同样采用嘉宾朗读演绎的形式，传递正面积极价值，因其氛围构成与《朗读者》比较相似，也成为社会关注的热点。与《朗读者》不同的是，《见字如面》灵感源自英国一档阅读推广式综艺 *Letters Live*，旨在以书信为引带领观众体验依然鲜活的时代场景、人生故事，重新领会中国人的精神情怀与生活智慧。《见字如面》偏重读而《朗读者》偏重人，由此可见二者各有特色，不可相对而论。

二　《朗读者》的节目解析

《朗读者》作为一档收视、口碑双丰收的文化类综艺节目，在题材选择、流程设计、内容制作等方面都体现出了独特的优势。

（一）题材的普适性，符合大众情感需求

现如今电视综艺市场呈现多元化井喷态势，但受众集中于青年群体，以年轻活力为特点呈现的电视综艺忽视了为中老年龄段群体打造高质量节目的市场空白。电视节目是一种群体行为，要尽可能地抓住人们普遍关注的具有新闻性价值的焦点问题。缺乏普适性的电视节目可能会引起小众群体的一时追捧，但猎奇心理总有尽头，不契合大众情感诉求的电视节目终会被时代遗弃。文学有着强大的群众基础，朗读者正是高举着文化的旗帜。对中高年龄层受众来说文学是被繁重日常生活尘封的记忆，曾是艺术，也是流行。而对于青年群体来说，用文学做综艺的节目是新奇的，用文学娱乐的生活方式在对文化大肆赞扬的今天是优雅高尚的代名词，他们主动去追逐，以此将自己与观看空泛真人秀的人群做区别，彰显自身的品位。制片人董卿在接受采访时表示："我想用朗读唤起大家对文学的温柔记忆。"如今网络时代，人们习惯了碎片化的阅读方式和单刀直入的表达，失去了文学的审美情怀，文化焦虑弥漫在当

前的社会。《朗读者》以文学为先锋，将社会大众对文化的需求转化为节目的原始魅力，契合大众的情感诉求。

（二）嘉宾选择适当，保障节目内涵

嘉宾是综艺节目的重要组成部分，在没有过多身体接触的文化节目中，嘉宾的角色显得更为重要，优秀的嘉宾不会放飞自我，而是适度把握自身角色定位与主持人配合，推动节目在和谐的氛围下流畅进行，以传递思想和内涵而不是展现个人魅力为首要任务。当前电视市场，明星资源被过度消费，对人气明星天价酬劳的报道屡见不鲜，《朗读者》原本也曾考虑过全明星阵容的嘉宾，但节目组调查发现，在传递情感上，有故事的普通人比没故事的明星传播效果更佳。为了完成文化传播和价值引领，《朗读者》采用明星、普通人、专业精英相结合的嘉宾阵容，选择拥有影响力、知名度、独特人生经历、值得弘扬的特别品质等特征的嘉宾。制片人董卿接受采访时表示："在明星身上比较难捕捉到大开大合的人生故事，而在普通人身上，真的有让我们意想不到的惊喜和感动。"在朗读者第四期的节目中，原故宫博物院院长单霁翔讲述了他与故宫一起走过的春夏秋冬和他以故宫为豪的澎湃心情，尽管他面上平静，但在面部特写时发光的眼神和在说到"故宫的每一件文物都来路清楚"时的坚定微笑，观众感受到了他对故宫的热爱不在面上而在心里。越真诚的细节越能打动人，《朗读者》的嘉宾收敛自我，强调"爱""责任""帮助"等一致的价值。良好的文化素养、丰富的人生经历、深刻的故事，嘉宾与《朗读者》的节目形象高度契合，使得整个节目氛围和谐一致。

（三）精简节目模式，带来强烈参与感

《朗读者》的节目环节设置简单，让观众在老套的游戏、煽情造成的审美疲劳过后体会"清流"之感。请一位嘉宾、分享一段故事、朗读一段文字、与现场观众简单互动，抛弃了烦琐的环节设置使得情感传递更为直接有效。《朗读者》在每一期设定一个主题词，围绕这一主题开展朗读。第一期节目以“遇见”为主题，嘉宾濮存昕分享了与改变他一生的人的相遇；无国界医生蒋励讲述了她与阿富汗战争中的孩子们的相遇；第二期节目则讲述了陪伴的故事，家人的陪伴、夫妻之间的陪伴等。每一期节目将六段不同的朗读连成整体，而在每一段朗读之前设置主持人董卿与嘉宾的对话环节，分享故事后再朗读使观众感受到的情感有理有据，不至于有尴尬之感，保证了节目的整体性、逻辑性和通畅性。电视给观众的一个重要的感觉是现场感和参与感，朗读者的朗读将原本熟悉的文字陌生化，仿佛《背影》不再是中学课本里的课文，《陋室铭》也不再用人尽皆知的方式解读，而是独属于朗读者与观众之间的情感暗号。朗读者用自身的故事与朗读的文字串联融合，使观众从对朗读文本的陈旧认识中解放出来，伴随着与朗读者产生的情感共鸣上升至新的理解层次。因此不熟悉文本的人有了新的认识，熟悉文本的人有了新的理解，不断地从陌生到知晓的过程让每一位观众都产生了极强的参与感、获得感和满足感。

（四）深度内容设计，展现真实情感

综艺节目是大众狂欢的现代变体，关键处在于观众的“忘情”与“移情”。每一位参与者都希望从忘情投入的参与中获得精神回报。作为一档涉及情感的节目，《朗读者》既不煽情也不滥情，不强调个体欲望，也不会用挑逗喷黑当卖点。节目旨在实现文化感染人、鼓舞人、教育人的传导作用，展现有血有肉的真实人物情感，含蓄的、内敛的，像是实力演员尽在不言中的表演方式一般留给观众感受的空间，观众不曾在节目中麻醉而是清醒地思考着，在自我思考中获得快乐。《朗读者》的内容设计回归“深度模式”，强调时代感和历史感，重视价值导向和内在本质。《朗读者》中嘉宾分享的故事并非简单的过往经历，其中都蕴含深刻而动人的情感内核。《朗读者》讲述的故事不是成功学而是普通观众都会遭遇到的问题：抉择、亲情、梦想。《朗读者》中朗读的文章都与朗读者本人的故事紧密相关，表达自身的生命感受和灵魂经历，因此朗读者是情感的自然流露而非策划包装，观众感受到的每一丝情感都是与朗读者共鸣得来的，不受制于市场要求，也因此征服了观众的内心，引发节目后的无尽思考。

（五）全媒体传播策略，提升覆盖面

《朗读者》在电视端和互联网移动端同步播出，各地设立的线下朗读亭前也排起了长队，朗读成为媒体报道的焦点，引发社会对节目和文化需求的关注热议，《朗读者》此举打破空间限制，形成线上线下的交流互动。相关话题文章刷爆了朋友圈，精彩的部分也被截成短视频在微博上广泛转载，甚至这一央视文化类节目在号称二次元的大本营、年轻群体为主要受众的视频网站 B 站上也坐拥单集 11 万的点击量，引发五千多条弹幕在线互动讨论，“班主任让我来的”也成了《朗读者》B 站弹幕的经典梗。《朗读者》不单纯依靠央视的官方途径宣传，同时开设的官方微博平台“CCTV 朗读者”拥有超过 25 万的粉丝，官方微信公众号“CCTV 朗读者”不仅会定期推送制作团队和嘉宾的背后故事，还会在每期节目播送后推送嘉宾朗读的文本的完整版本，弥补了因节目时长和现场效果而删减文本的遗憾。《朗读者》寻找多重亮点将大众娱乐的目光聚集，并整合各方资源传递信息完成节目价值引领的功能。

三　价值与争议

（一）价值与功效

《朗读者》的成功推热了文化类综艺节目，让社会资本看到了文化类综艺的变现能力比想象的高很多。文化类综艺的受众有着高学历、高收入、高素质的特点，因而更容易找到单品价值高的投资商。文化类综艺在筹划初期大多资金紧张，投资方、网播平台多持观望态度，央视制作的《朗读者》也不例外，参与制作的董卿透露，在筹划初期，却并不被“金主”看好，最后北汽主动接洽力推完成。《朗读者》凭借央视大平台、契合度高的观众群、强大明星阵容和体现的社会责任感由北汽集团独家冠名，体现了集团作为民族企业从文化高度做品牌的战略雄心。而北汽集团也同样凭借《朗读者》的爆红将品牌精神建设落实，打造更有中国特色和世界影响力的品牌文化，这一双赢的结果将鼓励更多的社会资本关注文化类节目，传播主流价值。

《朗读者》的成功给原创本土节目以信心，彰显示范效应，中小学教师会主动引导学生观看节目，各种企事业单位也在本单位内举办类似形式的朗读活动，体现了节目模式的可复制性，有利于带动类似节目跟风涌现，为日后文化类节目创新提供借鉴素材和思考方向。而大众给予节目的认可与支持，则是一个风向标，让越来越多的人看到了观众对文化综艺节目的庞大需求。《朗读者》无论是节目内容、表现形式还是制作团队都受到社会的广泛肯定，唤起社会对文化文学审美的重新审视和追求，为传统文化的推广传播寻找到了创新的表达方式，对继承和弘扬中华传统文化有重要的价值和意义。

（二）争议与问题

首先，受众面略显狭小。现如今，年轻人尤其是青年女性观众成为电视节目观看者的最主要构成，消费力也更强；多屏时代下网络观众更加年轻化，“00后”已经融入并逐渐成为主要构成人群。电视节目在文化工业的进程下越来越注重快餐式文化，电视节目作为消费品，受众定位直指青少年。《朗读者》作为一档主打文化情怀的节目以其沉稳内敛的气质吸引了中高年龄层面的观众，然而高质量的朗读文本和内涵深刻的文化面又给受众立了个高门槛，使得节目失去了对青少年的吸引力甚至出现反效果，较为严肃的氛围又让节目缺乏娱乐感。然而，文化传播和价值引领的主力军正是这一批青年群体。文化需要年轻人学习并传承，对《朗读者》一类的文化综艺来说，如何影响更多的青年观众，激发文化消费的主动性是文化类综艺应多加考虑的问题。

其次，仪式感大于内容。《朗读者》的播出平台央视是主流媒体，传播主流文化。主流文化注重国家形象塑造、传播核心价值观，表达的内容较为严肃、权威，具有鲜明的主流意识形态特征。主流文化在创新过程中，遵循的标准是权威性、主导性或导向性。[①] 因而我们看到的《朗读者》有着央视制作的一贯特征：强调仪式感。与朗读者先讲故事再朗读的节目流程相似，曾由李咏主持的央视综艺《向幸福出发》中选手先讲述自己的故事再用歌声表达情感和百姓圆梦节目《越战越勇》同样先进行互动访谈环节讲述选手故事再进行演唱环节。不难发现，央视喜欢讲述百姓故事，相似的套路为央视节目增添了浓厚的仪式感，不讲述选手的故事就仿佛不是央视的节目。除去流程设置带有样式的一贯作风外，《朗读者》富丽堂皇的布景、华丽的灯光、剧场和图书馆一样的舞台等舞美效果都令节目充满了仪式感，嘉宾的出场方式、由李云迪等著名钢琴演奏家的现场配乐等让观众产生仪式感高于内容的感觉，将现场观众与节目割裂，恍然是另一版的《感动中国》。相比之下，黑龙江卫视以读信为主要内容的节目《见字如面》更获好评，一方讲台一个人，极简的舞美风格营造轻松的文艺分享气氛。

最后，意识形态的接受疲劳。《朗读者》运用隐喻的方式将节目想传达的价值理念、意识形态、人生哲理等元素加注在主持人和嘉宾身上，让其在讲述每一个故事、朗读每一段文字、做出每一次点评时在字里行间展现，实现观众对价值导向的认同。主持人董卿在接受采访时称“没有一次是自由发挥的”，可见，每一句看似蓄意而发的评论都是经过价值理念核实的结果，这样放大价值观念意识形态层面的信息的做法或多或少会牺牲表现者的个人意愿和态度，弱化了现实细节中的矛盾，给予观众“鸡汤”之感。《朗读者》面临的挑战是明确意识形态下的接受疲劳；后现代文化时期反权威、反本质、反思想的文化思潮使得人们排斥教化理论灌输，因此，如何合理地运用价值观念隐喻的机制使其在

---

① 杨乘虎：《电视节目创新的动力及其要素研究——中国电视节目创新问题研究之四》，《现代传播（中国传媒大学学报）》2012 年第 7 期。

升华内涵的同时不影响观众想得到的精神慰藉达到娱乐的效果是节目需要考量的问题。

四　策略和启示

电视艺术应该具有三个维度：意识形态维度、审美维度和商业维度。与所有综艺节目一样，文化类综艺也需要在传递主流价值观的同时发挥娱乐职能。如何在更高层次上满足观众的情感需求，更高效地传播主流价值观和意识形态需要文化类综艺节目认真考量。

（一）创新节目形态，高效传递价值观念

综艺娱乐节目从表面上看是文化消费问题，但从根本上讲，它是一个价值观和意识形态的问题，体现着主流价值观、意识形态对政治、经济、社会、文化等方面的认同感。[①] 文化类综艺节目应以价值引领和文化传播为出发点，坚守社会责任，把主流核心价值融汇在一系列的节目创作中。为了传递明确的价值观念，节目必然展现出"道德偏向"的姿态，这在崇尚实用主义和开放性价值取向的现代青年群体中引发反感和排斥。由于价值传播涉及的形式和内容多样，如何创新主流价值观的表达形式和传播方法，增强主流核心价值的传播力与影响力，[②] 是文化类节目需要思考并解决的问题。从《朗读者》的成功可以发现，节目淡化政治话语、官方话语和主流话语，语态的变化有利于观众对情感传递的认同。同时，文化类综艺应抛弃高而冷的定位，降低仪式感，提高观众对节目内容的关注度和参与度，用创新性的节目形态将原本带有说教意味的价值观念和意识形态以观众喜闻乐见的方式呈现，使得价值传播和娱乐休闲有机融合，既发挥了文化类综艺价值引领的功能又保证了节目的娱乐性，达到寓教于乐的效果。

---

① 刘俊、胡智锋：《多元类型的"井喷"：中国电视综艺节目内容生产的新景观》，《中国电视》2015 年第 2 期。

② 凌晟珩：《从〈中国诗词大会〉看主流媒体的价值传播》，《电视研究》2016 年第 6 期。

（二）更深的情感投入，探寻人生体验

文化工业的发展逻辑导致综艺节目使用商品化的手段“娱乐至死”，缺少人文关怀和对社会问题的关注，只能依靠一时爆发的感官刺激给予观众暂时性的情感补偿，难以引发人们长久的关注与兴趣，这让电视综艺节目在凸显“娱乐属性”的同时，强调了自身的商业维度而忽视了审美维度和意识形态维度。社会心理变化最明显的特征是对情感需求的增大，人们在高于生活的审美情感中逃避现实。《朗读者》大获成功也在于捕捉到了观众对故事的喜爱，这是人类对捕捉人生模式的深层需求，是一种知识的实践和私人的情感体验。区别于感官娱乐的短时间补偿，文化类综艺需要更高层次的情感投入，高层次情感建立在低层次的物质需求基础上，与他人利益与社会利益具有较强的相关性和一致性。文化类综艺不仅要通过娱乐的方式使观众情感得到宣泄，更要以充实知识、升华精神为目的，培养观众的审美能力，探寻深刻的人生体验。

（三）真实的情感策划，引起观众共鸣

策划的情感并非真实情感的流露，而是为了迎合大众的娱乐休闲需求，为了故事发展的需要而编排出的情感，因此缺乏逻辑性。《朗读者》中嘉宾讲述的以往的故事体现出的怀旧情感是人类共同的情感，与其说朗读者是在朗读他人的文字，不如说朗读者在讲述自己的故事。朗读者是业内公认的“明星”，在各自领域均有较高的知名度和美誉度，因而讲述得更加饱满、生动可信，加之经历所得的人生故事，将朗读的文字人格化，刻上人的情感使其更加动人，这样即使朗读的文字相同，传递的感情也不同，做到了“一样的故事，不一样的讲述”。综艺节目并非电视剧，没有激烈的剧情冲突和情感纠葛，主持人和嘉宾也不能完美演出设定的人物性格，因此真实情感在文化类综艺里更为重要，正因真实的情感来自真实的生活经历，观众能在其中获得知识的体验，真实的情感更易引发观众共鸣。

（四）挖掘本土文化资源，提升节目核心竞争力

文化是文化类综艺的生存环境也是节目传播的主要内容，具有区域性的特征。文化类综艺的创新需要依托本土文化资源，以提升节目的文化品位更好地满足受众日益变化的文化需求。《中国诗词大会》《朗读者》等成功的文化类综艺基于对诗词等本土文化元素的深入挖掘和运用，给受众以构建自身精神家园的契机，将思想性、艺术性、观赏性有机统一，反映国人审美追求。《朗读者》深入发掘了文学的魅力，唤醒了人们对文学美的追求，其背后则体现了中国人的文化精神。本土的文化类综艺节目在明星资源、游戏资源被过度开发的当下突出重围，体现了传统文化不息的生命力，应该继续深入挖掘本土文化资源，增强文化类综艺节目的核心竞争力。

（五）运用创新技术，提升观感体验

电视是一种综合媒介，兼容并包的特性使其可以集纳多种前沿技术作为新的创新手段引入节目生产，成为节目创新的支撑点。[①] 对于较缺乏娱乐性和感官刺激的文化类综艺，应该大胆借用影视剧的拍摄技术和技巧，通过或震撼或新奇的视听手段提升节目魅力，升级节目的观看感受。镜头的运动组合、场面的调动、场景布置及光线色彩等对现场观看效果和节目氛围的烘托有着明显的作用，使得观众在观看过程中始终有着全方位的愉悦感受。为了提升文化类节目的观感性，对信息的把握和运用应成为制作者掌控节目节奏所必需的元素。《朗读者》节目通过创新信息表述方式，突出嘉宾区别于已经展示在媒体文本上的故事，强调其不为人知的背后故事，这些故事是观众在日常生活中难以获得的。观众成为节目的观察者，处于信息的制高点，为观众带来的独特感官体验和心理快感，满足其窥视欲望。因此，文化类综艺节目在策划过程中注重拓展信息自身的角度和深度，激发观众探寻背后故事的欲望而提升观

① 杨乘虎：《电视节目创新的动力及其要素研究——中国电视节目创新问题研究之四》，《现代传播（中国传媒大学学报）》2012 年第 7 期。

众对节目的黏性。

结　语

当今社会的电视节目在文化工业的齿轮推动下以生产消费者为目标，淡化了对电视艺术的追求和创新，大众的文化需求一直都被娱乐泡沫掩盖其中，未得以彰显，《朗读者》一类的优质文化综艺激发和放大了公众的文化需求，值得鼓励和借鉴。如今的文化类综艺市场仍留有大量空白等待填补，文化综艺被喻为一股综艺清流，实则应成喷涌之势缓解电视综艺圈中的浮躁，实现电视节目价值引领的功能，传承和传播中国文化，繁荣中国的电视市场。

第三节　职场招聘类节目解析

——以《非你莫属》为例

电视职场招聘互动类真人秀节目《非你莫属》于2010年10月在天津卫视开播以来，凭借着其热点话题、新颖形式、草根视角，以及在娱乐中发人深省的精神，为招聘者与求职者搭设了一座沟通与合作的桥梁，不仅在收视率上取得了良好的成绩，而且社会反响也令人满意，成为中国电视市场上一道独特的景观。该类节目的流行背后有一定的因素推动，但其中也存在一定问题，如何规避这些问题，促进该类节目更加良性发展值得我们思考。本节以《非你莫属》为电视职场招聘真人秀节目的代表，在分析其成功之道的基础上，思考电视职场招聘类节目存在的问题及解决之道，尝试为电视职场招聘类节目的未来发展提供一点理论参考。

一　电视职场招聘类节目历史和现状

改革开放以来经济、社会领域的发展创造了更多的就业、创业机会，但也经常会出现“良将”难求、“伯乐”难遇的状况，如何在经济衰微时找到理想的工作，坦然面对职场中出现的各种问题，已经成为当前社会的热点问题，媒体职场类栏目应运而生。

电视职场招聘真人秀节目是指由电视台策划制作的为求职者提供就业平台的电视节目，即电视招聘节目邀请自愿报名参加节目的应聘嘉宾和招聘单位代表来到录制现场，通过一定的环节，使招聘者和招聘单位配对成功。

天津卫视在2010年10月开播《非你莫属》，把大多数人都认为十分严肃严谨的话题——就业和比较轻松的舞台表演巧妙结合起来，兼具贴近性和话题性，吸引了越来越多的电视观众。江苏卫视、广东卫视亦于2010年12月和2011年6月分别推出两个类似节目《职来职往》和《天生我才》，职场招聘类节目开始迅速发展。

职场招聘类节目一般来说有四要素：应聘者、主持人、嘉宾和职场规划师。舞台的现场设置有两个大类：其一为台前区，台前区主要是由节目的第一主持人和依次排开的各大企业的老板组成的BOSS团、嘉宾观察组成员、国际教育的指导老师和就业心理指导老师；台下是现场观众和轮流上场的几位前来求职的求职者。其二为台后区，由第二主持人负责并且掌控其进度，台后区主要工作是负责记录和捕捉前来求职的求职者入场前及入场后的真实心态和在节目录制过程中的动态，并随时随地对现场情况和求职者的表现做出点评。两个大区相互衬托和扶持，以台前区为主、台后区为辅，通过综合选手自我展示及同主持人、招聘单位代表的交流、职场规划师点评等决定是否达成就业意向。

二 《非你莫属》的成功之道

（一）定位精准，关注社会热点问题

伴随着经济结构大环境的转型持续深化，人才流动加剧，各类求职人群都在持续增长，庞大的就业大军都面临着就业难及就业市场中各类

潜规则的困扰。就业问题已然成为让求职者头疼的社会热点话题，而一般娱乐类节目却鲜有触及。《非你莫属》进行了准确的受众定位和内容定位，紧随时代潮流，抓住了就业难、择业难这一社会热点问题。其每期话题具有很强的针对性，体现了对社会热点的关注和社会敏感性，使节目具有了实用性和针对性。《非你莫属》通过电视的手段，尽量还原比较真实的招聘过程，让广大求职者有了一个可以展示自己，并获得就职机会的平台，也为求职者和用人单位之间搭建了便捷的沟通桥梁，既能展示求职者的优秀职能和才干，给求职者提供成功梦想，又能使电视观众获得求职经验，满足猎奇心理，因此受到了大量在校大学生、大学毕业生、职场人士的青睐。加之绝大部分中国式家长望子成龙的心理十分迫切，因此也吸引了一部分家长群体。

（二）平民化风格，增强对社会各阶层的吸引力

《非你莫属》与曾经的《赢在中国》这类注重节目人才高端化、受众窄面化的运营模式有所不同，《非你莫属》贴近广大公众，具有一定的草根性，它以大众化的模式与社会各个阶层接触，其关注和涉及的对象还包括一些弱势群体。在这个求职平台上，囊括了各个阶层的求职者，不仅有高学历者，如各大学的高才生、海归等文化教育水平较高者，亦有低学历者和一些饱受社会非议的“啃老族”，但他们在某种程度上已经成为某类群体的代表，《非你莫属》吸引他们参加节目，使节目显得更加平民化，更加贴近社会生活。《非你莫属》的内容涉及个人能力与就业期待之间的抉择及薪酬、职位和经验的抉择等，对这些问题的深入讨论，使节目极具现实针对性和平民化，也增强了其对社会各个阶层观众的吸引力。

（三）形式新颖，善于抓住观众眼球

《非你莫属》将严肃的就业与轻松的舞台娱乐灵动结合，其节目形式在国内尚属首创。该节目通过在舞台真人面对面的形式，将招聘和求职者双方的需求都全面和真实地呈现在观众面前，并依靠观察团等专业

人士精准独到的点评和主持人的睿智评断，给求职者提供专业的求职心态和求职技巧的指导，并为观众传递一种积极向上并且切实可靠的价值观和就业观。同时，作为一档真人秀节目，《非你莫属》的求职者、供职者、主持人和嘉宾等都被要求在形式上扮演一个“秀”的特色，无论其承担的角色是什么，都需要在这个舞台上积极地展示自己和自己所代表的团体，这使得节目具有很强的观赏性和吸引力。

（四）事件营销，引起轰动效应

《非你莫属》采取了当下流行的营销形式——事件营销。国人喜欢围观，因此事件营销在当下大行其道。节目在推广前期为了迅速吸引眼球，利用一些当时社会和网络上的热点事件、热点人物来充当求职者，以此吸引观众。这种手段始终贯穿节目始终，并且屡试不爽。如前期的伪娘，到后来的 B 哥、撕证哥等。《非你莫属》不仅利用社会热点事件，同时本身也制造媒介事件。如前期的黄欢和求职者对抗、后期的刘俐俐事件等都引起了不小的轰动，而“非你莫属　黄欢”在当时成为百度热门搜索关键词。这种轰动尽管骂声一片，但对于节目推广无疑是有效的。《非你莫属》正是通过这种事件营销，营造媒介事件景观，吸引眼球，提高收视率，占有了观众市场。

（五）主持人效应，吸引关注

《非你莫属》充分利用了主持人效应。张绍刚本身就是名人，其主持风格独特，本身有一定的收视号召力。张绍刚一向以语言犀利、铁嘴钢牙闻名于业界，其主持中掺杂了大量个人观点和感情色彩。他善于平地起波澜，于无声处响惊雷，调动整个节目起承转合并张弛有度。他的睿智机敏、思维敏捷、言辞锋利，吸引了一大批拥趸。

三　电视职场招聘类节目存在的问题

（一）缺少创新

随着信息和传播科技的发展，出于占有市场和盈利的目的，媒体之间的竞争不断加剧，电视节目之间互相模仿，从节目形式到节目内容差异和创新都在减少，导致了节目的同质化。《非你莫属》与美国广播公司（NBC）2004年开播的真人秀节目《学徒》有着较大的相似性。当前中国，很难说有一档中国特色的职场招聘类节目。在与国外同类节目相比，在创新性和竞争力上明显不足。各种跟风的节目，形式上有很多类似之处，有很强的模仿痕迹，缺乏创新是当前中国职场招聘类节目的首要问题。

（二）品牌效应不足

国外电视节目在长期实践中形成了一套完整的商业化运作机制，出现了许多优质的节目品牌和优秀的节目主持人。这些品牌节目形成了形象识别系统，保障了片花、主持人、嘉宾、求职者及舞台中其他工作人员的设定，还有舞台的包装样式和风格的稳定性。然而，我国的电视节目并没有特别重视品牌经营，真正有较大影响力的电视职场招聘类节目品牌很少，其国际影响力和知名度与西方类似节目有着一定的差距。

（三）制作不够精良

在节目制作的精细度方面，国内节目与国外节目相比有很大的差距。国外真人秀节目制作较为精良，主持人和参与者的形象、表情、动作、语言都做到了“秀”到极致，[①] 而且十分重视镜头的运用、音乐和特技的制作，频繁使用了航拍、烟雾、交响乐等国内普通电视节目中很少用到的拍摄技巧和方式，观看真人秀节目好像是在欣赏好莱坞大片。但是在国内，绝大多数电视职场招聘类节目及许多真人秀节目中，运用了大量的空镜头及参赛者休息聊天的镜头，节奏拖沓，气氛沉闷。[②] 国内职场招聘类节目的制作技巧有待进一步提升。

（四）娱乐性太强、专业性偏弱

《非你莫属》虽然一直强调是严肃认真靠谱的求职平台，节目的主

① 谢耘耕、陈虹：《中国真人秀节目发展报告》，《新闻界》2006年第2期。

② 李宁：《“民生真人秀”的崛起》，《当代电视》2008年第4期。

题也力求与严肃的就业问题挂钩，但节目本身终究还是以娱乐为导向。为了追求娱乐性，在每期节目的求职者遴选上，都要求至少有一到两个看点，要求无论是相貌、体态、言行、经历、背景等，要有异于常人之处，而余下的求职者都是无关痛痒的节目陪衬。招聘者在这种节目设定下，宣传的目的远大于招聘的目的，节目逐渐偏离了职场招聘的正常轨道，反而出现了迎合观众低级趣味而导致的一些媚俗倾向，如猎奇、窥私、宣泄、搞笑等。偏离了节目提供就职机会、交流求职经验、设计职业规划的初衷。

四　发展前景和改进策略

（一）打造品牌

在激烈的媒介市场竞争中，唯有依靠品牌才能更好地生存。在媒介日益丰富和多样化的今天，卖方市场向买方转换，树立品牌显得尤为重要。品牌是节目无形资产，是信誉、特色、品位的象征，是长期积累形成的观众对节目的认可，拥有很强的号召力、感染力和吸引力。打造品牌，朝着高赞誉、高信任、高知名的目标努力是职场类节目的努力方向。职场类节目应该加强形象识别系统的设计，将节目的理念、栏目的标志，还有主持人的服饰、风格，以及活动创意，都纳入节目的整体形象识别系统，保障内容和形式的创新性，开展整合营销传播实践，提高节目的知名度和美誉度。[①] 当然，提高节目质量是树立品牌的根本，在提高质量的基础上要重视节目的整体策划和包装。突破简单复制、自产自销的生存方式，让节目朝着大制作、大营销、大市场的方向发展，促进中国电视节目产业的繁荣。

（二）娱乐要适度、专业性导向

电视本身是一种娱乐的方式、教育的工具和社会化的手段，在娱乐观众身心的同时，应该引导观众追求真、善、美等美德，其内容应该具

① 周少四、陈小舟：《从“实话实说”到“小崔说事”》，《今传媒》2009年第8期。

有教育意义和引导性。职场招聘类节目应该将故事性、冲突性、娱乐性和导向性有机结合，为了提高收视率而追求话题性和娱乐性的同时，应该多提供一些靠谱的工作，多给社会的一些弱势群体关爱，多给迷茫的年轻人灌输积极正确的价值观，为广大求职者开辟出一条通往职场的捷径，少展示一些节目中的语言技巧和产品宣传，留下更多的时间给专业人士，让他们为现场求职者和电视观众讲解更多的求职技巧和心态，体现节目的专业性，获得更多更坚定的支持者，在主流价值观与迎合观众中寻找平衡，真正实现职场招聘类节目的初衷——打造一个认真靠谱的求职平台。

（三）把握感性与理性的平衡

电视节目将娱乐性和社会责任感有机结合起来，才能更好地凸显它的价值。这就要求媒体把握好诉诸理性和诉求感情的平衡。虽然短期内，诉诸情感比诉诸理性可以产生更大的态度改变。但如果要形成稳定持久的影响，使人形成某种观点或态度，影响整个社会，则应该采取以诉诸理智为主的方式为宜。实际上，在传播中，诉诸感情和诉诸理性很难截然分开。职场招聘类节目需要有一定的情感因素，但更需要冷静和理智。作为一个严肃的求职找工作的平台而非一个慈善公益类的节目，职场招聘类节目应该减少矫揉造作的虚假眼泪，让观众看到理性与感性的交相辉映，展现对求职者的尊重和支持，激励他们依靠自己的力量，凭借自己的智慧去创造和获取属于他们自身的幸福，体现真正的人文关怀，才是最贴近生活、最理性的帮助。

（四）去除功利性，增强导向性

偏重于“秀”是电视真人秀节目的主要特征，为博一夜成名而故意炒作助长了功利性和物质化的自利心态，《非你莫属》虽然逃不开这些节目的潜规则，但是我们依然看到了他们的努力，如在节目中通过“自我介绍”“天生我有才”“别对我说谎”“谈钱不伤感情”四个环节，使作为招聘方的BOSS团成员对求职者的个人水平和能力、道德修养和个性特征等方面有了较为全面的考察。毕竟求职招聘类节目作为一个较为严肃的求职平台，需要的是可以为公司带来利润并且又有独特才能的企业人才，而非一些靠着一时的“语不惊人死不休”的语言贩子和语言投机者的所谓人才。职场招聘类节目应该去除功利性，增强导向性，更多地作为一个鼓励理智和抑制投机的求职平台，端正求职者工作态度，为广大公众指明正确的价值观和人生观。求职者即使无法在节目中获得供职者的青睐，也可以在专业人士和就业指导老师的指导下做出更好的职业规划，为观众传递一种健康、积极的求职精神，演绎尊重、认可和快乐的主题。①

结 语

转型时期的中国，年轻人就业的期望高、经验少、压力大、问题多，职场类节目具有较大的市场潜力，应该努力创新内容和形式，创造品牌，做出特色，占有市场。职场类节目在满足市场需求、获得经济利益的同时，也要承担起更多的社会责任，应该给予求职者一种正面的引导和校正，彰显媒体的社会责任感，为求职者和观众传递正确的择业观和人生态度。我们应该看到职场招聘类节目的优势和不足，寻求解决之道，创造出更多有特色、有影响力的电视职场招聘真人秀节目，形成中国电视群星璀璨、众声喧哗的良性竞争格局。②

第四节 互换真人秀节目探析

——以《变形计》为例

真人秀节目自出现以来，逐渐成为各大电视媒体俘获观众、占有市

① 许行明：《打造“真人秀”语境下的新型电视综艺节目》，《中国电视》2011 年第 12 期。

② 徐雷：《我国电视谈话节目的现实困境和发展趋势》，《中国矿业大学学报》（社会科学版）2005 年第 1 期。

场的一大利器。随着电视传媒市场竞争的日趋激烈，真人秀节目也在不断推陈出新。在英国《交换妻子》和美国《交换配偶》两个互换角色类真人秀节目流行之后，中国也迅速引进和借鉴这种节目类型。在价值多元化的现代社会，这种角色互换的节目类型抓住现代社会差异化的心理。我国互换类真人秀节目在借鉴国外优秀特质的同时，从节目的格局、内容到表现形式及市场营销方面，不断探索创新，以满足广大受众的收视需求。学界有大量文献论及真人秀节目的历史、定义、模式和特征及其社会意义和价值，但鲜有对互换类真人秀节目的探讨。本节在梳理互换类真人秀节目的内涵和特点的基础上，分析以《变形计》为代表的互换类真人秀节目的成功之道和面临的困境，并指出当前我国互换类真人秀节目存在的问题及对策，以期推动互换类真人秀节目的健康发展。

一　互换类真人秀节目的内涵和特点

互换类真人秀节目是真人秀的一种类型。真人秀又称真实电视（Real TV），是一种声称百分之百反映真实的电视节目，其节目类型可以细分为野外生存类、表演选秀类、职场类、相亲类及法治类等。顾名思义，真人秀节目的参与者并非演员身份，而是本人，他们需要在既定的情景中遵循既定的规则，完成某个任务，而整个过程一直处于拍摄中，由此做成一档电视节目。21 世纪初，继野外生存、选秀竞赛等类型的真人秀节目浪潮过后，互换类真人秀开始成为欧美国家真人秀节目里的一道亮丽的风景线。互换类真人秀节目是指根据节目设定，在规定的时间和空间内，让节目主人公（参与者）相互交换生存环境、交换社会角色，并全程跟踪拍摄，通过体验颠覆性的差异生活或角色，面对不同的生活环境和突发状况，使参与者在镜头前呈现出适应新环境的心路历程和真实表现的一种节目形态。此类节目不仅满足了观众的好奇心，还顺应了当今电视观众对贴近人们真实生活的电视节目的强烈需求。

互换类真人秀节目的最主要的特点就是注重内容的相对真实性，它所要表现的是更加贴近人们生活的真实感。在互换类真人秀节目中，主人公都不是头顶光环的艺人或名人，而是和观众一样的普通人。虽然作为一档电视转播节目，互换类真人秀却极少给参与者事先安排任何台词和剧本，从而增加了节目的悬念及剧情发展的不确定性，以此紧紧地抓住了受众的心理。此外，互换类真人秀节目还以一种特殊的方式实现了现代人的荧屏梦想，不同的生活环境、不同的生活角色，不仅能够让参与者体验到不一样的生活，见识自己从未认知的新事物，而且能拥有全新的视角和生活态度，这也是互换类真人秀节目备受欢迎的原因之一。究其根本，互换类真人秀的热播更在于它对观众收视心理的准确把握。互换类真人秀契合“使用与满足”理论，突出受众的主动参与。互换类真人秀的节目模式、故事的贴近性、真实性，打破以往观众一味被动接收的模式，坚持了平民视角，观众能够参与到节目中，成为真正主人。在互换类真人秀节目中，人人都有参与的机会，也被平等对待，观众得到尊重和发泄，就更加乐于观看节目、参与节目。在娱乐至上、消费主义盛行的文化大背景下，互换类真人秀满足了人们追求属于自己的舞台、释放自己个性的需求。在节目中，人物的性格、激烈的冲突、感人的场景，这一切是那么真实，让观众感同身受。观众通过观看节目，能收获真实的感动和喜悦。

二 《变形计》解析

作为国产互换真人秀的标杆，湖南卫视的真人秀节目《变形计》，在吸取国外互换类真人秀节目的优秀特点的同时，根据所处地域的特色加入新的文化内涵，不仅整合中国传统的思维方式和价值观，而且通过节目展现出了严肃的社会责任感和理想的人文思考，是一个具有借鉴意义的案例。

（一）《变形计》之“变”

1. 故事主人公选择的变化

由于成年人有成熟的心智，能够接受节目的安排和策划，以往的真人秀节目都将目光对准成年人，而《变形计》则将目标对准未成年人，打破了以往的惯例。《变形计》在选取故事主人公时注重多样性，涵盖了城市、农村和城郊的各种孩子。《变形计》作为一档关注社会变迁及守望青少年精神家园的真人秀节目，不仅让观众看到了农村艰辛苦难和城市优越舒适的生活条件对比，也让观众看到了主人公在面对巨大差异的生活条件时的微笑与泪水、回归与成长，还向全社会揭露了我国农村留守儿童的现状，唤起了广大受众对留守现象的关注与思考。这些主人公的多样选择，通过反映城乡青少年成长中面临的问题，使电视机前的孩子和父母在观看节目时进行自我反思。

2. 题材选择范围的扩大

变形计选择的题材范围广泛。涉及的家庭教育问题也是多方面的，由于电视媒介的受众范围广，议程设置功能明显，节目中反映的各种社会问题和人性问题得到了广泛关注。正值青春期的孩子在成长的道路上，会遇到各种新鲜事物，以及困难和障碍，可能暂时迷失自己。孩子的成长问题不一，有的迷恋网络游戏无法自拔，也有些孩子因为家庭关系恶劣而自暴自弃，甚至不少孩子通过自残甚至自杀来发泄情绪，这在《变形计》中都得到体现。网瘾是困扰当代青少年的一大问题，节目第一季“网瘾少年”关注的是孩子的网瘾问题；而《变形计》第二季“孤岛”选择两个离异家庭，使主人公重新寻回遗失的亲情；第四季“爱在远山”继续强化亲情、善良、纯真等主题。这些节目关注青少年成长和家庭教育的问题，让观众看到了农村孩子的坚强不屈、城市孩子的自我拯救、单亲孩子的亲情之旅，更看到了故事背后隐藏的城乡巨大差异。[1] 节目除了关注问题少年，还将镜头对准了父母，引导家长对家

① 周婵婵：《浅析湖南卫视娱乐真人秀节目〈变形计〉》，《新闻世界》2009 年第 3 期。

庭教育方式进行思考。在2015年《变形计》重新开播，即以“父子变形”为模式，将父母与孩子共同作为变形对象，直视父母的教育问题。

3. 地区选择的多样化

在前期节目主人公的选定时，节目组将主人公所在地域作为一项考察条件，所选地区无论是城市还是农村，都得有一定的代表性，有自己的地域特色，因此涉及地域范围较为广泛，排除了地域歧视。农村部分选择了广西桂林、湖南洞庭、贵州从江等地区，属于中国比较有地域文化特色、地貌特色、民族特色的地方；在城市分布上，南有长沙、南昌、广州、深圳等，北有哈尔滨、北京、上海等城市。广阔的地域范围，将不同社会背景和地域文化下的人置于同一场景中，让观众感受到不同地理方位所带来的文化差异，增强认知，拓展视野。

（二）《变形计》之“形”

1. 屏幕文字

电视媒介的视觉语言系统由造型语言（画面）和文字语言组成，文字语言是指画面内的文字和制作所加的文字。相比画面语言，屏幕文字有以下几个优势：第一，其表意更加明确、更加清晰。在“他乡有爱”这期中，在网吧中来回地寻找着儿子的张爸，眉头紧锁，神情不安，而画面里敲出一行字幕：“这一夜，他们依然没有找到他们的儿子张寓涵。”此时通过屏幕文字，张爸的辛酸与无奈被刻画得逼真详尽。第二，屏幕文字还可以加强节目的记忆深度，使观众对人物和故事画面更容易理解和接受。第三，俏皮、有创意的屏幕文字还能为节目注入别样的娱乐效果。《变形计》原素材中不乏幽默搞笑片段，通过后期添加一些字幕，使娱乐效果、搞笑氛围更为突出，不仅恰当地调侃一下主人公，也使主人公的性格特点更好地展现出来。如第十一季“两个世界”中梁佳铭搬起石头砸到自己脚，在蹲下按摩受伤的脚的时候，故意拿着旁边的毛毛虫出气来掩饰尴尬。而后期就在此时为毛毛虫加了一句“跟我有什么关系”的自白，将梁佳铭的天真幽默展现了出来。

2. 解说语言

电视真人秀节目中，解说词是引导画面走向的灵魂，不可或缺。在《变形计》前四期节目中，都有主持人。从最早的主持人王姬，到陆立，最后是魏哲浩和张怡筠，随着主持人的改变，节目解说风格也发生变化。节目起初的点评、心理分析语言比较感性，较为主观，给人以虚假、表演做戏的感觉；后一个主持人陆立相对客观，但分析问题时不够严谨、严肃；而魏哲浩和张怡筠做主持时，其解说风格转向理性视角，不论是心理分析还是点评，都较好地与节目一贯的感性风格形成互补。

3. 细节捕捉

一个细节能够反映出一个人的性格，而互换类真人秀节目也是通过捕捉节目参与者的一些细微动作、表情来刻画出人物的性格，使人物形象更为真实，以牵动观众的心。如“两个世界”一期中梁爸送梁佳铭去学校，在进学校之前，找了一家小饭馆吃早点，梁爸和梁佳铭分别点了一碗面，父子本应坐在一张桌上吃饭，而梁佳铭偏偏选了一个背对着自己父亲的位子坐下，见此情景，梁爸呆呆地望着那碗热气腾腾的面一口未吃，而梁佳铭在大口地把面吃完结账后，直接离开了小店，眼神从未落在这个表情木讷的父亲身上。这个细节不仅展现出了梁爸与梁佳铭长期以来的不合，也体现了梁佳铭对自己父亲的不屑与无视，以及梁爸对这种父子关系的无奈与无助。

4. 悬念设置

“一个节目在三分钟内如果还没有一个看点，或者情绪跳转，那么谁还会愿意去看它?”这是在后期工作室卞合江常说的一句话。《变形计》不光在拍摄过程设置了戏剧冲突，在后期制作时也充分利用好前期的素材，将故事紧凑地衔接穿插在一起。在后期剪辑中，将故事的激烈高潮部分放在前情摘要或花絮中，引发观众对故事起因和结局的好奇心，再随着节目的进行，将事件原委娓娓道来，揭开那层面纱。如“两个世界”这期在节目开头就向观众设置悬念：贵州女孩小芳在城市遗失了摄像机镜头，害老师被老板骂，并要负责赔偿，究竟是怎么回事？小芳又会怎么面对和处理这件事情呢？节目还未开始，就牢牢地抓住了观众眼球。

（三）《变形计》之“计”

1. 坚持主题定位

自开播以来，《变形计》一直坚持清晰明确的主题定位，即一档青春励志、生活置换类的纪实节目。它真实地反映当下青少年最普遍、最突出的问题，将镜头对焦于城市孩子的“现代病”，如网瘾、脾气暴躁、逃学、挥霍、冷漠、懒惰等。虽然节目一开始的定位是帮助城市问题少年得到改造、获得新生，但经过多期节目的制作后，节目组也意识到农村家庭的贫苦孩子更需要帮助，便将从小在山村生活的贫苦孩子和来自大都市的青少年进行角色互换，关注时下城市和农村青少年在生活道路上面临的问题。节目中所展现的亲子教育和代际沟通也深深打动了观众的内心，引发更多观众的思考。

2. 坚持大众路线

在当今泛媒介化时代，受众的主体地位越来越凸显，这也使得媒体越加注重受众的参与感。《变形计》节目努力做到内容真实化、节目形式大众化、目标受众平民化。节目的参与者都是寻常百姓，他们在节目中的生活与广大观众具有很大的相似性；另外，节目加强了与观众的互动，节目观众在观看节目的同时，可以通过发送短信、关注微博、百度贴吧等各种途径参与到节目的互动中去，提前了解节目进展，满足了受众强烈的参与欲望，而观众的反馈越多，节目组越能根据这些反馈进行反思和调整，完善节目内容和形式来满足观众需求，吸引更多受众。

3. 坚持原创为主

虽然《变形计》并非我国原创的真人秀节目，但不论在内容设置还是节目理念，《变形计》都坚持自主创新，它在借鉴《交换配偶》中的“交换”概念，兼顾中国传统的思维方式和价值理念，摒弃了《交换配偶》中有违中国伦理的“换夫”“换妻”方式。《变形计》将交换方式改为更广义的交换人生，将处于青春期的孩子作为交换对象，充分利用了青少年的率真率性，以及他们在镜头前不装不演的特征将节目的真实性发挥得淋漓尽致。这档节目更利用“互换人生”这一概念，结合时下热点，使参与者站在他人的立场上重新审视自我，体现出强烈的社会责任感和深刻的社会意义，引起观众广泛关注。

4. 投身公益活动

变形计在节目之外还积极投身公益活动，增加节目影响力和社会效果。参与节目的城市家庭和很多观众都在积极伸出援助之手，帮助节目中有困难的农村主人公，以及他们的家庭和学校；2012 年 2 月，《变形计》栏目组与芒果 V 基金开启了合作模式，设立了变形计励志帮扶金，在每期节目的片尾和《变形计》官方微博上公布捐赠账号，呼吁观众献出爱心；2014 年，变形计励志帮扶金项目的帮扶对象也从孩子扩展到孩子就读的农村学校。据不完全统计，2012—2013 年，共有 16 万平均年龄在 8—13 周岁的青少年观众为该项目捐款,① 从某个方面来讲也变成了一档公益节目。

（四）《变形计》发展中所遇到的问题

1. 制作思路狭窄化

纵观《变形计》的成长之路，可以大致划分为以下三个阶段。2006—2008 年，《变形计》开播四季后，由盛转衰，最终在第四季播完后出现了停滞；2012 年，《变形计》复活，与往期不同的是，节目取消了主持人，不再有心理专家进行点评；而 2015 年开始，节目组又创新了变形模式，将原来的青少年变形改为父子变形。然而，在节目演进过程中，其制作思路越来越偏向狭窄化。《变形计》第一季的制作思路是最开阔的，也是最切合节目主题的。第一季中有四个故事，前两个故事

① 邓霞、杨浩：《“变形计励志帮扶金”2014 年全新启动　扩大受助对象》，中国新闻网，2014 年 1 月 25 日。

"网变"和"高三母女互换"关注的是对孩子的教育观念和家庭问题，而后两个故事"老孔变村官""走、走、走"并不是延续前两期的互换，而是改变主人公的生活环境，让主人公在艰苦、陌生的环境中展现真实的自己；而第二季开始，节目的目标逐渐侧重在了青少年的教育问题上，节目形式也渐渐固定为互换。庆幸的是，在第二、三季中还是保留了除青少年问题以外的主题，如在第三季的第四个故事中让曾有吸毒史的两位中年男子互换，也是为国际禁毒日所做的特别策划；但到了第四季，就完全没有除问题青少年以外的主人公出现过；2012 年开始，节目思路从到一种生活中去体验以揭露反思彻底转变为改造问题少年，节目口号也变为"一份来自远山深处的力量"。《变形计》的制作思路也由此固定并不再开阔了。

2. 故事结构模式化

2012 年，节目《变形计》的制作思路开始固定为改造问题少年后，往后的每期节目都慢慢走向一个模式化的节目流程和故事结构。前四季的主人公年龄、背景、问题，节目的流程都不一样，每个故事对观众来说，都充满了新奇感，而在此之后，《变形计》以一种娓娓道来的叙述，按照一定的故事发展脉络，将整个节目呈现出来。看过几个故事的观众，就能了解故事模式，冲突和变数都没有什么悬念。先是大体一致的变形主人公的选择，节目给来自农村的主人公刻上了诚实善良、贫苦但又自强的印记，而城市主人公却总是有这样或那样的问题，有着集聚抽烟、喝酒、打架、狂妄又自私的特点，于是让观众有了刻板的城市主人公和农村主人公的形象；互换过程中也毫不例外，城市主人公初到农村的各种嫌弃，因嫌弃和约束开始不满，与工作人员发生冲突、和农村家庭、学校老师产生矛盾，再到他们被父母、老师的百般关爱和付出感动自责，渐渐意识到自己的错误，最后就是对自己城市爸妈的想念，反思自己曾经的放荡不羁；而农村主人公总有一段很凄惨的家庭故事和自立自强的精神，在城市他们总有能让城市父母收获久未感受到的与子女的亲情感动瞬间，然而在繁华喧闹的城市，他们又是那么格格不入，不论在生活上还是在学习上，总是会出现一些令他们束手无策的突发事件，最终他们用真诚、善良去化解这些小插曲……久而久之，也就形成了故事发展的大致模式，统一的模板也就诞生了，新意渐失。

3. 节目内容失真

互换类真人秀，甚至所有的真人秀节目最大的看点就是真实，倘若一档真人秀让观众觉得矫情、虚伪、做作，那么这档真人秀节目也就没有存在的价值了。《变形计》开播起始，主人公大多为青少年，这是因为青少年在镜头下表现自然，不会刻意掩饰。但关于青少年的题材本是有限，尤其是在思路设定为改造问题少年后，本可以拓展题材、增强节目丰富性的成年人的互换模式被取消，节目组陷入了窘境。拓展故事的可看性、冲突的激烈性、前后的反差性是提高节目的市场竞争力的法宝。然而为了高收视率，在策划和制作节目时，过分地追求刺激、揭露社会的阴暗面，或者过于严重地操控节目而逐渐降低了节目的公信力。同时，节目制作者为了吸引更多观众，使故事戏剧化，在节目中弱化主人公团结、友爱等美好的道德品质，一味地暴露人性的弱点，放大主人公的自私、暴力，受到不少观众的质疑，真实性大大降低。在节目的真实性和可看性之间存在着不可调和的矛盾。短短的七天变形（2014 年改为一个月），记一番日常生活的流水账确实没什么可看的，要增强节目可看性，必须要有冲突，有悬念。事实上，生活中哪有那么多的冲突。一方面，作为互换类真人秀，编导是应该保证不干涉参与者的活动；但在另一方面，为了确保可看性，编导又不得不人为地设置冲突，将主人公的心路历程和改变浓缩在这几小时的节目中。① 这种平衡性一旦没掌握好，要么就会让故事不真实，失去节目原本的意图，要么在无聊的记录下磨灭观众的耐心。

① 周婵婵：《浅析湖南卫视娱乐真人秀节目〈变形计〉》，《新闻世界》2009 年第 3 期。

三　我国互换类真人秀节目存在的问题及对策

以《变形计》为代表的互换类真人秀节目是我国真人秀节目模式的创新，它关注青少年问题、家庭问题、社会问题，吸引社会关注和思考，从而在娱乐的同时，具有了丰富的社会教育意义。但在其发展过程中，不可避免地也出现了一些弊端和不足，需要引起注意，并有针对性地加以解决。

（一）导向问题：中西传媒差异，多元价值观念冲突

中西文化传统差异巨大，电视传媒运作的理念和实践也有很大区别。作为一个西方引进的新兴电视节目，互换类真人秀节目本身就带有多元的文化价值冲突，不加改造地引进必然会给媒体和社会带来一定的价值失衡。因此在引进国外真人秀节目时，应该正确认识其价值观念和意识形态，在电视媒介构建主流价值的内在要求引领下，规范互换类真人秀积极健康发展。互换类真人秀应该在把握导向的前提下，融入本土文化元素，统一思想价值观念，在娱乐的同时以一种特殊的方式向社会传播积极的观念，展现丰富的社会教育意义。充分发挥更加贴合实际、更加贴近人们生活、更加符合社会发展逻辑、更具有社会争议性等的节目特性，关注时下热点新闻，通过精心的设计挖掘和放大节目的社会内涵，推动广大公众和有关部门共同思考和解决社会热点问题。

（二）内容问题：节目真实性备受质疑，诚信问题暴露

互换类真人秀节目凭借真实的互动和生活体验，以及本土元素的不断加入，备受广大观众青睐。但随着互换类真人秀节目的飞速发展，电视媒体营销者的大量商业化的投入渐渐使得互换类真人秀节目变了味，有的甚至已经沦为商业作秀类表演性娱乐节目。如果节目内容失真，就暴露出制作者的诚信问题，内容和形式的创新都将前功尽弃，甚至可能造成无法挽回的影响。必须保障整个节目内容的真实性，把握好每个细节，参与嘉宾应该表现真实的自我，节目本身与广大群众进行直接和真

切的交流，互动更加贴近生活，保证各个方面信息的准确性，让节目外观众获得真实的视觉体验，提升节目的社会公信力，保证节目的长期可持续发展。

（三）形式问题：缺乏创新，抄袭问题严重

互换类真人秀节目源于西方，之后我国各大电视栏目纷纷效仿。虽然经历了从前期的完全照搬，到后来的引进和合作，我国互换类真人秀节目还是缺乏节目表现形式、节目格局和内容上的创新。国内各大电视台引进的真人秀节目，都被观众指出与原版剧情内容及剧情发展走向、道具安排上都惊人地相似。在国内电视传媒市场的激烈竞争环境下，一旦一个节目备受观众追捧，马上就会有各种“克隆”版出现。国内互换类真人秀起步较晚，普遍存在种类单一、表达形式僵化等问题。如何更好地运用中华民族的厚重历史文化底蕴来创新内容和形式，是节目需要不断深入思考的问题。

坚持互换类真人秀节目的创新性要求，就必须了解节目本身的特点与不足，从实际出发。首先，革新节目的表现形式，要对节目内容和形式细心策划与探索，避免一味迎合观众而墨守成规、停滞不前，避免以哗众取宠的形式来取得一时的所谓创新。其次，无论什么类型的真人秀节目，都必须关注观众所关心的问题，在选材、选址、选人上更加贴近观众的真实生活，根据时下热点内容实时更新内容，创作出符合社会主流价值观的节目。必须符合大众文化传播要求，尊重传统文化并进行合理创新，这样才能使这类真人秀节目保持旺盛生命力。

（四）营销问题：营销理念落后，宣传效果不强

传统的电视节目营销方式主要是在节目播出的电视频道适时地播放节目的预告，用精彩的看点去吸引观众，或者通过举办节目的发布会或者明星见面会，邀请媒体进行报道和专访来宣传。但是在网络时代，受众面临着多元的信息渠道和快速更新的信息洪流，节目制作方如果继续固守传统的营销手段，可能会失败。目前，我国省级电视台都建立了官

方网站，但是只有湖南电视台做到了充分利用，并且逐渐把新媒体作为吸引受众的主要平台，2008 年正式启用的“芒果 TV”称号是湖南广播电视台视频信息唯一的供应平台。反观其他卫视的网络营销观念则较为保守，营销手法也偏呆板，仅仅把网络平台用作资讯内容的推送，宣传作用大打折扣；节目组缺乏对微博、微信、贴吧等社交平台的充分利用，就算申请、注册了实名用户，但不注重建设，没有定期定时地更新信息，缺乏与网友的互动，由此不仅没有起到对节目的推广作用，相反产生了负面影响。

当今的全媒体时代，受众的主体地位不断提升，应该坚持以受众为中心，开展整合营销。节目组应该变被动为主动，优化营销方案，充分利用网站、微博、微信等网络平台，结合各个节目本身的特色，针对特定的目标受众群，整合营销方案，提高节目的知名度，提升宣传效果。在官方网站上，应该将节目内容放在网站中比较显眼的位置，合理安排电视网站的版块布局并及时更新，除了发布信息之外，还要加强与受众的互动；节目组安排固定的微信、微博等社交媒体的运营操作员，及时发布节目拍摄中发生的有趣好玩、感人生动的场面，或者是节目中未曾播出的故事桥段或精彩花絮，以吸引观众；同时，可以增设抽奖环节，时刻维持与粉丝和观众的交流互动；选择合适的广告商，设定合适的广告时长，不仅保证广告客户的利益，也使节目更受欢迎。

结 语

经过多年的发展和创新，国内互换类真人秀节目也渐具特色，获得了观众的认可，实现了良好的商业价值和社会效益，但要在当前激烈竞争的全媒体环境下占有一席之地，互换类真人秀节目必须摆脱固定模式，扩展题材，创新内容和形式，既要满足大众的娱乐需求，也要符合社会主义核心价值观的导向，根据时代背景和社会思潮的变革进行与时俱进的更新，为繁荣电视市场、丰富大众生活做出新的贡献。

第五节　道德测试真人秀节目解析

——以《你会怎么做》为例

近些年来，综艺娱乐节目在电视屏幕大行其道，同时各种情感类、家庭伦理类、智力类、竞技类等真人秀节目风靡一时。其中，社会行为观察类节目也在悄悄兴起。在繁华盛世的背后，转型时期中国社会涌现了大量新的社会问题和社会矛盾，也在考验着社会的整体道德水平。在媒介化社会中，社会道德问题经过媒体的报道和呈现，引起了人们广泛的关注和反思，以道德测试为主要内容和方式的社会行为观察类真人实境秀节目应运而生。2015 年 1 月在广东卫视首播的《你会怎么做》自称为全国首档社会行为观察类节目，在其第一期“目睹流浪汉被赶出餐厅，你会怎么做?”播出后，引起强烈反响，成为真人秀节目中的一匹黑马，其测试内容和形式也引发广泛的社会争议。由于真人秀节目的主要内容是观察参与者的行为，所以应该根据内容进行细分，称《你会怎么做》为道德测试类节目。本节在梳理道德测试节目的起源和流变的基础上，分析《你会怎么做》的特色，论述其产生的影响和争议，并指出其中存在的问题，建构相应的对策和建议，以期为道德测试类节目提供理论参考，促进此类节目的完善和发展，提升社会整体道德水平。

一　道德测试节目的起源和流变

2000 年，国内第一个电视真人秀节目，广东电视台模仿荷兰《老大哥》的《生存大挑战》诞生。直到 2004 年，真人秀节目度过了徘徊期，以湖南卫视为首的电视台制作播出的平民选秀节目风靡一时，自此开始，多家卫视开启真人秀节目研发和引进的进程，各种各样的电视真人秀节目逐渐涌现。近几年，以湖南卫视、浙江卫视为首的省级卫视积极引进和创新真人秀节目，《爸爸去哪儿》《我是歌手》《花儿与少年》

《花样姐姐》《奔跑吧兄弟》等都风靡一时，众多的穷游体验式、竞技式、家庭情感类真人秀节目充斥电视屏幕。但是，随着同质化竞争的日益严重，盲目跟风和缺乏创新也让国内真人秀节目陷入发展瓶颈。

随着社会道德问题日益涌现，加上媒体报道的渲染，社会道德问题引起了社会的广泛热议，社会整体伦理道德水平受到公众质疑。2006年11月南京“彭宇案”引起广泛争议；2011年10月“小悦悦事件”中路人的冷漠震惊当时；2013年7月女学生帮助一孕妇送其回家被害，让人对于陌生人的求助心生担忧；2014年“黑色八月”让社会对女学生的安危担忧加剧，对黑车的安全问题再度引起关注；2014年新出台的家暴相关法律引发了社会争论；新闻中屡见不鲜的货车翻倒众人哄抢；当各种小偷和“色狼”等的不良行径被人公布网上，却被质疑发布者不作为；发布疑似被拐儿童在街边行乞照片，众人却纷纷猜测真假；公交车让座都少不了被迫和被骂的无奈；毕福剑聚餐视频的揭发，引起了公众对友谊的担忧。

道德测试节目应运而生。此类节目旨在以模拟情景的形式，观察路人的反应，节目测试出来的是现今社会下被观察者的道德态度和道德表现，并非为测试出道德的高低和人性之丑善，也并非引诱显露出人性，只图测试出一种状态，但也有评论将其指为测人性、测良心，所以，这种节目类型称为道德测试真人秀节目则更为妥当。

这类节目早有先例，但并不成功。2012年5月，湖南电视台一档以讲述普通人感人事迹为主题的节目《平民英雄》就曾播放过类似一共两期的特别策划：第一期，在武汉一辆公交车上悄悄设立“道德实验室”，用演员扮演乘客、小偷和失主的方式测试市民的反应；第二期，选在长沙的一家餐馆，请人扮演一名落下钱包的顾客，测试市民的反应。此时已大致有道德测试节目的雏形，但因这两期节目的不成熟，遭到来自多方的质疑和不满，被网友称为“钓鱼”，认为节目的娱乐性过多，真实性不足，被网友所诟病，成为当时网络热议事件。该节目制片人表示，选题设置时没有考虑风险高低。更有市民直言不讳地指出，“平民英雄”是赤裸裸的视觉暴力，湖南卫视作为一家有影响的大众传媒，不能为了收视率，置人的尊严于不顾，将人性撕得血淋淋地展现在大众面前。①

之后零零散散的网络自制节目和报纸媒体进行了一些公德测试。2014 年 2 月，“深圳外企女高管猝死地铁口”事件，再次引起了大众对“扶不扶”的热议。2 月 27 日《深圳晚报》社派出三路记者分别前往深圳 4 个区的 8 个地点进行街头假摔测试，看看摔倒之后行人“扶不扶”。虽然记者体验过后的报道描述得极其煽情，网友也是口水喷喷，“板砖”横飞。更有人指责新闻造假，新闻真实性何在？2014 年 4 月 22 日，江西卫视以最后一期节目“名贵油画被泼，你是否会站出来指认凶手？”为为期 5 天的特别策划节目《你会怎么做》收官。其中涉及家暴、酒驾、扶不扶等 5 个社会话题，节目一经播出，引发社会各界的热议，甚至被媒体评价情节似伦理苦情剧。同年 5 月，全国首档网络娱乐真人秀节目《土豆周末秀》因选题有特色而出位，它定位于年轻人的现状，在网络引起关注，节目中各种测试，如素质考验、温泉艳遇、醉汉调戏、街头行窃测试、国际版豪车搭讪等，甚至在女子装醉观察路人反应的一期节目，曾一度在网络疯传后被全网下线，在网上引起不小反响，让人们提高警惕的同时大呼其中男性的嘴脸极其丑陋。同年名为《女神联盟社》的一档娱乐节目，在“光棍节”测试拆散情侣被称无下限炒作后，于 12 月又深夜让美女在酒吧街头装醉测试过路男子反应，其间节目反映出的丑陋一面让观众不寒而栗。但因这些节目中大多被测试出来的是负面反应，被指过于抹黑男性或者女性，演员着装和言语过于诱导之嫌，并不真实。

2015 年，广东卫视首播了《你会怎么做》，正式为社会观察类节目

① 戴维、杨京：《“平民英雄”再遭抨击　是赤裸裸的视觉暴力》，《武汉晚报》2012 年 5 月 11 日。

正名。该节目引进于美国 ABC 电视台的实境秀节目 *what would you do*，采用模仿突发事件的方式在现实生活中测试人们对事件、现象的反应和做法。节目会假定一个虚拟环境，在隐蔽处安设摄像机，让演员扮演各类需要帮助的角色，当他们遭遇困境时，考验现实中周围人的真实应对，每期包含三四个故事，因其题材涉及失业人群、种族歧视、同性恋情等而受到关注。不少测试的主题，都与道德、社会问题有关，被中国网民在网上传播，广受好评，打开了受众对于社会行为观察里街头公德测试形式的新视野，使人们对社会观察类公德测试节目有所了解和准备，也让后续的节目有所借鉴。《你会怎么做》是全国首档社会行为观察类节目，通过还原当下社会热议的事件，以 360 度全方位隐藏拍摄的方式，来观察普通人们的真实反应。[①]《你会怎么做》每一期节目都会设定一个具有争议性的场景，这些场景都设置在真实的公共场所。节目组在隐藏处安置摄像头，所有的摄像机均隐藏在不易察觉的角落，让演员们扮演各类需要帮助的角色，并上演一幕幕冲突，目的是观察毫不知情的路人是否会插手干预。节目通过变化不同性别、城市、穿着打扮等元素升级剧情，把目标对象置于道德选择的两难境地，以此来考验目标对象的处事态度和能力。在测试实验结束后，专家、学者、媒体评论人和相关事件当事人等在演播厅内一边观看视频录像，一边与主持人讨论并解释目标对象的各种反应。在该节目播出几期后不久，湖南台的同类型节目《噗通噗通的良心》开始上映，两节目直接的比较也成为网友讨论的热点。

二 《你会怎么做》的特色

作为一档前所未有的道德测试真人秀节目。《你会怎么做》在引进国外类似节目的基础上，结合中国特色文化和本土风格，创新内容和形式，体现出别具一格的特色，取得了良好的经济和社会效益。

① 夏冬：《〈你会怎么做〉引发社会公德测试节目争议》，《传媒观察》2015 年第 8 期。

（一）选题多样，富有现实意义

在节目的题材选择上，《你会怎么做》的选题主要来源于现实的社会现象和事件，有网络热议的话题、政策相关的解读和热点新闻事件等，选题关注社会问题和社会公德，提醒与警示、参考与反思并存。节目中的故事，来源于与主题相关的事件，以及参演者与被观察者自身的故事，甚至是测试中被观察者和演员直接的矛盾冲突形成的戏剧性内容。表面上看，镜头中呈现的是公共场景下具体的人遇到的偶然事件，而实际上是现实生活中普遍存在的现象。

节目选择社会事件、问题、现象或者社会关注的情景主题，找来相对应的演员，让其模拟事件或是现实场景，让演员们扮演起各类处于困境、险境的角色。同时在其中设置有变化的具有争议性的场景，在大致主题不变的前提下，改变演员的人物特征、关系、穿着、行为语言、测试地点；甚至升级剧情，要求演员加剧矛盾冲突引起更多人注意等，把目标对象置于一个需要选择反应与否、帮与不帮的境地，以此来考验被观察者的处事态度和处事手法。《你会怎么做》通过真实的镜头记录公众在生活中最真实的感动和人性中最善良的光辉，与当下的社会戾气和负能量报道形成鲜明对比。节目的主题与基调是宣扬人性的“真善美”，通过发掘社会中存在的热点问题，引领社会风气，传递正能量，让观众自己在判断真伪和善恶中进行反思和提升，体现出电视节目中的社会文化价值。

（二）内容真实，说服力强

作为一档实境真人秀节目，真实性是其根本特征。《你会怎么做》不以明星谋眼球，不以炒作博话题，而是通过对社会真实现象的观察，挖掘真实生活中的真情感，真实地还原事件的发生经过。制片人李刚表示，《你会怎么做》是“社会观察类节目”，因为“节目本身没有‘秀’的成分”，“比真人秀还真，是真人的真实反映”；[①]“《你会怎么做》是

① 夏冬：《〈你会怎么做〉引发社会公德测试节目争议》，《传媒观察》2015年第8期。

绝对真实的，没有任何捏造的故事，没有任何安排好的预演，完全向观众展示出真实的社会，对观众负责”。节目在真实的社会环境下演绎事先策划好的方案，但是每一个被观察者都不知情。节目中的被观察者，不论是明星，还是普通公众，都是自然地表现自己的言论和行动。这些被观察者最真实的反应被隐蔽的摄像机真实地拍摄下来，也是节目最大的关注点和传播点。

（三）外景隐蔽拍摄，手法自然多变

《你会怎么做》以外景隐蔽拍摄为主要拍摄手法，拍摄自然而又巧妙多变。节目组采用了“360 度全方位隐藏拍摄 + 暗中跟进纪实”的模式，事先将所有摄像机均安置在不易察觉的角落，捕捉被观察者的真实反应。在国内已有的真人秀节目中，这种摄制方式还是首例。节目的测试地点设置在真实的公共场所，节目组事先在选好的拍摄场地的不同角度，安置好摄像头和收音设备，所有的摄像机和收音设备尽量隐藏在不易察觉的各个角落，不仅如此，表演者的身上也会装有隐蔽式摄像机，力求做到无死角隐藏式拍摄。为能拍摄到全面的测试结果，以防测试的拍摄中突发各种状况，在拍摄现场，节目组会事先布置好一个监控室，导演组则暗中在临时搭建的导播间进行观察和发布指令，实时观察所拍摄的画面场景，监控室内的工作人员，利用对讲机和演员佩戴的小型耳机，与演员进行沟通和指导，当被观察者无反应或反应不明显时，室内工作人员会让其进一步展现矛盾引人关注。这种全方位无死角的拍摄方式记录了被观察对象的真实言行，为节目制作积累了海量的素材。

（四）及时点评，意味深刻

相比于美国的版本，《你会怎么办》增加了演播室嘉宾点评环节。节目中演播室内的及时点评分析，丰富了节目形式并较好地引导节目的导向。主持人和嘉宾甚至相关事件当事人等一边观看视频录像，一边进行点评和剖析，辅以点评人对测试情况的分析。同时在每组测试结束后，主持人会和嘉宾就其中的被观察者的表现进行分析和评论，并加上心理学家、媒体评论人、社会学家或相关事件当事人等的阐释。节目最后，主持人和嘉宾就整体再进行讨论，力求拔高主题和立意。这种将脱口秀植入真人秀的传播形式，既提升了节目的温度和趣味性，让节目更具可看性，[①] 又进行客观、理性的评价和深化，并提出建设性的建议，让节目巧妙地在导向和现实间寻找平衡，含义深刻，意味深远。

（五）做好善后，体现人文关怀

很多真人秀节目只重视节目的过程，节目结束后就一片狼藉，对参与节目的演员和公众不闻不问。而《你会怎么做》则尽量做好善后工作，每次测试之后，外景主持人会走出监控室，告知被观察者一切都是节目的安排，并进行采访，询问和挖掘被观察者此中言行的原因或者对此类现象的看法等，给予被观察者发言的机会，圆满地完成测试。而且对于一些因测试或是模拟情景产生不良情绪的被观察者甚至是演员自身，节目组也会安排工作人员甚至是心理专家对其进行辅导和安抚，体现了节目的人文关怀。

三　道德测试节目的影响和争议

《你会怎么做》播出以来，以“黑马”之势成为省级卫视中不可忽视的一档重量级节目，迅速成为广东卫视的王牌栏目，提升了收视率，获得了一定经济效益，也得到了社会广泛肯定，赢得了良好的社会效益。2015 年，该节目获得了国家新闻出版广电总局颁发的“广播电视创新创优奖”，得到了中国官方的高度认可。在互联网上，微博上众多有影响力的大 V 和业内人士也对节目给予了高度评价。人民日报微信订阅号在 2015 年 2 月 1 日以“点赞：让这个乞丐到我身边来吃！一段视频，验出世态人心”为题，转发《你会怎么做》第一期完整视频，阅读量达到 81329 次，点赞 1313 次。同时节目受到财经网、《环球时报》、《现代快报》、Vista 看天下、思想聚焦、搜狐视频、新浪江西、南

① 金石明、曾丹：《传播学视域下〈你会怎么做〉节目解析》，《声屏世界》2015 年第 11 期。

昌圈圈网等微博、微信账号的大力推荐。节目官方微博 2015 年 1 月 1 日以来总阅读量达到 460 万次，3232 条评论，3997 次转发。节目在新浪微博和央视索福瑞联合推出的微博电视指数（按节目信息在新浪微博的阅读人数排名）每周榜单上排名 24 位，除了周末大型季播综艺节目以外，在周间节目中排名第三。节目播出后，《你会怎么做》官方微博出现了上万条观众的评论转发，他们为国人展现出的正能量而感动，甚至为节目出谋划策，给出了很多中肯的建议和想法。节目中涌现出的传递正能量的事件和人物，如第一期的正义警察、土耳其大叔、北漂女孩，第二期的热心妈妈，第三期的机智情侣，第四期的检察官等，备受网友追捧。

在受到社会广泛肯定的同时，也引起了各方的热议。实际上，自从国内媒体引入国外社会观察类节目模式以来，就争论不断。网友直言节目戳中泪点、温暖人心，鼓励帮助了他人，传递了正能量。但也有人毫不讳言吐槽整个节目就是在要人、消费良心，担心以后遇到真实的困难会让人以为是节目反而不需要帮助。更有网友质疑整个节目的真实性，认为不少被观察者就是请好的“托”。不可否认，节目的确存在一些问题。

首先，负面影响不可低估。从各个电视台开设此类节目的出发点来看，都将话题性作为了最大的卖点，探究在各种情形下人们的行为表现，其实体现的是人性的矛盾与冲突，从一定意义上，此类节目能让观众通过“以人为鉴”的方式，思考道德与人性，从而变相提升社会对于道德的关注及思考。道德测试类节目的兴起虽有功利因素，但也是改善和推进社会风气的一种措施。然而，由于节目与人性、道德，与个人的经历、心理有密切关系，节目中体现出的不仅仅是被拍摄的群众美好、正能量的一面，其中暴露的阴暗、自私等负能量表现，也会给观众带来一定的负面情绪及影响。

其次，法律和伦理问题凸显。从伦理及法律的层面上看，道德测试类节目由于多采用偷拍、偷录等方式，被测试的群众个人隐私及个人形象也因此遭受一定侵犯。互联网上“人肉搜索”“个人隐私恶意公开”等未经个人许可而严重侵害个人权益的行为在道德测试类节目中同样存在。虽然国内许多社会观察类节目在后期处理中为保障个人隐私，添加了马赛克、变声等技术手段防止对被测试者造成不良影响，但在实际操作中常常在未征求或违背被测试群众个人意愿的情况下，将个人行为表现公开，实则严重侵犯了肖像权及个人隐私权。在《你会怎么做》任何一期节目中，都未曾放映出主持人询问被拍摄者是否允许使用视频材料制作节目的画面。显然，节目制作者简单的事后告知，与让渡权利需合理的“告知后同意”或节目制作中的“注意义务”都相去甚远，这种事后的告知不能被理解为知情同意。在媒介涉讼，尤其是媒介侵犯公民人格权的情形中，知情同意可以作为免责条款之一。未曾考虑知情同意这一环节，也就意味着节目制作者在可能出现的诉讼中失去了一个重要的抗辩理由。

最后，真实性遭到质疑。从节目所带来的社会反响上看，虽然是对人性及道德矛盾的反省和思考，但也是对社会良善的一种隐性消费。随着节目社会影响力的日益扩大，在社会上发生类似事件时，固然可能起到一定的督促作用，同时也会让当事人误以为是在节目录制中而刻意避开或使用与本意不符的行为、措施，即“演戏”给人看。另外，为了避免这些法律和伦理问题，节目设有征求个人意见环节，但是由于被测试者许多不当言行自己并不愿公开，导致大量有价值的内容无法在节目中呈现出来，容易导致节目失真。例如，当遭遇“扶不扶”事件时，出于自身形象及隐私的考虑，在当事人误以为节目录制中的情况下，可能会为了避免出镜而选择不予理会，或者为了维护个人形象，在不以为然的情况下出面搀扶，但实质上却是基于功利的思想，道德水平及素养并没有实质性的提升。

如上所述，《你会怎么做》在节目出发点为提升民众道德水平、展现人性矛盾中闪光点的前提下，产生了积极正面的影响，由于采用的方式方法不一定恰当，其中存在的问题、所带来的负面影响仍然值得节目制作者慎重考虑。

四 道德测试节目的问题和对策

由于中国特色的文化传统和国情，以及独特的电视传媒体制，以《你会怎么做》为代表的社会观察类节目也存在一些不成熟、不规范的问题，应该有针对性地加以改进和完善。

（一）实景演绎，弥补合法性不足

由于测试方式的特殊性，道德测试节目在伦理及法律层面上先天存在不足。由于道德测试节目并不如所标榜的那样是纯粹的“社会行为观察”，在节目形式上，因为使用了被测试者的声音和图像，关系被测试者的名誉和隐私；在授权上，必须严格征求被测试者的同意。而测试场景中，观察范围的人群数量多、流动快，不是每一个都能获得许可。只有在被测试者同意拍摄并在电视上播出，才能降低法律及舆论的风险，如无授权，拍摄片段应不予采用或打马赛克妥善处理。同时，由于需兼顾被测试者的个人隐私及形象，如被测试者存在顾虑，可考虑以真实情况为基础，在获取被测试者同意的情况下，采用真实场景再现的形式，使用演员进行实景演绎，自然拍摄和实景演戏相结合，无疑能更好地避开节目的伦理及法律风险。

（二）正反结合，把握真实性和导向性的平衡

作为实境真人秀节目，道德测试节目对于节目的真实性要求极高，然而由于其需兼顾社会风气导向，往往在节目中需要表现出真、善、美的一面，以正能量为观众带来共鸣与感动，不得不进行一些策划和设计，然而，这也容易使节目剪辑具有明显的表演痕迹，不尽真实。其实，此类节目给人带来的冲击，除了美的一面，也需考虑到阴暗、丑陋一面给人带来的震撼与反思。如果欠缺了反面例子的反衬，真正的美好

只会显得苍白无力。在节目选材上，在规避法律风险的前提下，可适当采用反面例子，给予人对比与冲击。如考虑大部分作为反面例子的被测试者将出于自我形象管理的原因拒绝授权视频使用，可考虑将反面的例子汇总归集，改以模拟情景或讽刺剧的方式呈现，更好地为节目的主旨提供例证。媒体要承担社会责任，把握好节目的导向，宣传真、善、美，提升观众对于道德的理解与崇尚。

（三）减少设计感，增强合理性

真人秀的“真”并不是生活真实，而是一种拟态真实，要避免假、大、空，防止想当然脱离整体现实。为了防止观众的审美疲劳，需在选题和观察的安排上下功夫。情景情节的合理性需要同时考量主题的实际性和测试的可行性。在《你会怎么做》中，孩子分数低被打骂、欺负服务员、轮椅女孩上台阶几期中，测试主题和测试方式都带着夸大现实、故意而为之的倾向，测试本身显得不真实、不合理。女孩搭陌生人顺风车一期，本来希望警示公众类似的危险，但是使用陌生男子提供顺风车的测试方式，有些不太现实，因为一般我们会对陌生人的搭讪和无端的殷勤警觉性会高些。但是常见的拼车、黑车、寻求上车带路等方式，更加贴近实际，更具有测试的价值。孩子被打骂一期，很多人认为孩子被家里人打骂虐待，一般不会发生在公共场合人多的地方，策划的痕迹过于明显。人贩子一期，测试场景选择在环境良好的一家餐厅，而走出户外选择人多眼杂的地方，如菜市场、地铁公交、公园广场、街道等则更加贴合实际。在农民工被歧视问题上，选择图书馆显然没有餐厅、公交车更有观察价值。

（四）虚实结合，增强真实性

既然是真人秀节目，那么节目内容真实性的保证必不可少。道德测试节目画面失真的情况时有发生，节目在测试内容画面的剪辑上，存在疏忽和人为添加。如女孩与网友见面一期中，有被观察者拿出手机拍下表演者所表演的情况，然而节目播放出的画面中，当画面放大到可以看清女子所拿手机的屏幕画面时，其所播细节与当时情形不符，有人为后期作假之嫌，并怀疑被观察者都是事先沟通好的。事后，节目组不得不在微博上澄清，解释当时因为经验不足，节目组安排好的摄像机并没能捕捉到相关画面，才事后让人模仿补拍了画面添加上去，弄巧成拙。拍摄角度问题也容易引发质疑。导盲犬一期公交车一组的测试中，测试的镜头安放被质疑位置不当，过于明显、离被观察者太近，有表演之嫌。之后，制作人的回应并没有解释清楚这些镜头的放置来源，疑虑未消。其实只需要播放真实捕捉到的场景，让观众自己去评判和反思，一样有效果。

（五）保障整体性，避免文不对题

节目是个完整流程，每个部分都相互联系，牵一发动全身。节目标题要与内容相互协调，保障节目的整体性。节目中设定了两种不同的情景进行对比分析，标题可提及有对比和矛盾的内容，用点睛之笔提高吸引力。“目睹不孝子强行让母亲去养老院”一期，标题仅说是不孝子，给观众产生儿子不孝的先入为主的心理暗示，后来发现实际上儿子有孝心却遇到母亲的不配合，十分无奈焦急，并非不孝背离了观众预先猜想的情况，有文不对题之嫌。考虑节目测试方式的先后差异，节目的题目与内容需仔细斟酌，如题目可以直接说是“目睹老人被要求去养老院”，描述更为精准且中性化，也打开了观众对于情景的猜想和期待，突出了后续内容的矛盾主题。考虑到测试中常由于特殊情况产生不可控的突发状况，情景的背离有时无法避免，但如事先说明有两个情景，提出悬念点和分期的不同设置，在心理上让观众有思考与缓和的空间，才能更好地突出节目主旨，避免哗众取宠的标题党之嫌。

导视内容与播出内容的统一。节目应该在预告和节目导视运用设置悬念和表现转折、表现内容精彩程度吸引观众的片段。养老院这期中，导视中凸显了被观察者和饰演儿子者之间冲突的几个片段，整个气氛一触即发，可是随后测试情况突变，扮演者与被观察者们相谈甚欢，表演助兴，以此为节目设下了悬念。然而，该段预告却并没有在后面的节目内容中播放出来，导致节目的完整性缺失。该期官方微博的评论上，有不少质问预告内容没有在正式节目中播放的评论。虽然之后官方微博贴出了演员唱戏的未播出花絮，但却没有放进网络版的节目里，仍然与正式内容关联度不高。

节目的预告剪辑，是节目吸引观众的重要法宝之一，应该把具有矛盾冲突的内容剪辑进预告，吸引观众。然而，过度突出矛盾冲突设下悬念，却没有与正式播出的节目内容相结合，未免前后不一，失信观众。

（六）注意文字表达，避免诱导性和主观性

节目的语言文字表达是引领节目剧情走向的线索。除了节目主持人、嘉宾、测试者的语言之外，还有节目必不可少的开场白和中间常常出现的旁白。语言总是带有说话者的主观性，社会观察类节目要尽量避免旁白的引导性和暗示性。《你会怎么做》选择在导视和节目测试中配以有声旁白，介绍节目内容，说明测试中的细节，解说被观察者的行动趋势和心理。例如，目睹保姆打骂孩子一期中，当被观察者有了进一步的行动，旁白道："意识到问题的严重性。"节目常用旁白特意指出被观察者一些动作，以此设下悬念和作为启承转折。目睹残疾女孩求职被骂哭一期中，女顾客不满意残疾女孩做的甜品、不断指责时，左侧餐桌上的一名玩手机的男性，放下手机之后的几个动作，旁白道："一直在玩手机的男士突然用力地摔了下手机，他也是在为此感到气愤吗？他喝了一口水，又重重地放下了水杯，就在我们以为他要起身的时候，他又拿起了桌上的手机，而这一次他将摄像头对准了我们的两位演员。"镜头已经说明清楚的，旁白又再次强调了男子拿手机摄像的细节，显得画蛇添足。"重重地"形容，没有声音体现出来，有故意强调、揣测他人之嫌，以及"他也是在为此感到气愤吗"，旁白对这一幕进行了猜测，并且用了"也"字，却自行引导了观众往这方向猜想，"就在我们以为他要起身的时候"，这一幕中男子的动作是男子微微起身，理了理西装外套的下摆，旁白话语间透露的一种希望被观察者去有所反应的倾向，失去了客观的观察审视，给予被观察者一种无形的道德要求，也让观众缺少了自己观察发现细节、进行猜想分析的空间。所以，播放测试的录像是整个节目的主要内容，也是关键的部分，可进行适当的细节提醒和介绍解释，不可代替观众下判断，或随意猜测情景。美国的版本则明智地不用字幕不用旁白说明，让观众自己边看边思考进行分析评定。道德测试节目不能根据结果进行分析，不便妄自下断言。节目播出过程中的讨论，宜以较为中立客观的语言，尽量使观众从受到的冲击中转向自觉思考，减少传统节目中的说教式语言与引导性语言，才能真正通过真实的案例引发人们对道德的关注与讨论。

节目开场白或者片花是节目的品牌和口号，应该简洁独特，让人记忆深刻，而不能太过平庸。但《你会怎么办》的节目开场白就过于苍白。每期开场都是主持人说“欢迎来到国内首档社会行为观察节目，你会怎么做”。而湖南卫视的《噗通噗通的良心》则是两位男主持人接替说：“噗通噗通的良心，遇见最温暖的你。”并且在节目最后会再次说出节目口号，节目完整性更强，主题立意突出，让人印象深刻。为了方便观众的记忆和理解，节目的开场白可以适当加上节目的主旨或者口号，突出节目特色，让人过目不忘。

（七）增加多样性，避免刻板模式

现实生活中的人和事千变万化，道德测试节目的内容和演员也应该多元化。但是当前道德测试节目中却有一些刻板模式。从女生遇上陌生人的顺风车一期开始，到女生见网友、遇见拐卖孩子的人贩子几期中，演员设定的角色过于鲜明，一个年轻漂亮的女孩子，一个猥琐大叔，饰演疑似坏人一角的都是上了年纪的男性，对于此类人的搭讪和接近，更易引起旁人注意和怀疑。同时，人们以外貌取人的第一印象让人偏向于不良的猜测。若是加上扮相和外表斯文清秀的年轻男性进行测试情景扮演，可以加强受众对于主题事件的理解，提高对身边人和事的留意度，加深情景的现实延伸和警醒作用。

演员的言行应该随机应变。演员作为测试中直面被观察者的当事人，其言行的拿捏和随机应变，节目组和演员事先的沟通及多种情况的预想，决定着测试的发展走向。人贩子一期中，饰演人贩子的男演员一开始接近小女孩的举动，姿势明显且怪异，而且行动慢，一开头就被旁桌的人注意到。对于旁桌人的质问，演员明显没有任何动作，有可能让被观察者陷入危险中。残疾人一期，女顾客扮演者的质问，没够到点子上，意图引导出的回答不够切合实际："愿意被残疾人服务吗？残疾人做的东西你敢吃吗"，这些都不是很多店里不聘请残疾人的原因，这些并没有成为扮演者引导性行为或者话语中考量的因素，也没有被节目组在后面的审题中表达出来。节目组设计和沟通得不够好，目的性过于明显，对于不易回答的隐私，应进行更加具有延展性和引导性的提问。扮演者也应进行刺激性引导，激发被观察者反应、表态，引导被观察者的观点表达和行为动作。

（八）穿针引线，发挥主持人的作用

主持人在电视真人秀节目起到穿针引线的引导作用。主持人与嘉宾言行既要准确又要多变。节目内场主持人作为一个串联整个节目的角色，能起到带领嘉宾一起探讨分析、拔高主题的作用，对于节目每期主题及整体要义的把握至关重要。在目睹保姆打骂孩子一期中，主持人开场就说出了保护孩子是成年人的责任。一个以触摸最真实的感动，见证人性的光辉为节目主旨的真人秀节目，主持人的一言一行无不代表着节目的立场，一开场就应该树立道德责任框架，吸引有责任感的观众义愤填膺或者心有忐忑和期待地看下去。节目一开始就直接确定了谁有责任，有道德绑架之嫌，不太恰当。目睹打骂孩子一期的测试演员从保姆换成父亲，主持人指着这段视频说"能不能有更好的方法和反应""这个测试算是失败的"，测试成功失败与否不是由测试结果中人们有没有反应来决定的。主持人从一开始就在引导、串联和分析节目的过程中过于拔高了自己的作用，直接评判测试的成功与否，有违作为一档道德测试节目的初衷。点评分析被观察者反应，应是站在一个平等、理性、全面的位置，而不是站在道德制高点上去评判好与坏、成与败。节目开始至今，就有不少人批评媒体人没有资格站在道德制高点测试观察甚至评判他人的道德。要避免此类问题，除了要改善节目的策划内容、测试方式、剪辑技巧，主持人和嘉宾的言行也应思量再三。

发挥外场主持人的作用。每个测试的最后，都会有外场节目的主持人或者说是记者，从幕后走向被观察者，告知整个测试和节目，并对被观察者进行采访。场外主持人的重要性不亚于演播室内主持人，他需要在出现之时，给予被观察者及时且恰当的节目标识，鉴于当时场面和人物的各种可能性和多变性，需要外场主持人沉稳大气、能压住场、安抚得住人心，并且能抓住被观察者反应的重点进行提问。国内类似节目的外场主持人大多是年轻的女性，出场尴尬，提问稚嫩，效果不佳。如果说美版节目中主持人出场看被观察者的反应算是一个乐子，那么《你会怎么做》中则是节目一个低潮的转折点，少了些许激动与趣味。在节目测试完毕后，很多被观察者情绪有所波动，甚至哭泣生气，作为外场主持人，上前解释时，礼貌的道歉不可缺少，一个节目的情怀和尊重应该在这些小的细节上体现出来。

（九）加强节目宣传，扩大影响力

社会观察类节目虽然具有很强的社会意义，但是相比《奔跑吧兄弟》等，知名度尚小，宣传运作不够是原因之一，《你会怎么做》节目第一期虽得到多方转发，可惜竞争对手湖南台的观众粉丝基数大，并伴有明星的视频推广，整体趋势更佳，为此道德测试节目的宣传力度还有待加强。

加强与视频网站合作。《你会怎么做》选择了腾讯视频作为网络独播的平台，却是在两三期已播之后。可以借鉴其他真人秀网络播放的成功经验，选择和运用好网络视频网站，将节目相关的花絮视频放在热门视频网站，便于网民搜寻观看而进行宣传推广。

开展微博、微信营销。微博、微信成为当前节目营销的重要手段，但是目前节目官方微博粉丝数还只有数万，无法保证其宣传的广度。虽然节目官方微博上会有相关细节的解释，节目的花絮也有媒体相关主题的科普，但是微博粉丝基数不大，评论量转发量较少（一般最多也就100次左右），加上节目前后本身也没有提及，宣传效果不佳。节目主持人在节目中可以强调查看官方微博、微信等，开展多平台互联互通的宣传，与观众进行线上线下互动，如下期话题的讨论、开启相关主题的线下活动等。节目每期的评论，有不少有相同经历的网民会讲述自己身边发生的故事，这些也是值得作为宣传的素材和节目选题的来源。节目也可以运用明星效应，借助大V和知名人士进行互动宣传。

虽然道德节目当前的营销手段大多齐全，但是相互之间联系不够紧密，内容不够完善，相互之间支撑点少，应该加强整合通联，形成多层次立体式营销推广网络。

结　语

在真人秀节目盛行的今天，以《你会怎么做》为代表的道德测试节目独辟蹊跷，结合了娱乐性和导向性，既传播了正能量，又保障了可看性，成为国内一个真人秀节目的新方向和新亮点。作为一个引进和模仿的节目类型，在确保节目原汁原味的同时，也要结合本土文化传统和国情社情，创新内容和形式，推进节目自身的发展和完善，为真人秀节目添姿加彩，为繁荣中国电视市场、提高社会总体道德水平贡献力量。

结论　当代电视节目的成功密码与创新之路

成功的经验大抵相似，而失败的原因各有不同，前车之鉴可为后车之师。当视觉转向的时代语境遭遇新媒体技术的迅速发展，推动了电视节目形态的与时俱进和推陈出新。总结当代流行电视节目类型的成功之道，可以从个性特征中总结出共性的规律和共通的经验。通过对纪录片、电视剧、专题片、真人秀等电视节目类型的全方位透视，可以证明，电视节目的潮起潮落，其特色内核是时代背景、主题、叙事、人物、内容多方面所共同激发出的成果，受益于“内容 + 形式 + 平台 + 人员”多要素的协同推动，其节目内容、叙事模式、场景建构、创作形式、传播方式、营销策略等方面都值得其他节目借鉴与尝试。

一　当代电视节目的成功经验

流行的电视节目成功在于应运而生、应需而生。在视觉文化转向的时代，作为视觉对象的电视节目的吸引力得到前所未有的凸显。随着媒介形态从报纸、电视到移动互联网，视觉图像和影像更加符合空间的、多维的、动态的人类经验，走向日常生活的中心。视觉图像和影像日渐成为当下社会生活的信息生产和接收形式，重塑着独特的文化范式与生活样态，为电视节目的革新创造了广泛的群众基础。纪录片、电视剧、专题片、真人秀综艺等电视节目的视觉表达形式是当代视觉文化的重要表征形式。随着时代的变革和影像技术的革新，电视节目的主题、选材、内容、表现形式都在不断创新，以应对新媒体时代激烈的媒介市场竞争和受众的收看需求与习惯，涌现出大量创新性的电视节目形态，对政治意识形态传播、社会文化传承创新、公众娱乐休闲、社会和谐稳定等方面都产生了积极影响。

（一）契合时代的语境，选择恰当的播出时机

习近平总书记强调要精心做好对外宣传工作，创新对外宣传方式，着力打造融通中外的新概念、新范畴、新表述，讲好中国故事，传播好中国声音。纪录片是跨文化、跨语言、跨种族、跨国界的优秀文化载体，更容易被海外观众认可、接受、理解和认同。在国外，中国作为历史悠久、文化灿烂的文明古国，当代的发展也引起国际社会广泛关注，纪录片领域出现了中国题材热，电视节目成为“讲好中国故事，传播好中国声音”的重要载体。《大国崛起》就契合了中国复兴和崛起的时代语境，央视选择正确的传播时机，开展一次成功的传播活动，出色地完成了央视作为主流媒体传播主流文化的责任担当。经济的高度发展带来生态环境的恶化和破坏，对自然生态保护和人类社会的可持续发展的诉求催生了自然纪录片。

在碎片化、视觉化、快餐消费的互联网时代，语言文字素养引起官方和社会的广泛关注。汉字的危机和电视娱乐节目的困境催生了文字竞赛类节目。在物质生活高度丰富后，对文化精神内容的需求凸显，推动了以《朗读者》为代表的文化情感类节目的爆红。弘扬中国古典文化与艺术的要求和中国丰富的历史文化资源为穿越剧的盛行提供了大量的素材，年轻化的观众群体催生了偶像剧和穿越剧。当代女性对自立自强的追求和遭遇的现实困境催生了偶像剧中多样的女性形象和“大女主”IP剧。

电视台商业营利、广告商营销推广、观众娱乐消遣、明星达人提升知名度和草根民众一夜成名的需求催生了各式各样的真人秀综艺节目。

当市场经济遭遇网络社会，道德滑坡的风险与日俱增，媒体重塑社会道德的使命感和责任感凸显，道德测试真人秀节目应运而生。市场竞争加剧，就业压力和新的职业要求催生了以《非你莫属》为代表的职场招聘类节目。随着经济社会的快速发展，人们的物质生活水平广泛提升，健康传播日益受到重视，健康类节目以浅显易懂的方式，传递实用的养生知识受到观众热捧，催生了以《养生堂》为代表的养生服务类节目。医护作为一个古老行业对人类的存续和演进至关重要，步入媒介化社会，医护行业的新闻在媒体得到广泛报道，影视作品积极塑造正面的医护群体形象，尤其是2020年新冠肺炎疫情的肆虐，让广大观众更加关注医护群体的工作和生活，医护类电视剧对客观现实的写实性和对人文精神反思性引起人们对现实社会的深入思考，受到观众热捧。对他人生活的向往和挑战自我而体验差异生活的需求催生了互换类真人秀节目。

（二）科学选择多样的选题选材

题材是决定纪录片能否取得成功的首要因素。成功的电视节目选题多样，富有现实意义。中国主题纪录片就是对中国故事的创新讲述，在叙事题材上，从历史转向当下，关注日常生活，从宏大叙事转向微言大义。美国的大学宣传片就是通过展示现状、突出当下特色来吸引关注、获得认同。美国自然纪录片借助创造力强的海洋文化，广泛选择题材。

语言文字类节目选材切合大众提升文化素养的普遍要求，符合大众情感需求，嘉宾选择适当，节目内涵丰富，节目模式简练，带来强烈参与感。互换真人秀人物选择、题材选择和地区选择强调“变”，运用巧妙的“计”来突出主题定位、大众路线、原创为主、投身公益。医护类电视剧强调主题之“真”，将宏观写实与微言大义相结合；叙事之“趣”将医院场景与双重叙事相叠加；人物之“圆”反映日常人物与英雄人物相对抗；内容之“丰”体现了现实语言与艺术语言相杂糅。

（三）巧妙设定内容结构，选择合理叙事模式

创新性的电视节目重视内容结构的安排和叙事模式的设计。中国主

题纪录片在叙事模式上，从说教转向故事；在叙事线索上，碎片化和逻辑性的统一；在叙事视角，从俯视转向平视；在价值观上，从重美转向重真；在叙事元素上，中国名片和国际元素结合；创新“中国叙事”，向国际社会展示了一个更真实、更立体、更精彩、更生动的中国。西方自然纪录片在内容上体现真实与虚构并存、娱乐性和幽默性兼具、商业化与艺术性平衡、去政治化的艺术特色。真人秀节目的一大亮点就是内容真实，说服力强，与广大观众产生共鸣。健康养生类节目平衡节目的娱乐性与知识性，信源可信度高，节目实用性强，节目现场互动更具亲和力。

（四）准确的受众定位，满足细分市场需求

准确的受众定位能够满足受众的需求，获得受众的认同。中国主题纪录片的成功在于游子思乡的受众定位、贴近生活的选材特点、体验式的采访方式。美国大学形象宣传片定位准确，以人为本，面向受众，重视当下。职场招聘类节目《非你莫属》的成功在于定位精准，形式新颖，平民化风格，开展事件营销，发挥主持人效应。偶像剧的流行就在于突出女性角色，面向女性市场，涌现出了奉献型、自我型、事业型、励志型、腹黑型女性形象，体现了职业角色与爱情角色、家庭角色的冲突，反映了当代女性意识的觉醒，受到女性观众热捧。

（五）创新表现形式，精心拍摄制作

电视节目极力打破常规，创新表达方式，得到广泛认可。美国大学形象宣传片在形式上载歌载舞，生动活泼，运用多样美学元素，打造专属风格，细节极具喜剧色彩。美国自然纪录片在题材选择、拍摄技巧、语言表达方面体现出了显著的创作特色，参与人员广泛，拍摄设备先进，运用前沿的拍摄与制作技术，采取外景隐蔽拍摄，手法自然多变，语言表达通俗，契合低语境文化。文博探索类节目通过纪录片和综艺创作手法演绎，以文化内容为基石，以综艺的表达形式，通过创新性的叙事方式、场景构造、背景音乐，消解“传”“受”界限，为观众打造综合的视听感受。互换真人秀的表现形式创新就体现在屏幕文字、解说语言、细节捕捉和悬念设置上。

（六）科学设计营销方案，搭建全媒体传播矩阵

科学的营销策略可以为电视节目起到锦上添花的效果。灵活多样的营销方案是电视节目成功的重要因素。流行的电视节目都采取全媒体传播策略，结合大众传播、小众传播和互动传播，多种传播渠道并进，扩大覆盖面。在传播平台上，台网联合推动，多管同步推进；在人员上，借明星助力，粉丝经济推动，采用多阶段组合式营销，线下活动与线上活动相结合，多平台同步播放相关内容，充分利用 IP 运营，联合众多广告赞助，取得了良好的营销效果。在前期，对比宣传，连续抛出话题，催热前期推广；多次召开新闻发布会，吸引媒体报道；利用主创人员明星效应，深度参与推广；借力微博大 V 宣传，提升关注度；发布超长片花，吸引观众眼球。在后期，节目主创和嘉宾广泛参加节目，提升关注度，占领媒体热点、头条，采用刷屏式宣传，开展双面传播方式，取得社会效益和市场效益的双丰收。

二　当代流行电视节目存在的问题和缺憾

硬币总是有正反两面。创新性的电视节目并非完美无缺，固然有其成功和独到之处，但不可避免地存在一些缺憾和问题，如法律和伦理问题、价值观偏差、过度商业化、过度娱乐化、信息虚假、性别依附、同质化和模式化、发展不均衡、专业性匮乏、声画分离、审美疲劳等。

中国自然纪录片的缺憾与不足体现在内向型文化，地点集中数量少，宣传意味浓郁，趣味性不足，商业化较低，成本回收困难，参与人员专业固定，领域分割严重。当前医护类电视剧普遍存在创作模式固化、题材形象单调、误读行业、激化社会矛盾、商业捆绑加重、消解崇高主题等。电视剧所呈现的不当形象塑造、固化和加剧刻板印象。偶像剧存在女性依附男性、“大女主”形象构建失败、人设不稳定、前后矛

盾、制作不够精良、资本色彩浓厚、节目同质化、结构模式化、受众使用与满足的冲突等问题。有一些穿越电视剧剧情扭曲史实、无视科学、缺乏创新意识、产业模式缺乏新意、制作思路狭窄化、故事结构模式化、节目内容失真、渲染宫斗、崇拜奢侈生活、过度营销等问题突出。

电视专题片存在受众分析不足、缺乏观众基础、制作个性不突出、同质化明显、准备时间不足、主题不够鲜明、画面不够新颖、无法构成视觉刺激、解说词客套、同期声赘述等问题。文化类专题片存在现象级爆品的生命力有待考究、历史还原精准度仍需提升、文化性与娱乐性失衡的缺憾，暴露出受众面狭小、仪式感过重、观众意识形态接受疲劳等问题。养生类节目也存在商业化现象严重、娱乐性色彩浓厚、虚假养生知识、从业者缺乏素养、节目资源分布失衡等问题。

真人秀节目存在同质化严重、缺少创新、品牌效应不足、制作不够精良、过度娱乐化等问题，还有捏造故事情节、刻意过分煽情、揭露嘉宾隐私、语言和动作失度等问题。

三　当代电视节目的改进和提升

基于特定电视节目形态存在的问题和缺憾，应该从法律规制、政策引导、内容定位、题材选择、故事讲述、技术运用、影音文字表达、品牌塑造、主持人情感把握等角度有针对性地提出改进、提升和完善的策略，找准未来的发展方向，突出差异化特色，在内容和形式上不断创新，探寻电视节目的创新发展之路，保持流行电视节目长久的生命力。

在监管监督上，应该加强法律规制与行业监督，完善政府监管与审查，加强行业的自律和规范，重视观众的监督和反馈，在制度层面保障电视节目为讲好中国故事、繁荣中国文化做出贡献。

在价值导向上，电视节目要重塑价值引领，实现电视媒体的独特价值。电视节目要深化节目主题，坚持还原社会现实、规范社会行为、重塑社会价值，通过意味深刻的及时点评做好善后，体现人文关怀，展现积极向上的形象，传播正能量，让现实叙事和审美情趣引发受众独特的情感体验。坚持专业性导向，把握感性和理性的平衡，传播知识，服务大众，创造更多有特色、有影响力的电视节目，既要提供消遣娱乐，激发观众对真、善、美的渴望与向往，也要促进文字传承，推动传统文化传播，高效传递价值观念，提升节目公信力，将社会效益摆在首位，保障电视节目可持续发展。

在受众定位上，重视细分领域，准确定位，面向受众的需求和所思所想，拓宽节目开发视角，通过更深的情感投入和真实的情感策划，探寻人生体验，引起观众共鸣，创作出反映时代发展、契合受众需求的精品电视节目。

在选题选材上，契合时代语境，立足和贴近社会大众，源于现实、高于现实，扩大选材范围，寻觅艺术真实和真诚，跳出舒适圈，加强本土化创作张力，挖掘本土文化资源，加大主流价值观传播的力度，塑造多元立体的群体形象，提升节目核心竞争力。

在叙事叙述上，提高叙事水平，通过实景演绎，虚实结合，正反结合，把握真实性和导向性的平衡，减少设计感，增强合理性、真实性、整体性，避免文不对题，注意文字表达，避免诱导性和主观性；增加多样性，避免刻板模式；发挥主持人穿针引线的作用；创新内容和形式，推进节目自身的发展和完善。

在拍摄制作上，学习西方先进经验，引进和运用现代技术，唤醒创作活力，提高节目的制作水平，提升观感体验，摆脱宣教意味，提升趣味性，采用低语境解说，拍摄高质量画面，打造精品节目，系统策划，同步直播，精心做好后期制作，打造蕴藏着艺术真实和艺术真诚，传达文化价值的有深度、有思想、雅俗共赏，集写实与批判于一身的视听文本。

在营销传播上，加强节目宣传，丰富资金来源，完善运营模式，树立精品意识，维持艺术性，创造品牌，结合融媒体多维传播，线下互动，延伸栏目产业链，优化节目创作，重视节目孵化，打造栏目 IP，打通渠道，推动优质节目“走出去”，扩大影响力，促进电视市场的繁荣。

在日新月异的新媒体时代，时代语境变革、人才队伍壮大、传播媒介演进等因素都给电视节目带来新的挑战，也创造了新的机遇，倒逼电视节目创新节目内容，丰富节目形态。在跨文化合作与交流日趋紧密的时代背景下，中国电视节目要把准价值导向，拓展视野，借鉴西方优秀电视节目的选题、视角、叙事理念和技巧，兼收并蓄，批判继承，创新讲述中国故事的方式方法，吸纳更多的人互动和参与，提升观看体验，创新节目内容和形态，打造节目生态，完善节目的运营，推进节目的可持续发展，追求历史的、文化的和社会的价值，为传播政治意识形态、繁荣电视市场经济、丰富大众生活做出积极贡献。

后　记

人类历史的演进伴随着媒介的更迭。在不同的时代里，新的媒介的诞生，总是催生此起彼伏的欢呼和哀叹的声音，但是新的媒介并没有取代旧的媒介，而是不断丰富了既有媒介的主题内容和表现形式，推进了媒体形态的演化和革新。在日新月异的互联网时代，作为传统媒体的电视遭遇了前所未有的挑战，媒介的分化、观众的分流、广告的流失和受众需求的变化动摇了电视生存的根基，但是海量的网络资源和瞬息万变的网络需求也给电视带来了新的机遇，广大电视人积极应对和适应网络时代的变革，创新电视节目的主题内容、表现形式、制作手段、营销技巧，取得了显著的成效，彰显了电视人与时俱进、勇立潮头、敢于担当的时代精神和革故鼎新的职业理想。

我们身处于异彩纷呈、瞬息万变的世界，既有令人瞩目的成就，也有触目惊心的问题。在互联网时代，各种思想更加活跃，社会矛盾凸显，社会风险加剧，媒体格局和舆论生态更加复杂，给电视节目生产带来了新的挑战。民众在众声喧哗的自媒体时代欢呼雀跃，在网络空间中肆意狂欢，对社会现实的体验更加多元，话语权争夺日益激烈，价值重塑和舆论引导成为紧迫的问题。电视媒体利用了电视技术的声像优势，扮演着监测环境、社会协调和文化传承的重要职能，成为党和政府的有力喉舌，为公众呈现了真实全面的社会现实，传播了正确的价值观念和伦理规范，构建了良好的舆论环境和社会氛围，成为现代化建设的舆论力量，为构建和谐社会和促进科学发展做出了应有的贡献。

这本小书浓缩了笔者十多年来对当代优秀电视节目的持续追踪、观察和思考。这些优秀电视节目作品是中国电视人追逐电视梦想、践行电视责任，用勤劳和汗水换来的一份优秀的成绩单，更是一份沉甸甸的精神财富，浓缩了中国电视媒体人的智慧，体现了中国媒体人的精神风貌和职业信念。广大中国电视人唱响电视改革的主旋律，践行“走转改”和“三贴近”的优良工作作风，践行从群众中来，到群众中去的群众路线理念，深入群众捕捉新鲜和有价值的电视节目主题，再现了群众的生活、实践和观念，反映了公众的呼声和诉求，构建了政府与民众精神沟通的桥梁。中国电视媒体自觉进行内容和形式创新，创造出无数优秀电视节目作品，运用有限的资源和条件，创造了无限的精彩，推动了中国电视的长足发展，体现了中国电视的强势崛起。电视媒体充分发挥电视媒介时效性强、声情并茂、视听兼备、老少皆宜、跨越时空的优势，通过电视媒体神奇的魅力影响着人们的思想和行动，为中国传媒事业的发展做出了可贵的贡献。在传媒业并不算发达的中国，媒体人大胆开拓创新，敢闯敢干，创造了具有中国气派和中国风格的优秀电视节目作品。中国电视媒体人体现出了良好的专业技能，综合运用多种声像文字手段，创新节目内容和形式，不虚美、不隐恶，娴熟运用了专业技能，在坚持舆论导向的基础，以喜闻乐见的报道方式，多角度全方位地再现社会现实，既紧跟时代潮流，又坚守广电职业理念，从容应对社会变革，将喉舌性和贴近性、公众性和权威性、娱乐性和知识性相结合，做到了可视、可听、可感，出色地完成了电视媒体的使命。

广大中国电视媒体要坚守职业理想，讲好中国故事，彰显中国气派，塑造中国风格，广电媒体仍然大有可为。在内容上，要贯彻党和政府的纲领方针政策精神，传播新思想新观念、新知识、新创造，直面社会焦点、难点、疑点、热点，发挥广电媒体教育引导功能、审美休闲、寄托和移情的功能，确保导向，服务大众，促进整个社会的安乐和谐；在形式上，要把握受众的个性和共性特征，了解受众需求，适应受众的接受能力和接受习惯，在坚持导向性的前提下，增强实用性，提升娱乐性，做到深入浅出、因势利导、润物无声、可亲可信，融合政策性、知识性、思想性、艺术性、娱乐性、服务性于一体，实现较好又叫做，入耳入眼入心；在媒体运作上，对内精办名牌栏目，增强反应和应对能力，完善和创新节目内容、形式和手法，在保证质量的前提下，增加数量、加快节奏、加强深度、提升效率；对外改变要各自为营的现状，开展分工协作，消弭边界和冲突，推进媒介融合，促进电视媒体的与时俱进。广大电视从业人员要有危机感，胸怀创新创优意识，主动更新知识体系，提高政治觉悟和综合素养，提升专业操作技能，熟练掌握宣传规律，敢于实践，乐于实践，善于实践，积极适应新形势、新情况、新任务，直面新问题，拓展新领域，提出新观点，争做业内标杆和领袖，创造出更多蕴含时代精神、满足群众文化需求、富有审美意味的优质电视节目作品。

小书的付梓离不开多位团队成员的帮助，部分内容是笔者与学友交流合作的成果。感谢的人太多，未免挂一漏万，感谢王洪梅（第三章第二节）、刘明珠（第二章第一节）、刘晶、李默扬、李阳璞、徐玲婕、邹银霞、徐榭君、陈佳怡、彭唯、匡婷、邹兰、韩笑、石曌为本书所作的贡献；感谢学院给予的出版资助；感谢陈信凌院长倾情作序；感谢中国社会科学出版社郭晓鸿主任的辛苦工作，无以为报，唯愿诸事顺遂，喜乐安康。

陈世华